# Mapa do Jogo

## A diversidade cultural dos games

**Dados Internacionais de Catalogação na Publicação (CIP)**
**(Câmara Brasileira do Livro, SP, Brasil)**

Mapa do jogo / organizadoras Lucia Santaella, Mirna
Feitoza. - São Paulo : Cengage Learning, 2009.

Vários autores.
Bibliografia.
ISBN 978-85-221-0679-0

1. Cultura 2. Jogos - Aspectos sociais. 3. Jogos
eletrônicos 4. Multimídia interativa 5. Semiótica 6.
Sociedade 7. Tecnologia. I. Santaella, Lucia. II.
Feitoza, Mirna.

08-11089                                              CDD-306.481

Índices para catálogo sistemático:

1. Games : Cultura e sociedade : Sociologia 306.481

# Mapa do Jogo

## A diversidade cultural dos games

**ORGANIZADORAS**
Lucia Santaella
Mirna Feitoza

**AUTORES**
Adriana Kei Ohashi Sato
Aleph Eichemberg
Delmar Galisi
Fabrizio Augusto Poltronieri
Jim Andrews
João Ranhel
Karen Keifer-Boyd
Lawrence Rocha Shum
Lucia Leão
Marcus Bastos
Renata Gomes
Roger Tavares
Sérgio Nesteriuk
Théo Azevedo
Tobey Crockett

CENGAGE
Learning™

Austrália • Brasil • Japão • Coréia • México • Cingapura • Espanha • Reino Unido • Estados Unidos

**CENGAGE**
Learning™

**Mapa do Jogo: a diversidade cultural dos games**

**Lucia Santaella, Mirna Feitoza (orgs.)**

Gerente Editorial: Patricia La Rosa

Editora de Desenvolvimento: Noelma Brocanelli

Supervisora de Produção Editorial: Fabiana Albuquerque

Produtora Editorial: Gisele Gonçalves Bueno Quirino de Souza

Copidesque: Solange Aparecida Visconti

Revisão: Cristiane Mayumi Morinaga, Sueli Bossi

Diagramação: Negrito Design Editorial

Capa: Souto Crescimento de Marca

Para informações sobre nossos produtos, entre em contato pelo telefone **0800 11 19 39**

Para permissão de uso de material desta obra, envie seu pedido para **direitosautorais@cengage.com**

ISBN-13: 978-85-221-0679-0

ISBN-10: 85-221-0679-7

**Cengage Learning**
Condomínio E-Business Park
Rua Werner Siemens, 111 – Prédio 20 – Espaço 03
Lapa de Baixo – CEP 05069-900 – São Paulo – SP
Tel.: (11) 3665-9900 – Fax: (11) 3665-9901
SAC: 0800 11 19 39

Para suas soluções de curso e aprendizado, visite
www.cengage.com.br

Impresso no Brasil.
*Printed in Brazil.*
1 2 3 4 5 6 7   12 11 10 09 08

Este livro é parte das pesquisas desenvolvidas no projeto *Mapa do Jogo*, sob os auspícios do Edital Universal do CNPq. Os autores agradecem pelo incentivo.

# Sumário

# Introdução

*Games lhe serão tão pessoais quanto seus sonhos, emocionalmente, tão profundos e significativos para você quanto são seus sonhos.*
WILL WRIGHT

Quando dizemos "games", estamos nos referindo a jogos construídos para suportes tecnológicos eletrônicos ou computacionais. A história dos games é, dentre todas as mídias, aquela cujo ritmo de desenvolvimento avança de forma assombrosamente rápida. Relatos dessa história, que foi determinada pela incorporação contínua de inovações tecnológicas, podem ser encontrados em muitas fontes, inclusive na Internet. Basta, no entanto, apontar aqui para o fato de que os games se dividem em três grandes tipos. Estes dependem do suporte utilizado: jogos para consoles, que são construídos para consoles específicos de videogames, com visualização em monitores de televisão, como PlayStation e GameCube, e entre os quais incluímos também os jogos para consoles portáteis, como GameBoy e Nintendo DS; jogos para computador, que são desenvolvidos para processamento em microcomputadores pessoais, conectados em rede ou não; jogos para *arcades*, que alguns chamam equivocadamente de fliperama, que são grandes máquinas integradas (console–monitor) dispostas em lugares públicos.

Há autores que fazem questão de marcar a diferença entre os jogos para computadores e os jogos para consoles. Entretanto, embora o termo "videogame" se refira mais propriamente aos jogos exclusivos para consoles dedicados, acoplados a um monitor de vídeo, ele acabou por se firmar para designar genericamente quaisquer jogos desse tipo. Isso se deu porque todos eles tiveram a mesma origem: os jogos eletrônicos, um desenvolvimento comum e também porque utilizam o computador para produzir e processar em estruturas digitais. De todo modo, a expressão em português mais apropriada e genérica para todos esses jogos seria "jogos eletrônicos", mais amplamente chamados de "games".

Grande número de tecnologias e acessórios vêm sendo criados e adaptados a eles, como sintetizadores de som e voz, luvas de realidade virtual, reprodução de imagens tridimensionais, CDs, DVDs etc.

Para se ter uma idéia do papel que os games estão desempenhando na cultura humana neste início do terceiro milênio, basta repetir o que vem sendo reiteradamente alardeado, a saber, que a movimentação financeira de sua indústria é superior à do cinema, e é a terceira no mundo, perdendo apenas para a indústria bélica e a automobilística. Disso, pode-se supor que os games são os grandes estimuladores e responsáveis pelo avanço tecnológico da indústria do entretenimento, aproveitando-se das pesquisas de ponta, ao mesmo tempo em que as disponibilizam em larga escala e com grande rapidez.

A proeminência da presença cultural do game se fez acompanhar, em um primeiro momento, pelo menosprezo e pela avaliação apocalíptica tanto dos teóricos e críticos da cultura quanto dos leigos. Partia-se da convicção – que também subsidiou, tempos atrás, as críticas aos programas de televisão – de que o game é vulgar, banal e nocivo, por estimular comportamentos agressivos e a violência nas crianças e nos jovens de sexo masculino, que compõem, certamente, a maioria de seus usuários, embora o surgimento mais recente dos jogos para multi-usuários em rede venha demonstrando um aumento acelerado dos usuários de sexo feminino.

Em um segundo momento – este em que estamos situados –, a importância crescente que esse fenômeno já conhecido como "cultura game" vem desempenhando na sociedade, com inegável impacto no conceito de entretenimento e mesmo no conceito de educação, não pôde mais passar despercebida, e o game como produto cultural passou a ser visto, sob diversas perspectivas, enquanto mídia, manifestação de arte e até como novo ícone da cultura *pop*, o que só vem comprovar cada vez mais a notável influência e a relevância cultural dos games nas sociedades contemporâneas. Poucos têm ainda dúvidas de que se trata de um expressivo e complexo fenômeno cultural, estético e de linguagem, que foi capaz de desenvolver, em seu curto período de existência, toda uma retórica própria que cumpre ser investigada.

Como prova disso, nos últimos anos, um corpo de teorias multidisciplinares sobre games começou a aparecer nos contextos acadêmicos, alargando e aprofundando o discurso sobre essa mídia. Crescentemente vêm surgindo pesquisadores dispostos a ultrapassar a barreira dos preconceitos, tendo em vista compreender em profundidade quais são, afinal, as propriedades dessa nova mídia que a tornam capaz de produzir tal intensidade de apelo e aderência psíquica e cultural.

Um dos primeiros lugares que abraçou o design e a cultura dos games como tema de pesquisa foi o Massachusetts Institute of Technology – MIT, no qual, de resto, o primeiro jogo computacional – Space War – havia sido criado de modo independente por estudantes de doutorado. Desde então, para se ter uma idéia da expansão dos games no mundo acadêmico, um grupo internacional de especialistas teóricos e práticos se reuniu em Bruxelas, capital da Bélgica, no dia 28 de janeiro de 2008, para fundar uma Academia Européia de Games, com objetivos voltados para três áreas principais: (a) investir em estudantes, acompanhando os mais talentosos e capacitando-os a seguir uma carreira dentro da indústria dos games; (b) investir na indústria, fornecendo acesso ao melhor treinamento disponível para profissionais voltados à produção de games; (c) investir na educação, fornecendo treinamento de alta qualidade para o desenvolvimento de games. No Brasil, vem crescendo a olhos vistos a procura por cursos e por informações sobre esse novo campo de trabalho e de estudos. Em 2004, foi fundada a Abragames (Associação Brasileira das Desenvolvedoras de Jogos Eletrônicos). Diversas instituições de ensino e empresas no país oferecem cursos de jogos nos mais variados níveis: técnico, ensino médio, graduação, especialização, mestrado e doutorado.

A interdisciplinaridade evidente dos games tem atraído para seu estudo áreas diversas do conhecimento como a filosofia, a semiótica, a psicologia, a antropologia, as ciências da computação, a engenharia elétrica, as telecomunicações, as ciências cognitivas, a publicidade, o marketing, as comunicações, o design, a computação gráfica, a animação, a crítica literária e da arte, a narratologia, a ludologia, a educação, todas elas em relação direta com as múltiplas e integradas características dos games. Tem-se aí, de fato, um campo híbrido, poli e metamórfico, que se transforma a uma velocidade surpreendente, não se deixando agarrar em categorias e classificações fixas, uma vez que é movido pela inovação tecnológica. A atualidade de um game raras vezes passa de seis meses e pode ser medida pelo desaparecimento das menções que são feitas a eles nos *news groups* (grupos de discussão sobre temas de interesse nas redes). Games são híbridos porque envolvem programação, roteiro de navegação, design de interface, técnicas de animação, usabilidade, paisagem sonora.

Da hibridização resulta a natureza intersemiótica dos games, a constelação e intersecção de linguagens ou processos sígnicos que neles se concentram e que abrangem os jogos tradicionais (como o jogo de cartas, por exemplo), os quadrinhos, os desenhos animados, o cinema, o vídeo, e mesmo a televisão. Todas essas linguagens passam por um processo de tradução intersemiótica, quer dizer, transposição de um sistema de signos a outro, para se adequarem aos potenciais abertos pelas novas tecnologias que são atraídas para a linguagem dos games. Do mesmo modo que os games absorvem as linguagens de outras mídias, estas também passaram a incorporar recursos semióticos e estéticos que são próprios dos games. É o caso, por exemplo, de filmes como *Matrix Reloaded, Matrix Revolutions* e *Kill Bill 1* e *2*, e também de filmes publicitários e vinhetas de televisão. A interação entre filmes e games é cada vez mais profunda. Não apenas as campanhas de marketing dos filmes e dos games, mas também suas produções e seus desenvolvimentos estão agora interconectados. Um bom exemplo disso encontra-se em *Matrix*, cujo game é um complemento do filme e expande algumas cenas que não foram exploradas no filme. Temos, então, não apenas uma convergência de mídias, mas uma ecologia de mídias e linguagens fundada pelos games.

De fato, a conversação dos games com outras mídias é abusivamente freqüente. Muitos designers de games extraem elementos narrativos de filmes e gêneros literários porque os games são muito aptos a absorver esses gêneros – fantasia, aventura, ficção científica, horror, guerra etc. Todos os games voltados para o tema da fantasia medieval representam a evolução de quarenta anos de cultura popular convergindo para o computador. Traduções intersemióticas de peças literárias são também freqüentes. Trata-se aí de tradução intersemiótica porque os games não só recontam a história de um filme ou texto, como também expandem a experiência prévia de uma história e o modo de interpretá-la, adaptando a história aos potenciais e limites que a mídia específica dos games apresenta.

Os traços fundamentais caracterizadores dos games encontram-se, sem dúvida, na imersão, interatividade e espacialidade navegável que eles propiciam. Todo e qualquer jogo é, por natureza, imersivo e interativo. Sem o agenciamento participativo do jogador e sem o prazer quase mágico que é próprio das atividades lúdicas, não haveria jogo. No caso dos games, essas características se acentuam, pois os ambientes do cibermundo propiciam vários níveis de imersão. No nível atual do desenvolvimento tecnológico dos games, o tipo mais comum de imersão é a imersão representativa, obtida em ambientes construídos em linguagem VRML. Essa imersão é chamada representativa porque o(a) jogador(a) fica representado(a) no ambiente virtual da tela por meio de *avatares*, isto é, representações gráficas personalizadas que permitem que o usuário aja dentro dos ambientes do ciberespaço.

A imersão é um conceito inseparável da interatividade, na medida em que esta funciona como um fator intensificador da imersão. Tal como acontece com a imersão, não há jogo possível sem a interatividade. A partir dos anos 1980, o uso da palavra "interatividade" começou a crescer devido à emergência da cultura do computador. No campo do design, costuma-se centrar a concepção da interatividade no critério da usabilidade, quer dizer, a medida de eficácia, eficiência e satisfação do usuário com a interface que lhe permite atingir os objetivos que lhe foram destinados. O sentido de interface, entretanto, vai além, e não é casual que o uso da palavra tenha se tornado moeda corrente no mundo digital, pois toda interface computacional se constitui em programa interativo. Sem a ação do usuário, o computador simplesmente não responde. Ora, antes mesmo de a interatividade se tornar tão onipresente, com a imersão, ela já designava um conceito imprescindível para se compreender a lógica que é própria de qualquer jogo. Portanto, nos games, a imersão e a interatividade são duplamente operativas.

Durante algum tempo, o foco dominante no estado da arte das teorias e dos discursos sobre games dirigia-se para a oposição entre os que se autoproclamam ludologistas, de um lado, e os narratologistas, de outro. Enquanto os primeiros enfatizam a mecânica do jogo e do ato de jogar, os narratologistas reivindicam que o estudo dos games deveria seguir a mesma trilha de outras mídias narrativas. Mesmo quando não estavam diretamente localizados em um desses lados, os estudos sobre games circulavam em torno dessa disputa com temas tais como tempo, personagens, arquitetura narrativa etc.

Hoje, a atenção dos críticos tem se deslocado para questões colocadas pelos jogos MMOG (Massive Multiplayer Online Game), os MMORPG (Massive Multiplayer Online Role-Playing Game), e também pelos jogos de celulares e pelos recentes games híbridos. O MMOG é jogado somente por meio da Internet, na companhia de centenas ou mesmo milhares de jogadores simultâneos. O MMORPG é resultante da fusão entre um MMOG e um RPG, este último conhecido como "jogo de interpretação de papéis", quando o jogador assume o papel de um personagem e vivencia (ou faz) sua história, desenvolvendo suas habilidades e eventuais poderes especiais. O jogador pode, inclusive, evoluir seus personagens, que só são limitados por sua imaginação. Os jogos para celulares apresentam o desafio de condensar em uma pequeníssima tela prazeres e emoções, sem os quais nenhum jogo vale a pena. Os games híbridos dependem de dispositivos móveis e comunicação em rede. As questões da interatividade nesse caso se tornam bastante complexas, pois esses games são jogados por jogadores on-line e jogadores no espaço físico de suas cidades.

Em suma, os comentários gerais sobre os games, que até aqui apresentamos, são apenas uma pequena ponta de um *iceberg*, do qual uma parte que julgamos significativa está representada neste livro. Inserido no contexto de questões emergentes sobre a cultura digital, este conjunto de ensaios assume como dominante um ponto de vista semiótico e intersemiótico. No confronto e interface com outras mídias, os artigos visam explorar as várias facetas das propriedades estruturais e midiáticas responsáveis pela especificidade dos games como linguagem, a estética própria que neles emerge, os desafios que eles apresentam para a educação e as novas formas de sociabilidade a que estão dando origem.

Este livro é um dos resultados de um grupo de pesquisa em games que se constituiu em torno de um projeto de pesquisa subsidiado pelo CNPq, justamente com o mesmo título que dá nome a este volume: *Mapa do jogo*. Estamos convencidas de que os ensaios haverão de cumprir seu papel, fornecendo ao leitor pistas para compreender a densa geografia dinâmica dos games e da complexidade de relações que eles têm descortinado em nossa cultura e sociedade.

LUCIA SANTAELLA E MIRNA FEITOZA

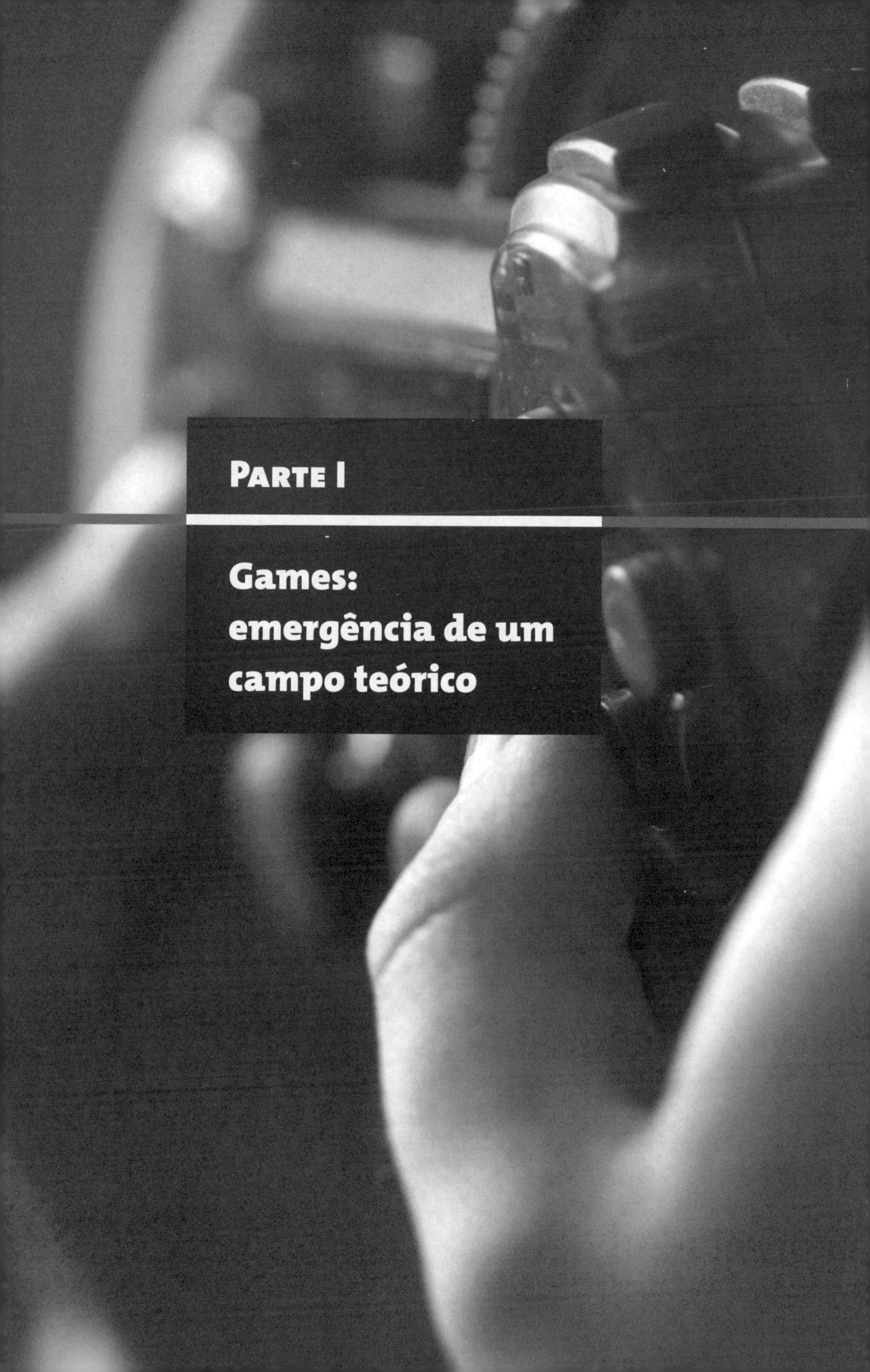

# Parte I

## Games: emergência de um campo teórico

# O conceito de jogo e os jogos computacionais

João Ranhel

Demorou cerca de quatro décadas para os videogames conquistarem o interesse do meio científico. Ainda que tardiamente, várias áreas no meio acadêmico os têm reconhecido como fenômeno estético e social relevante. Para compreender o videogame em uma abordagem teórica seria prudente definir ou conceituar o que é jogo e o que é jogar, primeiro objetivo deste texto. Além disso, seria interessante compreender por que os meios computacionais são atraentes e eficazes para jogos, o que os diferencia dos outros meios e como eles influenciam na própria definição do conceito – segundo objetivo deste texto.

A seguir, serão mostradas algumas abordagens sobre o conceito *jogo*, enfatizando aquelas que tentam explicar os *jogos computacionais*. Este termo será usado neste texto em referência aos jogos que, na sua essência, existem na forma de algoritmos, de conjuntos de instruções computacionais associadas a dados numéricos. Em virtude dessas características, os jogos computacionais requerem a mediação de processadores eletrônicos digitais para serem executados. Atualmente, processadores digitais são ubíquos, ou seja, estão presentes em todos os lugares, em uma vasta gama de equipamentos: celulares, computadores, consoles etc., uma das razões que explica a proliferação dos jogos computacionais. Mas eles não se espalhariam apenas porque o meio existe por toda parte, mas porque são atividades fascinantes. E a atração que o jogar provoca é que deve se revelar quando investigamos o conceito do jogo em uma abordagem teórica.

Antes de adentrar na questão conceitual, há que se destacar um problema referente ao fato de a língua portuguesa utilizar vários vocábulos para definir atividades que, em outras línguas, são tratadas apenas por uma palavra: *spielen*, em alemão; *to play*, em inglês; *jouer*, em francês; *jugar*, em espanhol. Por exemplo, o dicionário *Babylon*[1] define *play* como: jogar; brincar; tocar (instrumento musical); representar (teatro); gracejar. Por esse motivo, será utilizado aqui o vocábulo que melhor se adequar ao contexto em português.

## O conceito de jogo

É impossível em um texto de poucas páginas dar conta das tantas abordagens que o conceito de jogo pode ter. No entanto, é possível irmos além do senso comum sobre o videogame, ou seja, é possível ir além da idéia de alguém enfrentando conflitos e obstáculos gerados por programas de computador. Jogo é um fenômeno mais amplo que isso. Assim, é necessário adentrar o entendimento do que é jogar, um campo de conhecimento que é recente no meio científico.

Um dos precursores foi Stewart Culin[2], um etnólogo norte-americano interessado em jogos e em arte de todo o mundo. Entre 1898 e 1924, ele escreveu vários artigos sobre jogos da China, do Japão, África, jogos de rua no Brooklin (Nova York), e sobre os jogos dos índios americanos. Culin defendia que a prova de que todas as culturas do planeta tiveram um contato primordial é que havia similaridades tanto na forma de jogar quanto nos jogos que elas praticavam. Também nas primeiras décadas do século XX, Johan Huizinga faz uma abordagem filosófica sobre os aspectos lúdicos da sociedade humana, publicada no livro *Homo Ludens* (1938). Ele explica:

---

1 Dicionário eletrônico Babylon-Pro – Versão 5.0.6 (r13); http://www.babylon.com. Acessado em 21 set. 2005.
2 Sobre Stewart Culin, http://www.gamesmuseum.uwaterloo.ca/Archives/Culin. Acessado em 08 out. 2008.

Há uma extraordinária divergência entre as numerosas tentativas de definição da função biológica do jogo. Umas definem as origens e o fundamento do jogo em termos de descarga de energia vital superabundante, outras, como satisfação de um certo "instinto de imitação", ou ainda, simplesmente como uma "necessidade" de distensão. Segundo uma teoria, o jogo constitui uma preparação do jovem para as tarefas sérias que mais tarde a vida dele exigirá; segundo outra, trata-se de um exercício de autocontrole indispensável ao indivíduo. Outras vêem o princípio do jogo como um impulso inato para exercer uma certa faculdade, ou como o desejo de dominar ou competir. Teorias há, ainda, que o consideram uma "ab-reação", um escape para impulsos prejudiciais, um restaurador de energia despendida por uma atividade unilateral, ou "realização do desejo", ou uma ficção destinada a preservar o sentimento do valor pessoal etc. (Huizinga, 2004, p. 4)

Essa citação mostra que naquela época já não faltavam teorias que tentassem explicar o ato de jogar. Contudo, elas pressupunham que o jogo estivesse ligado a alguma finalidade biológica, a um aprendizado, e não se preocupavam em saber o que é o jogo em si ou o que ele significava para os jogadores. Huizinga foi o primeiro a tentar explicar a atividade lúdica de uma forma abrangente. Assim, ele acabou ligando a atividade lúdica ao direito, à guerra, à religião, à arte e a outras atividades e instituições humanas. Seus argumentos, consistentes, diga-se, baseiam-se em exemplos socioculturais nos quais essas atividades se apresentam ao longo da História, em diversas sociedades.

Outros filósofos ajudaram a ampliar o conhecimento sobre o ato de jogar, sobretudo Wittgenstein. Gadamer foi outro a abordar o assunto. No livro *Verdade e método*, ele introduz um conceito de jogo que é demasiado amplo para a finalidade deste texto. Embora os conceitos de jogo de Gadamer ou Wittgenstein sejam usados no ambiente filosófico, eles não nos levam muito longe com relação aos jogos computacionais. Para o intento deste texto, é necessário buscar definições mais estritas. Além do que, no texto de Gadamer são encontrados vários dos pontos abordados por Huizinga, este, bastante citado por aquele.

Assim sendo, como Huizinga foi pioneiro ao definir jogo, vamos partir da definição dele, à qual tentaremos associar outras idéias. Por certo, uma definição feita em 1938 não poderia explicar jogos computacionais; primeiro, porque àquela época computadores eram objetos teóricos[3], segundo, porque

---

3 Embora conceitualmente computadores existissem antes do livro de Huizinga (1938), os primeiros computadores eletromecânicos e eletrônicos só surgiram na década de 1940.

foi elaborada para se referir às atividades lúdicas de uma forma geral. Veja-mos como Huizinga define a natureza e o significado do ato lúdico, aquilo que em português descrevemos como *brincar, encenar, jogar, tocar* etc.:

> Numa tentativa de resumir as características formais do jogo, poderíamos conside-rá-lo uma atividade livre, conscientemente tomada como "não-séria" e exterior à vida habitual, mas ao mesmo tempo capaz de absorver o jogador de maneira intensa e total. É uma atividade desligada de todo e qualquer interesse material, com a qual não se pode obter qualquer lucro, praticada dentro de limites espaciais e temporais próprios, segundo uma certa ordem e certas regras. Promove a formação de grupos sociais com tendência a rodearem-se de segredos e a sublinharem sua diferença em relação ao resto do mundo por meio de disfarces ou outros meios semelhantes. (Huizinga, 2004, p. 16)

A função do jogo, para Huizinga, pode ser definida pelos dois aspectos fundamentais encontrados nele: "uma luta *por* alguma coisa ou a represen-tação *de* alguma coisa" (*ibid*). A partir dessa definição podemos concluir: 1) um jogo é uma atividade livre; 2) o jogador tem consciência de que o jogo é uma atividade exterior à vida habitual; 3) o jogo não tem finalidade lucrativa – ao que Caillois se opõe; 4) acontece dentro de um espaço e tempo definidos; 5) de todo jogador se espera imersão e seriedade na execução da atividade, ou seja, aquele que não joga seriamente é tido como um desman-cha-prazeres; 6) o jogo é uma atividade que agrega clãs que compartilham interesses; 7) todo jogo tem objetivos, metas, finalidades; 8) todo jogo tem regras e uma certa ordem.

Roger Caillois discorda em alguns pontos do pensamento de Huizinga, em seu livro *Os jogos e os homens*, publicado em 1958. Um dos pontos discordantes é quanto ao desinteresse material defendido por Huizinga. Para Caillois: "o jogo é ocasião de puro gasto: de tempo, de energia, de perspicácia, de destreza e, muitas vezes, de dinheiro para adquirir o equi-pamento do jogo ou eventualmente pagar para um estabelecimento [onde se joga]" (Caillois, 2001, p. 5-6). Para Caillois, o jogo é uma atividade que é essencialmente:

> 1) livre [voluntária]; 2) separada [no tempo e espaço]; 3) incerta [seu curso não pode ser determinado, nem resultados podem ser alcançados de antemão]; 4) improdutiva [não gera mercadorias nem bens – apesar de, às vezes, transferi-los]; 5) governada por regras [convencionadas, que suspendem as leis ordinárias]; 6) fictícia [um faz-de-conta acompa-nhado da consciência de uma segunda realidade, contrária à vida real] (*ibid*, p. 9-10).

Para Caillois, há quatro categorias fundamentais de jogos: *Agon* (jogos de competição), *Alea* (jogos de azar ou aleatoriedade), *Mimicry* (jogos de simulação ou representação) e *Ilinx* (jogos de vertigem, de desorientação perceptiva) (*ibid*, p. 11-35).

*Agon* é a categoria do combate, do confronto, da competição. Caillois divide em dois os tipos de jogos agonistas: os cerebrais e os musculares. Teoricamente, os adversários devem se confrontar em condições ideais e com iguais oportunidades. O objetivo é ver reconhecida a excelência dos confrontantes. Esses jogos primam pela disciplina e perseverança.

*Alea* é o oposto da categoria anterior; o jogador quer vencer o destino, e não um adversário. Nega-se a competência, a habilidade, a qualificação, o trabalho, porque esses jogos independem das decisões do jogador. A "benevolência da sorte" é o que mais conta.

Tanto *agon* quanto *alea* implicam "atitudes opostas e complementares, mas ambas obedecem a uma mesma lei – a criação de condição de pura igualdade para os jogadores, que lhes é negada na vida real" (Caillois, 2001, p. 19).

*Mimicry* geralmente consiste na representação de um personagem ilusório e na adoção de seu respectivo comportamento (mímica). Esta categoria acontece em razão da ilusão temporária que é capaz de criar. O jogador acredita ser tal personagem. Os jogos são articulados sobre o imaginário, buscando ludibriar o jogador, e requerem imaginação e interpretação (encenação).

*Ilinx* é a categoria de jogos que atuam na desestabilização momentânea da percepção do jogador, causando pânico voluptuoso. Por opção própria, o participante dessa categoria de jogo busca o atordoamento orgânico e psíquico.

Caillois aplica ainda dois pólos antagônicos sobre essas quatro categorias, ou seja, ele diz que há dois princípios que regem a prática dos jogos. Melhor dizendo, existem duas formas de jogar. Em um pólo, reina "um quase indivisível princípio comum de diversão, turbulência, improviso, e a alegria despreocupada é dominante (...) que manifesta um tipo incontrolável de fantasia" (*ibid*, p. 13). A esse princípio ele chama *paidia*, que, em português, nos remete à idéia de brincadeira. Em resumo, em um dos pólos Caillois coloca os jogos por brincadeira, por pura diversão, uma "exuberância travessa e impulsiva", uma tendência à anarquia.

No extremo oposto ao *paidia* se encontra o componente inverso, que é disciplinado, arbitrário, imperativo, tedioso e convencional. "Este segundo princípio é completamente impraticável, embora ele requeira uma quantidade de esforço maior; mais paciência, habilidade, ou perspicácia" (*ibid*). Ele chama este segundo componente de *ludus*. Nesta outra forma de jogar, o jogador pratica para valer. No livro, Caillois (2001) faz uma análise de cada uma das quatro categorias de jogos, bem como de suas possibilidades de associações, suas formas legitimadas de existência social, suas formas institucionais e suas degenerações ou usos corrompidos.

Analisemos outra definição de jogos no campo filosófico, proposta por Avedon e Sutton-Smith (*apud*, Juul, 2003):

> No seu nível mais elementar, podemos definir jogo como um exercício de sistemas de controle voluntário, nos quais há uma oposição entre forças, confinado por um procedimento e por regras, a fim de produzir um resultado não estável.

Parece uma definição um tanto distante do nosso propósito de conceituar jogos computacionais. Até aqui, aliás, vimos que, no campo filosófico, as tentativas de encontrar definições para as atividades lúdicas e para os jogos resultam em propostas abertas, demasiado amplas para explicarem, especificamente, o fenômeno do jogo computacional. Como encontrar, objetivamente, uma definição sobre jogos em meios digitais? O leitor interessado encontrará várias discussões no site do grupo conhecido por *ludologistas* (http://www.ludology.org/). Há também bons artigos no livro *First person* (Wardrip-Fruin & Harrigan, 2004), com sugestão para os textos de Zimmerman (2004, p. 160) e o de Celia Pearce (2004, p. 114). Pearce defende que a compreensão dos jogos deve partir da abordagem focada no *jogar* (*center on play*). Para ela:

> A primeira (e mais importante) coisa a saber sobre os jogos é que eles são focados no jogar. Diferente de literatura e filmes, os quais estão focados na história, nos jogos tudo gira em torno do jogar e da experiência do jogador. Os designers de jogos estão muito menos interessados em contar histórias do que em criar uma estrutura convincente para jogar.

Pearce explica que "você realmente não imagina uma história sem personagem. Em um jogo, por outro lado, é perfeitamente possível e, às vezes, desejável, ter a narrativa sem personagem algum" (*ibid*, p. 146). A questão narrativa *versus* jogos, hoje aparentemente desaquecida, rendeu boas discussões, algumas delas no livro *First person*. Tomando como exemplo o cinema, de fato a narrativa tradicional precisa de personagens que serão colocados em situações conflitantes. Deles se esperam ações, soluções para os conflitos nos quais foram imersos, de forma que os espectadores possam acompanhar suas aventuras. O espectador acompanha a jornada dos personagens por meio de um vínculo de natureza psicológica. Isso é o que nos mostram Field (1995), Lucey (1996), Comparato (1995), dentre outros. Já no jogo, aquele que resolve o conflito é o jogador. E os conflitos nos jogos não precisam advir de outros personagens, mas de situações de desafio e confronto, razão pela qual alguns jogos dispensam personagens, como afirma Pearce. Por assim dizer, os jogos podem ser apenas estruturas que os jogadores utilizam para atuarem como agentes plenos, donos das ações.

Agora que estamos convergindo especificamente para uma definição de jogos computacionais, convém destacar duas características dos computadores: eles são especialmente bons em simular comportamentos (ações) e espaços (ambientes).

Como vimos, muitos jogos podem ser apenas estruturas, como o jogo Tetris, por exemplo. Nele, podemos ver claramente estas duas características: a simulação do espaço no qual as peças se apresentam (ambiente) e a ação delas caindo, girando etc. (comportamento). Porém, cada vez mais, as técnicas de Inteligência Artificial (IA) criam comportamentos convincentes tanto para ações físicas quanto para personagens. Hoje, em alguns jogos, *bots* ou NPCs (Non-Player Characters – personagens que não são o jogador) são tão indispensáveis quanto os personagens em algumas narrativas. Nesse sentido, uma argumentação baseada em personagens tentando diferenciar os jogos das narrativas parece desfocada.

Ao mesmo tempo em que as abordagens ludologistas tentam apresentar definições de jogo com enfoque pragmático, se afastam de fundamentações filosóficas. Por esse motivo, a idéia de criar um conjunto de definições de jogos em um painel único parece um caminho sensato. Esse trabalho foi realizado por Jesper Juul (2003) e será descrito a seguir. Uma vez montado, Juul tenta extrair uma definição que contemple todos os aspectos ou elementos destacados no conjunto de definições agrupadas no painel.

## Uma definição conciliatória ▓▓▓▓▓▓▓▓▓▓▓▓▓▓░░░░░░░░

Juul parte das definições de Huizinga, Caillois, Bernard Suits, David Kelley, Avedon & Sutton-Smith, Chris Crawford e de Salen & Zimmerman, e monta uma tabela:

| FONTE | DEFINIÇÃO |
|---|---|
| Johan Huizinga (1950, p. 13) | "... uma atividade livre, conscientemente tomada como 'não-séria' e exterior à vida habitual, mas ao mesmo tempo capaz de absorver o jogador de maneira intensa e total. É uma atividade desligada de todo e qualquer interesse material, com a qual não se pode obter qualquer lucro, praticada dentro de limites espaciais e temporais próprios, segundo uma certa ordem e certas regras. Promove a formação de grupos sociais com tendência a rodearem-se de segredos e a sublinharem sua diferença em relação ao resto do mundo por meio de disfarces ou outros meios semelhantes." |
| Roger Caillois (1961, p. 10-11) | "[o jogo] é uma atividade que é essencialmente: livre (voluntária), separada (no tempo e espaço), incerta, improdutiva, governada por regras, fictícia (faz-de-conta)." |
| Bernard Suits (1978, p. 34) | "Jogar um jogo é se engajar em uma atividade dirigida para causar um estado específico de ocorrências, usando somente meios permitidos por regras, onde as regras proíbem meios mais eficientes em favor de meios menos eficientes, e onde tais regras são aceitas apenas porque elas tornam possível tal atividade." |
| Avedon & Sutton-Smith (1981, p. 7) | "No seu nível mais elementar, podemos definir jogo como um exercício de sistemas de controle voluntário, nos quais há uma oposição entre forças, confinado por um procedimento e regras, a fim de produzir um resultado não estável." |
| Chris Crawford (1981, Capítulo 2) | "Eu percebo quatro fatores comuns: representação [um sistema formal fechado, que subjetivamente representa um recorte da realidade], interação, conflito e segurança [o resultado do jogo é sempre menos severo do que as situações que o jogo modela]." |
| David Kelley (1988, p. 50) | "Um jogo é uma forma de recreação constituída por um conjunto de regras que especificam um objeto (objetivo) a ser almejado e os meios permissíveis de consegui-lo." |
| Salen & Zimmerman (2003, p. 96) | "Um jogo é um sistema no qual jogadores engajam-se em um conflito artificial, definido por regras, que resultam em um resultado quantificável." |

A partir dessa tabela, Juul conclui que há dez características comuns nas definições tabuladas, quais sejam: regras, resultado, metas, interação, objetivos e regras, o mundo, separação (entre vida e jogo), não é trabalho, meios menos eficientes, agrupamento social e ficção. Em seguida, ele rearranja alguns termos e transforma outros em algum termo semelhante. Com este procedimento, Juul reduziu sua definição a seis pontos:

## (1) Regras:

Jogos são baseados em regras.

## (2) Resultado variável e quantificável:

Jogos têm resultados quantificáveis e variáveis.

## (3) Valorização do resultado:

Aos diferentes resultados potenciais do jogo são assinalados valores diferentes, sendo alguns positivos, e outros, negativos.

## (4) Esforço do jogador:

O jogador investe esforço, a fim de influenciar o resultado.

## (5) Vínculo do jogador ao resultado:

O jogador está (emocionalmente) vinculado ao resultado, no sentido de que ele será vencedor e ficará feliz quando obtiver resultados positivos, e perdedor e infeliz, se estes forem negativos.

## (6) Conseqüências negociáveis:

O mesmo jogo (o mesmo conjunto de regras) pode ser jogado com ou sem conseqüências para a (ou na) vida real.

A definição de Juul (2003) para jogo fica assim:

Um jogo é um sistema formal baseado em regras, com um resultado variável e quantificável, no qual diferentes resultados são atribuídos por diferentes valores, o jogador empenha esforço a fim de influenciar o resultado, o jogador sente-se vinculado, e as conseqüências da atividade são opcionais e negociáveis.

Os itens 1, 2 e 4 (mencionados anteriormente) descrevem propriedades do jogo como um sistema formal; o item 3 descreve valores ligados aos resultados possíveis do sistema – a meta para a qual o jogador deve despender esforço; os itens 4 e 5 descrevem a relação entre o sistema e o jogador; e o item 6 descreve a relação entre a atividade do jogo e o resto do mundo (*ibid*).

Juul, então, monta um gráfico (veja a Figura 1) no qual representa 2 círculos concêntricos. Dentro do círculo central, o autor coloca os seis itens já descritos. Pela sua definição de jogo, tudo o que tiver os seis atributos deve ser considerado jogo e ser colocado no círculo central. Na zona intermediária (fora do círculo central, mas dentro do círculo externo), existem as atividades que são quase-jogos ou como-jogos (*game-like*). O que estiver fora dos dois círculos não pode ser considerado jogo. Uma observação importante da convenção adotada na representação gráfica diz respeito ao sentido das setas, que indica a remoção de um dado atributo. Para não tornar o gráfico confuso, o autor indicou entre colchetes quais atributos foram removidos de cada atividade.

A análise do gráfico torna a definição de jogo, de Juul, mais clara e lógica. Por exemplo, na zona de quase-jogos estão os seguintes tipos de aplicativos:

- RPG (Role-Playing Game) em papel e lápis: a razão pela qual ele considera o RPG um quase-jogo é que o atributo 1 foi retirado (O RPG não tem regras fixas).
- Simulações com finais abertos: falta o atributo 3 (valorização do resultado). Os simuladores (especialmente os de treinamento) caem nessa categoria porque o resultado não importa, vale a participação com finalidade de adquirir alguma habilidade. Outro exemplo pode ser o quase-jogo SimCity, uma vez que não tem metas definidas.
- Jogos de pura sorte (ou de azar): ficam no conjunto de quase-jogos, porque não exigem esforços do jogador (atributo 4).

# Distribuição espacial das atividades lúdicas
## Diagrama reproduzido de Jesper Juul (2003)

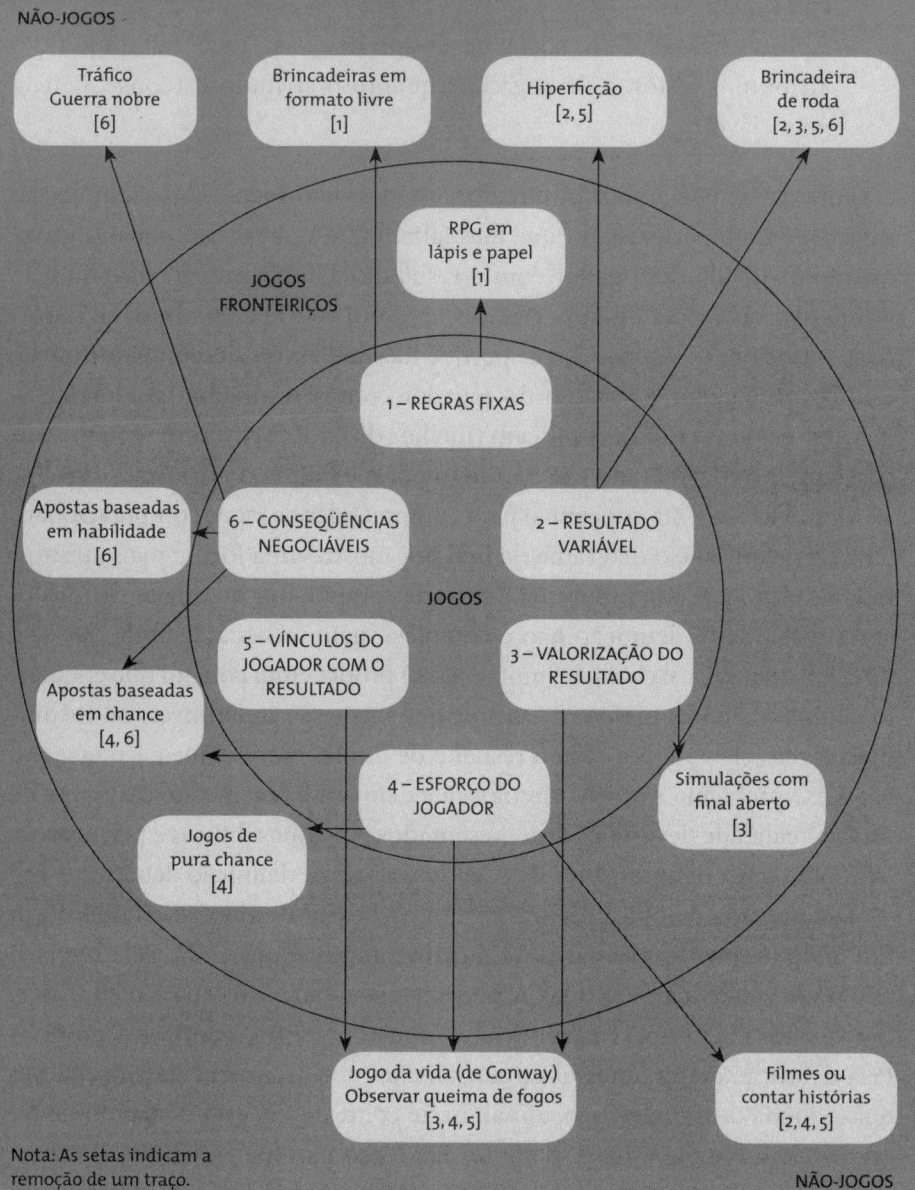

NÃO-JOGOS

| Tráfico Guerra nobre [6] | Brincadeiras em formato livre [1] | Hiperficção [2, 5] | Brincadeira de roda [2, 3, 5, 6] |

RPG em lápis e papel [1]

JOGOS FRONTEIRIÇOS

1 – REGRAS FIXAS

Apostas baseadas em habilidade [6]

6 – CONSEQÜÊNCIAS NEGOCIÁVEIS

2 – RESULTADO VARIÁVEL

JOGOS

5 – VÍNCULOS DO JOGADOR COM O RESULTADO

3 – VALORIZAÇÃO DO RESULTADO

Apostas baseadas em chance [4, 6]

4 – ESFORÇO DO JOGADOR

Simulações com final aberto [3]

Jogos de pura chance [4]

Jogo da vida (de Conway) Observar queima de fogos [3, 4, 5]

Filmes ou contar histórias [2, 4, 5]

Nota: As setas indicam a remoção de um traço.

NÃO-JOGOS

**Figura 1** Diagrama com os termos da definição de jogo, de Juul, e o posicionamento de algumas atividades lúdicas dentro do diagrama.

- Apostas baseadas em habilidade (por exemplo, pôquer): são quase-jogos, porque lhes falta o atributo 6, ou seja, não há como negociar conseqüências.
- Apostas baseadas em sorte: neste tipo de quase-jogo, faltam tanto o atributo 4 (esforço do jogador) quanto o atributo 6 (conseqüência negociável).

Fora da área de ambos os círculos, estão os não-jogos. Um exemplo são as ficções em hipertexto, porque lhes faltam tanto o resultado quantificável quanto o vínculo do jogador com o resultado. Ninguém fica triste ou feliz por perder ou vencer um hipertexto. O mesmo ocorre com filmes ou narrativas tradicionais: são não-jogos porque lhes faltam resultado quantificável, esforço do jogador e vínculo do jogador com o resultado. Igualmente, o jogo-livre que as crianças praticam (melhor dizendo, brincar livremente, em português) é considerado um não-jogo porque faltam regras fixas.

Como ferramenta conceitual para compreender os jogos computacionais, talvez a definição e o diagrama de Juul nos mostre uma forma mais aprimorada de classificar um programa lúdico de computador do que as definições anteriores. Mas a definição não é completa, nem fechada, e ainda que seja uma boa tentativa, é cheia de limitações. O próprio Juul conclui que enquanto alguns escritores preferem assumir que jogos são indefiníveis ou incompreensíveis, ele opta por falar a respeito de limites entre o que é e o que não é jogo. O problema é que os círculos que definem fronteiras no diagrama de Juul na realidade deveriam ser representados por zonas difusas e permeáveis. Vejamos como algumas situações depõem contra a definição dele:

Uma pessoa **A** joga xadrez com um oponente **B**, que é distraído e, em um dado momento, este faz uma movimentação equivocada. Pela regra, **B** não pode voltar sua peça, mas **A** permite que o parceiro repare o equívoco. Por que essa adversária permitiria tal abuso na regra, contra ela própria? Pela definição de Juul, nessas circunstâncias, o xadrez seria classificado um quase-jogo ou um não-jogo, afinal, neste contexto ele está deixando de ter regras fixas. No entanto, **A** pode ter feito isso para permitir que **B** exerça mais adequadamente seu esforço (atributo 4 da definição de Juul); e quanto maior o esforço de **B**, mais merecida é a vitória de **A**, ou seja, ela está valorizando sua vitória (atributo 3) ao permitir, contra as regras do xadrez, que seu adversário se torne mais *forte* ao corrigir suas desatenções. Talvez **A** não fizesse o mesmo se sentisse que **B** fez tal movimento por descaso e, assim, ele seria um desmancha-prazeres e estaria desvalorizando a vitória dela.

Em outra situação, **C** e **D** jogam vôlei de praia contra **E** e **F**. Em um instante, um deles escorrega ao sacar, provocando uma situação hilária. Nesse exemplo, podemos observar os dois princípios que regem a prática dos jogos descritos por Caillois. Se o jogo é por diversão (*paidia*), espera-se a atitude simpática dos adversários. Mas se o jogo for uma final de Olimpíada, se for a sério (*ludus*), haverá mesmo quem torça para que uma infelicidade dessas aconteça com os adversários. Vamos admitir que o jogo fosse por diversão. Dada a circunstância, os adversários permitem que o sacador repita o lance. Pode-se observar que, nesse caso, há outro componente no jogo: o *está valendo* ou *não valeu*, o que torna relativos o tempo, as ações e as regras no jogo. Repetir a jogada é um *não valeu* que não existe em nenhuma regra de qualquer jogo sério, mas que acontece por cavalheirismo ou por empatia dos jogadores em certas situações. Os adversários sabem (ou esperam) que, se o mesmo lhes ocorresse, contariam com tratamento similar. E se assim não for, se o adversário levar um lance infeliz a sério, poderá ser considerado um indivíduo anti-social, e seu comportamento, indesejável. No entanto, este seria o caso de um adversário valorizando um resultado que o favorece (atributo 3) e, ao mesmo tempo, que demonstra seu envolvimento com o resultado (atributo 5). Mais ainda, dependendo do contexto, ajudar o adversário pode ser entendido como menosprezá-lo, como desmerecer o esforço do outro. Essas questões podem ainda ser vistas como um caso de conseqüências negociáveis (atributo 6), relacionadas com a finalidade do jogo, ou seja, se o jogo é pura *paidia*, pura diversão, não há necessidade de levá-lo a sério. Nesse caso, o vôlei de praia deixaria de ser jogo e passaria a ser quase-jogo, ou não-jogo porque, a exemplo das brincadeiras de criança, um jogo nessa situação apresenta casos em que as regras (atributo 1) estão em constante negociação.

Mesmo que não seja aplicável de forma ampla a todos os tipos de jogos, o arcabouço de Juul talvez se mostre adequado para classificação dos jogos computacionais porque os algoritmos não negociam regras. Eles tendem a ser rígidos e quantificam automaticamente resultados. Possuem formas de valorizar a vitória dos participantes porque geralmente apresentam níveis de dificuldades. Costumam ser imparciais, e o jogador deverá empenhar algum esforço caso queira que o jogo aconteça, ou seja, o vínculo é geralmente um compromisso do jogador consigo mesmo.

Serão os jogos computacionais atividades diferentes dos jogos no mundo real? O que torna os jogos computacionais tão atraentes? Em que sentido os jogos e as narrativas se relacionam no mundo dos números e dos processadores? Segue uma análise, até certo ponto especulativa, sobre o que vem acontecendo com os jogos e as narrativas nos meios digitais, ao mesmo tempo em que são discutidas tendências futuras e quais áreas do conhecimento mais terão a contribuir para os próximos passos nos jogos computacionais.

## Mundos e comportamentos – entre a narrativa e o game

O estudo teórico das narrativas tradicionais é clássico e remete à Grécia Antiga e a Aristóteles e sua obra *A Poética*. Já os estudos teóricos sobre jogos se iniciam nas primeiras décadas do século passado, notoriamente, com Huizinga e Caillois. A partir desses estudos podemos lançar um olhar panorâmico e enxergaremos que jogos e narrativas são dois pilares que sustentaram o desenvolvimento da cultura humana.

Podemos imaginar que nos primórdios a narrativa tenha servido para descrever onde havia alimento, para alertar sobre perigos ou para transmitir conhecimentos dos processos e técnicas que cada um vivenciara. Por meio de narrativas, nossos antepassados inventaram cidades, políticas, leis, filosofia etc. Mas as narrativas tinham também finalidade lúdica; assim, nos momentos em que se sentiam seguros, eles se reuniam e contavam anedotas, aventuras, e a partir dessas narrativas construíam heróis, vilões, mitos, crenças, religiões etc.

Os jogos antecedem as narrativas, de acordo com Huizinga. Estima-se que, não antes de 70.000 anos atrás, o homem tenha inventado a linguagem, e só depois dela, a narrativa. Contudo, brincar, fingir, representar, aquelas ocasiões de puro gasto de energia, de tempo, de perspicácia e de destreza, como quer Caillois, isso tudo existia antes das narrativas. Muitas atividades culturais têm como base o jogar: esportes, cassinos, loterias, bolsas de valores, dentre outras atividades. Jogo em meios digitais é apenas o fenômeno mais recente.

Ainda que ao longo da construção da cultura humana tenham convivido e se influenciado mutuamente, narrativas e jogos possuem naturezas diferentes. Jogos são estruturas nas quais o jogador age, experimenta, vivencia situações. Narrativas descrevem ações passadas. Jogos são um agora, um fazer acontecer no momento em que são jogados. Narrativas baseiam-se em fatos que já ocorreram, suas relações de causa e conseqüência. Há várias diferenças entre a narrativa tradicional e os jogos; contudo, quando ambas as atividades migram para os computadores, começa a haver uma fusão, uma mescla entre elas.

Anteriormente, afirmamos que computadores são bons em simular espaços. Isso quer dizer que os meios digitais podem, facilmente, criar representações de ambientes, de mundos diversos. Também afirmamos que computadores são especialmente bons em simular ações, o que quer dizer que nos meios digitais podemos simular comportamentos tanto de natureza física quanto psicológica. Em outras palavras, podemos imitar nos meios computacionais o comportamento físico de objetos ao mesmo tempo em que podemos simular em alguns personagens ações e reações que imitam o comportamento humano.

Vimos também que jogos, no mundo real, são geralmente estruturas compostas de um espaço definido, com regras definidas, com um tempo definido, no qual o jogador é um agente pleno, ou seja, é a ação dele que faz a história do jogo. A história de um jogo é emergente, de baixo para cima, é um fenômeno *Button-up*. Por outro lado, as narrativas tradicionais são estruturas *Top-down*. Como explica *A Poética* de Aristóteles: um autor cria uma história dentro de um estilo, um enredo. Este enredo será apresentado ao público por meio dos personagens. Estes, por sua vez, possuem pensamentos e crenças e devem ser consistentes, ou seja, os personagens devem agir de acordo com tais pensamentos. A platéia conhecerá os pensamentos deles por meio de seus diálogos e de suas ações. E o conjunto destes elementos descreve o espetáculo.

Em função da flexibilidade e da capacidade de simulação dos computadores, uma gama de aplicativos de toda natureza migraram para esses meios: da literatura com narrativa linear passando por aplicativos multimídia e em hipermídia; dos games que são puras estruturas até os jogos de aventura e dramas interativos – em que o jogador ou *interator* é convidado a *conviver* com personagens que simulam humanóides virtuais. O gráfico a seguir (Figura 2) é uma tentativa de mostrar visualmente o que acontece com a migração dessas duas atividades para os meios computacionais.

Em pólos opostos, colocamos as duas atividades no gráfico: à esquerda, a coluna da narrativa, e à direita, a coluna dos jogos. Narrativas são atividades *top-down*, indicadas pela seta na extrema esquerda. Quanto mais narrativo, menos agente o usuário será, ou seja, menos ele poderá agir e modificar o resultado da narrativa. Ao contrário, os jogos são atividades *button-up*, como indica a seta na extrema direita, e quanto mais o jogo for uma estrutura pura, mais o jogador será agente, ou seja, mais ele interferirá no resultado.

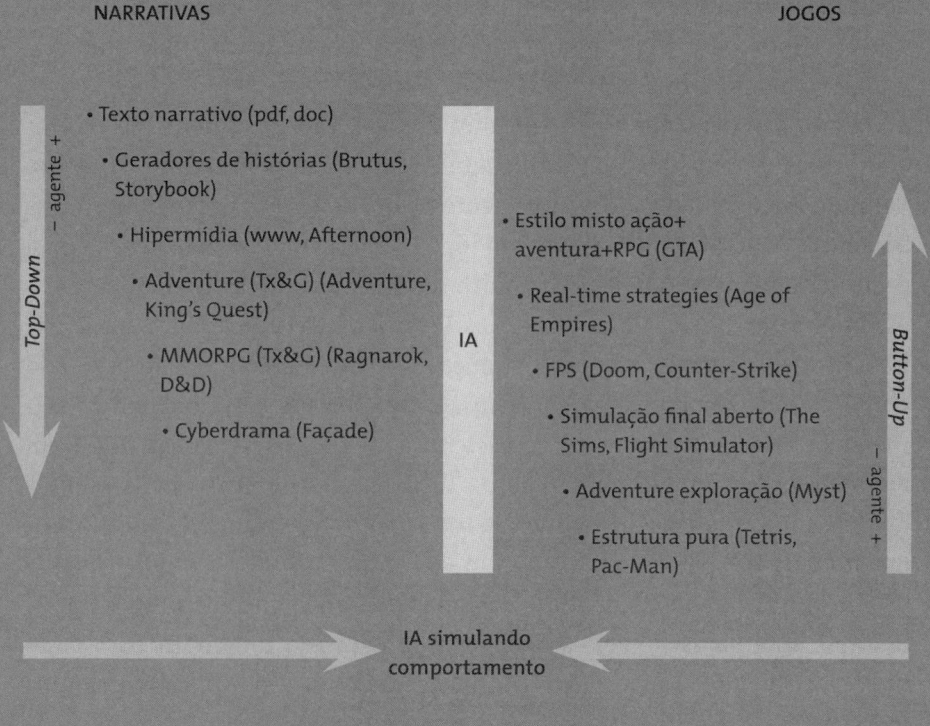

**Migração das narrativas e jogos para meios computacionais**

NARRATIVAS                                                                                JOGOS

Top-Down    – agente +

• Texto narrativo (pdf, doc)

• Geradores de histórias (Brutus, Storybook)

• Hipermídia (www, Afternoon)

• Adventure (Tx&G) (Adventure, King's Quest)

• MMORPG (Tx&G) (Ragnarok, D&D)

• Cyberdrama (Façade)

IA

• Estilo misto ação+ aventura+RPG (GTA)

• Real-time strategies (Age of Empires)

• FPS (Doom, Counter-Strike)

• Simulação final aberto (The Sims, Flight Simulator)

• Adventure exploração (Myst)

• Estrutura pura (Tetris, Pac-Man)

Button-Up    – agente +

IA simulando comportamento

**Figura 2** Diagrama de migrações de narrativas e games para meios computacionais.

Neste mapa distribuímos então algumas atividades relevantes em termos de gênero literário ou de game. No extremo superior esquerdo, mais *top-down*, muito mais narrativa e com menos componentes de jogo interativo, estão os textos narrativos planos. No extremo oposto, no canto inferior direito, mais *button-up*, muito mais estrutura para jogar e com menos componente narrativo, estão os jogos do tipo Tetris ou Pac-Man.

Progressivamente, os computadores permitiram a introdução da interatividade nas narrativas, assim, vemos surgirem os geradores automáticos de histórias (por exemplo, Brutus), os textos e novelas em hipermídia e as páginas da Internet; ou ainda os *adventure games* em textos, ou mesmo gráficos. Este tipo de gênero foi colocado nesta coluna porque está mais próximo de narrativas emergentes do que de games. Há ainda os aplicativos como os RPGs e os MMRPGs, que não são bem jogos, são mais ambientes nos quais histórias acabam surgindo devido a interações sociais dos participantes com milhares de outros *avatares* e personagens. Por fim, do lado das narrativas, o ciberdrama é a mais ousada tentativa de integrar o usuário (o *interator*) em histórias. Façade é um ambiente no qual o *interator* entra em um mundo virtual e convive com personagens virtuais que simulam comportamentos humanos inteligentes. A idéia é simular uma peça teatral cujo enredo é pré-definido, mas as ações individuais não são. Assim, os personagens virtuais são programados para trazer o *interator* de volta ao roteiro. O espaço simulado e o conjunto de ações permitidas também servem para restringir os *interatores*. Mais sobre Façade em Ranhel (2005, p. 122) ou no site: www.interactivestory.net.

Com relação aos jogos, os primeiros games nos computadores eram apenas estruturas nas quais os jogadores agiam para que os games acontecessem. Contudo, aos poucos, os jogos em computadores receberam atributos no sentido de construir narrativas. Um simulador com final aberto, por exemplo, por si mesmo, faz emergir uma história. Um jogo como o Myst, que poderia ser classificado como um *adventure*, como os citados na coluna da narrativa, foi colocado do outro lado porque a estrutura e o espaço simulado permitem ao jogador explorar o meio, e não interagir em uma narrativa. Ele está mais para um simulador do que para uma narrativa. Mas percebam que os critérios de distribuição aqui não foram muito rígidos. Propositalmente. Interessa-nos perceber as tendências.

Continuando, nos FPS (*First Person Shooter* = jogos de tiro), o jogador, além de vasculhar espaços, começa a competir com robôs cada vez mais inteligentes. E nos jogos de estratégia em tempo real (Real-Time Strategy), uma história contextualiza o ambiente e influencia as ações do jogador, como no Age of Empires. Como a tecnologia avança a passos largos, nos jogos que misturam gêneros, cada vez mais as narrativas são importantes. Nesses jogos o jogador participa de uma aventura, de uma corrida, de um FPS e até mesmo de um RPG, fazendo evoluir uma história cheia de personagens, até certo ponto, convincentes.

O que podemos concluir? Como os computadores são bons em simular espaços e comportamentos, gradativamente as técnicas de IA contribuem para mesclar as duas atividades nos meios computacionais. Cada vez mais, os jogos inserem situações narrativas, enquanto as narrativas permitem aos usuários serem atores em suas histórias.

A tendência parece ser de essas duas atividades convergirem para uma área na qual os limites e as fronteiras não são nítidos. Quando técnicas avançadas de programação permitirem a agentes de software a compreensão da linguagem natural, simulação de raciocínios, de comportamentos e de reações humanas, os jogos poderão ser quase como entrar em um filme; e narrativas poderão ser emergentes, sem começo nem fim, como em Second-Life, só que com personagens virtuais contracenando com humanos.

Para a criação de personagens que simulem comportamento humano será necessário um grande esforço interdisciplinar. Áreas do conhecimento tais como ciência cognitiva, ia, filosofia, lingüística, neurociência, computação, engenharia, psicologia, antropologia, semiótica, comunicação, dentre outras, todas terão espaço para contribuir para essa modelagem de futuras *mentes virtuais*.

## Conclusão

Alguns filósofos tentaram definir jogo (atividade lúdica), mas as definições resultaram tão genéricas e amplas que poucas nos ajudam diretamente a conceituar ou formalmente definir os jogos computacionais. Juul tentou reunir estas definições em um arcabouço que permitiria ao menos definir o que é ou não é jogo. Contudo, a forma como um jogo é jogado por humanos envolve nuances do comportamento social e psicológico dos jogadores, do contexto no qual o jogo acontece, da finalidade da atividade, das convenções adotadas, e de outros fatores que, em primeira análise, comprometem o arcabouço apresentado por Juul.

Apresentamos duas situações, os exemplos do xadrez e do vôlei, mas é certo que diversas situações fazem com que os jogos mudem de plano e se transformem em atividades cujos propósitos são diferentes dos iniciais. Esse estado difuso nas fronteiras de qualquer definição de jogo, a permeabilidade da membrana que recobre as atividades lúdicas, a indefinição na formalização de qualquer dessas atividades, só fazem contar pontos a favor daqueles que defendem que o jogo é indefinível. Talvez seja porque, como observou Caillois, a forma como se joga o jogo (*paidia* ou *ludus*) influencia diretamente o próprio fenômeno que se quer observar.

No estágio tecnológico atual, quando os jogos acontecem em meios digitais, temos que nos preocupar menos com os aspectos das indefinições. A forma obtusa com que os processadores seguem as regras (os algoritmos) não permite (ainda) que os programas de jogos entendam o contexto. A tecnologia atual (ainda) não permite que os agentes de software compreendam linguagem natural, e essa parece ser uma razão fundamental que dificulta simular comportamentos sociais convincentes. Assim sendo, nos jogos computacionais ainda é nítido que o jogador enfrenta conjuntos de regras, conflitos programados, agentes robóticos.

Vimos que a evolução tecnológica até o momento aponta para a convergência entre narrativas e jogos em ambientes nos quais algoritmos simularão personagens virtuais com comportamentos cada vez mais parecidos com os dos seres humanos. Assim sendo, não tardará para que agentes de software se comportem como adversários socialmente polidos que entendem certas nuances da psicologia humana ou do contexto do jogo, complicando ainda mais a busca de uma definição conceitual do que é jogar jogos computacionais.

## Referências

CAILLOIS, R. *Man, play and games*. Chicago: University of Illinois Press. 2001. Tradução do original francês *Les jeux et les hommes*, 1958.

COMPARATO, D. *Da criação ao roteiro*. 5. ed. Rio de Janeiro: Rocco, 1995.

ESKELINEN, M. "Towards computer game studies". In: *First person:* new media as story, performance, and game. Cambridge: The MIT Press, 2004.

ESKELINEN, M. The gaming situation. *Game studies*, 2001. Website: http://www.gamestudies.org/0101/eskelinen/. Acessado em 6 jun. 2004.

FIELD, S. *Manual do roteiro*. Tradução: Álvaro Ramos. 4. ed. Rio de janeiro: Editora Objetiva, 1995.

GADAMER, H. G. *Verdade e método:* traços fundamentais de uma hermenêutica filosófica. Tradução de F. P. Meurer e E. P. Giachini. Petrópolis: Vozes, 1997.

HUIZINGA, J. *Homo ludens*. Tradução de J. P. Monteiro. São Paulo: Perspectiva, 2004, 1938.

JUUL, J. "Introduction to game time". In: *First person:* new media as story, performance, and game. Cambridge: The MIT Press, 2004.

JUUL, J. "The game, the player, the world: looking for a heart of gameness". In: *Level up:* digital games research conference proceedings. Utrecht University, 2003. http://www.jesperjuul.net/text/gameplayerworld/. Acessado em 3 jun. 2005.

LUCEY, P. *Story sense:* writing story and scripts for feature films and television. Nova York: The McGraw-Hill Company, Inc., 1996.

PEARCE, C. "Towards a game theory of game". In: *First person:* new media as story, performance, and game. Cambridge: The MIT Press, 2004.

RANHEL, J. H. *TV digital interativa e hipermídia:* jogos e narrativas interativas na TVi. Tese de mestrado defendida na PUC-SP, 2005. http://www.sapientia.pucsp.br/tde_busca/arquivo.php?codArquivo=2157. Acessado em 8 out. 2008.

WARDRIP-FRUIN, N.; HARRIGAN, P. (eds.) *First person:* new media as story, performance, and game. Cambridge: The MIT Press, 2004.

ZIMMERMAN, E. "Narrative, interactivity, play, and games". In: *First person:* new media as story, performance, and game. Cambridge: The MIT Press, 2004.

# Reflexões acerca do videogame:
## algumas de suas aplicações e potencialidades

Sérgio Nesteriuk

No decorrer de sua breve e meteórica história, o videogame já foi vítima – para absoluta indignação e revolta dos jogadores e seus defensores mais fervorosos – de grande número de denúncias e acusações, desde ser gerador de alienação até mesmo formador de assassinos. Esse tipo de abordagem volta a ser adotado constantemente, no caso de tragédias, como aquelas em que jovens promovem chacinas em suas escolas e seus ambientes de convívio. Nesses casos, o videogame é apontado por uma parcela da sociedade como o principal responsável por tais atitudes, o que estimula movimentos favoráveis à proibição de alguns jogos e até do próprio videogame em si.

Observamos, em termos acadêmico-científicos, a presença de três diferentes linhas de estudos sobre o videogame. A primeira diz respeito aos estudos funcionalistas, isto é, o estudo das causas, conseqüências e dos efeitos dos jogos – concentrados, sobretudo, nas áreas da sociologia, antropologia, psicologia, educação e pedagogia. Inúmeras considerações sobre a natureza dos videogames e suas influências no homem e na sociedade contemporânea vêm sendo analisadas com rigor científico há pouco menos de duas décadas. É interessante notar como essas considerações se dividem nitidamente entre visões apocalípticas (neoluditas) e integradas (tecnoutópicas), com amplo predomínio da primeira sobre a segunda.

A abordagem apocalíptica em relação ao meio é a mais difundida e alega que, ao banalizar a violência, o videogame estimula comportamentos agressivos entre seus jogadores. Tais afirmações são normalmente amparadas em testes e experiências do tipo quantitativas, e em comparações entre o comportamento social de pessoas – principalmente crianças e jovens – que jogam com as que não jogam videogame. A solução estaria em restringir ou mesmo impedir o uso dos videogames, sobretudo pelas crianças. Existe normalmente por trás dessa visão a idéia limitada e limitadora de que "o meio é a mensagem", isto é, que a essência do videogame é, por natureza, banal, nociva e prejudicial; a pessoa deveria aproveitar melhor o seu tempo realizando outras atividades, como ler um livro, conversar com outras pessoas, praticar esportes ou estudar. Deve-se, portanto, procurar soluções para resolver um sério problema: o videogame. É interessante notar ainda como a maioria dos pesquisadores que pregam tal posicionamento desconhece não só as características do videogame enquanto meio expressivo, mas também os próprios jogos que criticam. Esses pesquisadores não tiveram, em quase sua totalidade, uma experiência com a cultura dos videogames – ao contrário de inúmeras outras atividades lúdicas – durante sua própria infância.

A abordagem integrada, por sua vez, entende que o contato com o videogame é um processo quase que irreversível na cultura contemporânea e que deve, portanto, ser utilizado em prol de atividades mais *úteis*, como no tratamento de problemas de coordenação motora e síndromes correlatas, no desenvolvimento de exercícios de raciocínio, lógica, reflexo, e de atividades de integração, iniciativa e cooperação. O enfoque adota a idéia de que "o meio *não* é a mensagem", isto é, o videogame pode adquirir características próprias de acordo com a sua utilização. Os pesquisadores que adotam essa abordagem possuem um conhecimento nitidamente maior do meio e de seus jogos, já que os utilizam de maneira mais prática e objetiva em suas atividades cotidianas e profissionais.

A segunda linha representa os estudos técnico-tecnológicos – centrados no desenvolvimento e na exploração da inteligência artificial, computação gráfica, programação e das demais ciências técnicas e computacionais. Tais estudos aproveitam-se de pesquisas e experiências tecnológicas desenvolvidas em áreas diversas para aplicá-las de forma experimental ao videogame.

O videogame acaba funcionando, muitas vezes, como uma espécie de laboratório de novas linguagens e tecnologias, na medida em que o jogador acaba exercendo a função de um controlador de qualidade, ou melhor, de um explorador das potencialidades dessas tecnologias, apontando eventuais falhas, acertos e novas possibilidades de desenvolvimento. É o jogador e sua experiência, mais que o engenheiro ou o técnico de laboratório, que conseguem levar o jogo e a própria tecnologia ao extremo de suas possibilidades exploratórias. A maior parte dos jogos desenvolvidos para videogames, por exemplo, conta com uma equipe de testadores (*game testers)* composta de jogadores mais experientes, que auxiliam no controle de qualidade do jogo por meio de dicas, sugestões e reclamações, colaborando diretamente com as equipes de criação, desenvolvimento e pós-produção do jogo.

As tecnologias digitais de ponta possibilitam ainda não só imagens com um maior número de polígonos e sons em um maior número de canais, mas o favorecimento da criação de ambientes de agenciamento mais elaborados, facilitando a utilização da imersão e da interatividade enquanto ferramentas comunicacionais.

Por fim, encontramos a terceira tendência, a dos estudos formalistas, que aborda questões referentes à linguagem, à estética, à retórica do meio e que procura investigar as formas expressivas e potencialidades intrínsecas do videogame. Aqui se faz necessária a aplicação de uma metodologia interdisciplinar, amparada em outras áreas ligadas ao estudo de questões da linguagem, da estética e da retórica, como no caso do jogo, da narrativa, da filosofia e da semiótica, por exemplo. É nessa linha que encontramos o menor número de pesquisadores e de trabalhos científicos desenvolvidos. Acredito que tal fato ocorra em virtude de três fatores: o preconceito, ou a falta de *status* perante a comunidade científica em se estudar videogames; a novidade do enfoque, ou seja, a falta de uma tradição formal calcada nesses estudos, o que também impossibilita a criação de uma base sólida para o seu desenvolvimento em extensão e profundidade; e a aparente indiferença do mercado e dos próprios jogadores em relação a essas questões, já que há uma crença comercial generalizada de que tudo funciona bem independentemente dessas considerações: "os jogos são bastante vendidos e os jogadores estão felizes".

De qualquer forma, estudos sobre essa terceira linha de pesquisa começam gradativamente a alcançar espaços em cursos de graduação e pós-graduação especializados, grupos de pesquisa, seminários, palestras, congressos, traba-lhos científicos etc.

## Videogame: definições e características

Videogame é aqui entendido não apenas como um tipo genérico de jogo que se processa e opera por meio de um computador, independentemente do lugar em que seja jogado, mas também como uma linguagem que, como tal, possui suas particularidades.[1] Quanto a esse primeiro aspecto básico a que se refere o termo, deve ser feita uma pequena consideração sobre três denominações referentes ao universo dos jogos em videogame: jogos para consoles, jogos para computadores e jogos para *arcades*. A distinção se dá em função do suporte utilizado: os jogos para consoles ocorrem em um monitor de televisão a partir de um console próprio (como o Atari ou o PlayStation, por exemplo); os jogos para computadores são jogos que ocor-rem no monitor do computador a partir de seu próprio hardware (como em PC ou Mac); e os jogos para *arcades* – também chamados equivoca-damente por alguns de fliperama[2]–, que são grandes máquinas integradas (console–monitor) dispostas em lugares públicos. Partindo do princípio de que todas elas tiveram um desenvolvimento comum e todas elas utili-zam um computador para produzir e processar seus jogos em estruturas digitais, neste texto o termo videogame foi adotado para se referir a todos esses jogos. Tal terminologia é também utilizada por outros pesquisadores, como Frasca (2001), por exemplo.

---

1 Mais adiante no texto, são comentados alguns aspectos que ampliam o conceito de videogame para muito além da noção que o restringe a suporte para alguns jogos de entretenimento. Nesse sentido, pode-se pensar que o termo designa não apenas os produtos que veicula, como também uma rede complexa que engloba as suas potencialidades (de realização, pesquisa...), bem como os envolvidos nesse processo. Assim, para fazer uma analogia, é possível falar de videogames de forma mais abrangente, como quando usamos as expressões literatura, cinema, artes plásticas etc.
2 Fliperama é a designação utilizada para as máquinas criadas no final do século XIX nos Estados Unidos (*pinball*), que consistem de dois ou mais *flippers* (braços) com a função de rebater uma bola – que, à medida que se encosta em pinos, plaquetas e outros objetos, acumulam pontos – de volta para a mesa de jogo sem deixá-la passar por entre os dois *flippers,* nem cair em canaletas la-terais. No Brasil, acabou se tornando a designação genérica para *arcades* (e, em alguns casos, para toda espécie de games), bem como para o tipo de estabelecimento onde normalmente se encontra uma grande concentração dessas máquinas.

Devemos considerar ainda que o local onde se desenvolve o jogo pode determinar características diferentes aos jogos e ao comportamento do jogador. Assim, jogos feitos para se jogar em consoles domésticos podem apresentar características diferentes de jogos desenvolvidos para se jogar em *arcades* em um shopping center, bem como um mesmo jogo desenvolvido para ambos os suportes pode ser jogado diferentemente, em função da jogabilidade e do próprio entorno [sistema de créditos, opções oferecidas (pausa, salvamento e demais configurações do jogo), tipos de joysticks, nível de concentração do jogador etc.]. Tal pesquisa encontra-se, entretanto, além do escopo do presente trabalho.

Na opinião de alguns pesquisadores, como Aarseth (1997), por exemplo, o videogame é um expressivo e complexo fenômeno cultural, estético e de linguagem, que foi capaz de desenvolver, ao longo de seu curto período de existência, toda uma retórica própria. É importante percebermos, portanto, que, ao se falar de videogames, não se está falando *apenas* de seus jogos ou de aspectos *menores* deste expressivo e metamórfico meio contemporâneo. O videogame – em si e também em seus aspectos circundantes – é hoje um dos fenômenos tecnológicos de maior interdisciplinaridade e complexidade para se estudar. Ciências e conhecimentos em campos diversos de áreas como filosofia, semiótica, psicologia, ciências da computação, antropologia, programação, ciências cognitivas, publicidade, crítica literária, animação, computação gráfica, narratologia, educação, engenharia elétrica, telecomunicações, artes, comunicação, design, marketing, entre inúmeras outras, possuem uma relação direta com as múltiplas e integradas características do videogame. Destarte, aspectos como sociabilidade e inteligência artificial, pirataria e design, jogabilidade e taxionomia, entre uma infinidade de outros, coabitam as inúmeras faces deste múltiplo e singular prisma que compõe a criação e o estudo dos videogames.

A importância do videogame enquanto fenômeno cultural também pode ser avaliada pela movimentação financeira de sua indústria, que é hoje a primeira na área de entretenimento – superior à do cinema, por exemplo – e uma das maiores entre todas as outras indústrias. No ano de 2007, a indústria do videogame (hardware e software) faturou, de acordo com a NPD Group, cerca de US$ 17,94 bilhões apenas nos Estados Unidos. De acordo com analistas da Nielsen Games, na Europa este faturamento foi de US$ 7,4

bilhões e na Ásia, de US$ 10,8 bilhões. Isso faz com que não só os videoga-
mes se aproveitem de pesquisas tecnológicas de ponta como também as dis-
ponibilizem prontamente ou, pelo menos, de forma extremamente rápida,
para seu ávido público.

Mas o que torna os jogos de videogame tão atraentes para o grande público? Juul, (2004, p. 137), por exemplo, acredita que:

> A principal diferença entre os videogames e seus precursores não-eletrônicos é que
> os videogames acrescentaram automação e complexidade – eles podem sustentar e cal-
> cular regras do jogo por si só permitindo, por meio disso, mundos de jogos (*gameworlds*)
> mais profundos, além de permitir a manutenção do ritmo do jogo. Assim, videogames
> criaram novos mundos, mais tempos-reais e mais jogos individuais (*single player*) que
> os jogos não-eletrônicos.

Nesse sentido, o design de videogames tem na sua relação de interface
homem-máquina uma de suas áreas mais férteis, já que cada novo jogo, para
ser bem-sucedido, deve ao mesmo tempo repetir e apresentar novas estruturas de interação. Na opinião de Aarseth (1998, p. 2): "Isso, sem dúvida, torna
difícil desenvolver uma teoria sobre videogames; eles são indubitavelmente
um dos mais diversos e metamórficos gêneros culturais que já existiu".

Uma das maiores virtudes de um designer de videogames talvez seja a
capacidade de fazer com que a repetição ofereça, a cada novo jogo, novas
possibilidades exploratórias, assim como o próprio cotidiano que, à medida
que se renova, nos oferece a cada dia desafios diferentes. Para isso, o designer
pode procurar refratar o estado de arte do jogo em uma série de perspectivas
e dimensões, sem com isso destruir o ritmo ou a compreensão do jogo.

Eis aqui outra característica peculiar do videogame: apesar de ser produzido e distribuído sob os preceitos da reprodutibilidade técnica (Benjamin,
1985), apresenta-se sob o domínio da co-autoria, isto é, cada jogo jogado
será único não apenas em sua instância mental ou interpretativa – como
normalmente acontece nos meios mais *convencionais*, como o cinema e o livro, por exemplo –, mas em sua própria existência enquanto jogo. Podemos
entender que a obra do videogame é o resultado do próprio jogo jogado e,
assim sendo, é muito pouco provável achar dois jogadores diferentes com
um mesmo jogo jogado; da mesma forma que um mesmo jogador dificilmente conseguirá, ainda que partindo das mesmas condições iniciais, repetir o jogo jogado em duas (ou mais) sessões diferentes.

Cabe, portanto, ao designer de videogames criar e disponibilizar a estrutura necessária do jogo. Esta deve ser constituída por um texto aberto à interatividade do jogador; um texto elástico, horizôntico e atomizado, capaz de explorar a liberdade interativa do jogador e aceitar as imputabilidades geradas pelas tecnologias do videogame e seus novos espaços criativos. Esse conceito de estrutura disponibilizada não deve ser entendido como algo fechado, unitário e monolítico, mas sim, como uma estrutura de estruturas possíveis. O designer precisa, dentro da lógica dessas estruturas, desenvolver linhas criativas paralelas e coerentes para que o jogador possa descobri-las por si só, sem com isso fechar outras possibilidades. Trata-se de um espaço "(...) multidimensional e teoricamente infinito, com uma igual infinidade de possibilidades de conexões, sejam elas programadas (fixas ou variáveis), randômicas, ou ambas (programadas e randômicas)", (Landow, 1997, p. 184). Tal qual o livro-labirinto de Ts'ui Pen, imaginado por Borges (1999, p. 524-533), no conto *O jardim dos caminhos que se bifurcam*, só que escrito durante o seu próprio processo de leitura.

A interatividade se apresenta, desta maneira, não apenas como possibilidade para imersão, experiência ou agenciamento (*agency*) do *interator*, mas como possibilidade de construção de obras abertas e dinâmicas. O jogador torna-se co-autor de um *work in progress*, que se elabora diferentemente a cada jogar.

Nesse sentido, o videogame se caracteriza enquanto *ergon* e vai ao encontro da própria reticularidade cotidiana, já que seu significado existe basicamente para se ressignificar. Hermeneuticamente, o videogame proporciona uma experiência estética que é e sempre será inacabada, porque constitui um todo, e não a unidade ou a unicidade de um processo.

A interação do jogador no videogame, que se dá de forma descontínua, não linear e não previsível, só existe, por sua vez, pela disponibilidade de um roteiro flexível e que consegue suportar um sistema hiperdimensional de conexões. Santaella (2001, p. 394) observa que, nestes casos, o jogador torna-se capaz de refletir sua própria rede cognitiva, de acordo com a coerência do desenho estrutural (que a autora chama de *modelo-mapa-desígnio*) moldado e da abertura do percurso a ser percorrido por ele mesmo.

É neste contexto que estruturas e conceitos sobre jogos e narrativas mostram-se extremamente imbricados e coerentes com a dinâmica do videogame.

Nos jogos que apresentam formas narrativas mais elaboradas em video-game, como é o caso de The Sims (Electronic Arts, 2000) – uma espécie de simulador da vida cotidiana de uma família de classe média americana –, por exemplo, o próprio final da história é determinado pelo jogador. Seja por cansaço, necessidade de fazer alguma outra coisa ou falta de interesse, é a ele que cabe decidir como e quando acabar. Murray (1997, p. 147) considera que os processos de encerramento narrativo de tais modalidades possam ser entendidos como "finalização por exaustão, e não por complemento". Para a autora, o designer, ao contrário do autor das narrativas tradicionais, acaba transferindo para o jogador também essa responsabilidade.

Em outras palavras, o fechamento nesse caso acontece quando a estrutura do trabalho é entendida, ainda que não o seu enredo. Esse fechamento implica uma atividade cognitiva mais propriamente dita, do que um prazer usual de se ouvir uma história. A história, em si, ainda não está realmente resolvida (Murray, 1997, p. 174)

É claro que, ao ler um livro ou ver um filme, o leitor ou espectador também pode resolver sair da sala no meio do filme ou abandonar o livro pela metade. A diferença é que, nesses casos, sabe-se que existe uma obra mais fechada, que não foi vista por inteiro, isto é, ainda faltava, por exemplo, uma hora de filme ou cem páginas de livro para o final da obra determinado pelo seu autor.

No caso das narrativas em videogames, não há como o jogador se certificar de que um determinado caminho narrativo foi percorrido em todas as suas possibilidades e extensões, ou seja, em sua totalidade.

Como aponta Ryan (2001, p. 12), talvez a narrativa não seja a *raison d'être* dos videogames, mas possui um papel fundamental naqueles jogos que a utilizam de maneira mais plena. Notamos um fenômeno parecido no cinema, mais especificamente, em alguns filmes hollywoodianos de ação: a típica narrativa do mocinho (mais ou menos caracterizado como tal), que tem de superar uma série de obstáculos para conseguir, ao final do filme, durante o clímax, atingir o seu objetivo. Obviamente, o interesse do espectador de tais tipos de filmes não é a narrativa em si, muito embora os elementos narrativos estejam presentes sob a forma de estruturas narrativas mínimas, extremamente simples e sem uma grande complexidade em suas construções formais. Interessa ao público, nesse caso, a maneira pela qual (*como*) um final pré-determinado será alcançado.

Contudo, não podemos nos esquecer de que tais experiências narrativas são essencialmente diferentes; leitores e jogadores, em si, representam figuras ontologicamente distintas. O destinatário das *narrativas tradicionais* permanece sentado confortavelmente em uma cadeira, sem conseguir interferir diretamente no enredo da narrativa que se apresenta para ele. O destinatário deve, portanto, deixar os eventos seguirem os rumos previstos e predeterminados pelo autor, agindo apenas em sua própria instância mental-psicológica, por meio de sua "cooperação textual", em uma chamada participação passiva (Eco, 1986, p. 11).

Ao participar de narrativas nos videogames, os jogadores irão se deparar com situações completamente diferentes daquelas experimentadas pelo destinatário em outras linguagens. A principal delas é a utilização da imersão e da interatividade, via hipermídia, como ferramenta comunicacional. Ao interagir com e no videogame, o jogador altera constantemente o estado da arte do jogo, construindo assim, a cada momento, o seu próprio jogo e a sua própria narrativa.

O jogador é, dessa forma, também enredado pelas próprias formas expressivas do jogo e por sua narratividade no videogame, que, assim como na reticularidade cotidiana, o envolve em uma presença feita de ausência, na qual o jogo e a narrativa se apresentam senhores de seus próprios *cronotopos*.

## Conclusão

Mesmo um olhar mais otimista sobre o videogame reconhece que falta muito a percorrer. Casos como os da simulação humana e social e da inteligência artificial, por exemplo, ainda se encontram nos primórdios de seu desenvolvimento.

Sabemos também que nem sempre (quase nunca, infelizmente) as imposições ou declinações do mercado pensam da mesma forma que os "outros". O designer Will Wright, por exemplo, mesmo após ter feito jogos que venderam milhões e milhões de unidades, teve grande dificuldade para conseguir montar uma pequena equipe e desenvolver The Sims, que, evidenciando a falta de *feeling* de alguns dos executivos do meio, tornou-se um dos maiores sucessos de vendagem de todos os tempos, abrindo novos nichos de mercado.

Johnson (2001, p. 160) acredita que uma saída possível contra essa tirania do mercado esteja no desenvolvimento de uma geração de vanguarda digital ativa e participativa, capaz de desenvolver e oferecer alternativas significativas a esta situação.

Um processo semelhante ocorreu durante as décadas de 1960 e 1970, quando artistas plásticos se apropriaram dos equipamentos e tecnologias das câmeras e aparelhos de videocassete para fazer um tipo diferenciado de arte: a videoarte. Tal acontecimento proporcionou a subversão do meio (um meio de comunicação de massa, a televisão, que adquire com o tempo o *status* de obra de arte, sendo exposta em algumas galerias e museus) e a abertura de novas possibilidades exploratórias para os *videomakers* das gerações seguintes, que descobriram no vídeo um meio próprio, capaz de oferecer novas possibilidades de criação e comunicação. Incompreendido por muitos, o vídeo (ou a videoarte) foi posteriormente apropriado pela própria televisão, que passou (e ainda passa) a recolher as idéias consideradas mais interessantes ou mais viáveis dessas experiências, adaptando-as aos seus programas para conseguir, paradoxalmente, atingir o grande público.

A vanguarda digital provavelmente trilhará um caminho muito parecido, isto é, irá perseguir novos e diferentes parâmetros que, em um primeiro momento, irão causar uma certa desorientação. Mas, com o tempo, a tendência é a da máxima apontada anteriormente, de que as inovações produzidas pela subcultura sejam filtradas e disponibilizadas para o grande público sob as suas formas mais vendáveis (Johnson, 2001, p. 163-164).

Tal fenômeno já pôde, de alguma forma, ser observado de maneira isolada em casos como o do sistema operacional Windows, desenvolvido por Bill Gates na garagem de sua então modesta casa. Ou ainda no caso de hackers e programadores que possibilitam e disponibilizam programas e aplicativos de maneira "libertária", como no caso dos softwares *open source* – programas com os códigos-fonte abertos, passíveis, portanto, de qualquer tipo de manipulação estrutural posterior.

Johnson acredita ainda que, passado um período inicial de transição, a nova geração que participará desse processo irá se mostrar mais adaptada frente a uma nova realidade:

Após alguma aclimatação, a impressão de desorientação parecerá menos intimidante, mais um desafio do que um impedimento. Já é possível ver essa atitude na meninada que cresceu com o videogame. Ela exibe certo destemor ao entrar num novo espaço-informação. Em vez de ler o manual, apreende os parâmetros de maneira mais improvisada, prática. (...) Essas crianças aprendem fazendo, experimentando, e essa intrepidez vem do fato de terem decifrado o código de outros espaços digitais no passado. (Johnson, 2001, p. 165)

De fato, é possível perguntar o que esperar das gerações futuras – gerações que nascerão em uma atmosfera totalmente permeável à cultura digital – em relação a essas questões.[3] Se Gibson (2003) no início da década de 1980 se inspirou nas "maquininhas" de Pac-Man, PolePosition e Defender para escrever Neuromancer, o que será que ele imaginaria a partir da observação da "garotada" de hoje jogando jogos como Portal, Echo Chrome, Shadow of Colossus, Katamari Damacy, GTA e passando horas em lugares como as lan houses?

Certamente, não sei o que Gibson poderia pensar, mas, na minha opinião, é necessário que essa nova geração tenha a formação de outras bases consistentes durante a sua educação e o seu desenvolvimento. Observamos hoje, em uma velocidade não tão rápida quanto à da proliferação do número de jogos e jogadores, a criação de cursos específicos e acadêmicos de graduação e pós-graduação – sobretudo nos Estados Unidos, Japão e países nórdicos – voltados para o estudo do videogame em seus mais diversos e plurais enfoques, o que não deixa de ser um aspecto positivo.

De qualquer forma, acredito que podemos esperar um futuro promissor no desenvolvimento da "vida inteligente dentro do videogame". O lento, mas constante e consistente, crescimento de estudos formalistas e qualitativos sobre o videogame enquanto linguagem e fenômeno cultural, e o sucesso obtido por alguns jogos apontados por esses mesmos pesquisadores como significativos, levam-me a vislumbrar uma possibilidade bastante otimista. Como jogador e pesquisador espero que, nesse jogo cooperativo, todos possam ganhar.

---

3 Apesar de ser um panorama otimista, estima-se que, a partir de 2013, haverá mais computadores que aparelhos de televisão no Brasil. Não se deve perder de vista a questão de exclusão digital.

Telas capturadas da série Myst, jogos densos e complexos, ambientados em mundos fantásticos, repletos de enigmas e referências.

# Referências

AARSETH, E. *Allegories of space:* the question of spatiality in computer games.1998. http://www.hf.uib.no/hi/espen/papers/space. Acessado em 12 jul. 2002.

AARSETH, E. *Cybertext:* perspective on ergodic literature. Baltimore: The Johns Hopkins University Press, 1997.

BENJAMIN, W. A obra de arte na era de sua reprodutibilidade técnica. In: BENJAMIN, W. *Obras escolhidas:* magia e técnica, arte e política. São Paulo: Brasiliense, 1985. p. 165-196.

BORGES, J. L. "O jardim dos caminhos que se bifurcam". In: *Obras completas.* Rio de Janeiro: Globo, 1999. v. 1, p. 524-533.

ECO, U. *Lector in Fabula:* a cooperação interpretativa nos textos narrativos. São Paulo: Perspectiva, 1986.

FRASCA, G. *Rethinking agency and immersion:* videogames as a means of consciouness-raising. 2001. Website: http://www.siggraph.org/artdesign/gallery/S01/essays/0378.pdf. Acessado em 10 dez. 2004.

GIBSON, W. *Neuromancer.* São Paulo: Aleph, 2003.

JOHNSON, S. *Cultura da interface:* como o computador transforma nossa maneira de criar e comunicar. Rio de Janeiro: Jorge Zahar, 2001.

JUUL, J. "Introduction to game time". In: WARDRIP-FRUIN, N.; HARRIGAN, P. *First person:* new media as story, performance, and game. Cambridge: The MIT Press, 2004.

LANDOW, G. P. *Hypertext 2.0:* the convergence of contemporary critical theory and technology. Baltimore, London: The John Hopkins University Press, 1997.

MURRAY, J. H. *Hamlet on the holodeck:* the future of narrative in cyberspace. Cambridge: The MIT Press, 1997.

NESTERIUK, S. *A narrativa do jogo na hipermídia:* a interatividade como possibilidade comunicacional. Dissertação de mestrado defendida no Programa de Estudos Pós-graduados em Comunicação e Semiótica da PUC-SP, São Paulo, 2002.

NESTERIUK, S. *Jogo como elemento da cultura:* aspectos contemporâneos e as modificações na experiência do jogar. Tese de doutorado defendida no Programa de Estudos Pós-graduados em Comunicação e Semiótica da PUC-SP, São Paulo, 2007.

RYAN, M. L. *Beyond myth and metaphor:* the case of narrative in digital media. 2001. Website: http://www.gamestudies.org/0101/ryan. Acessado em 3 dez. 2004.

SANTAELLA, L. *Matrizes da linguagem e pensamento:* sonora, visual e verbal. São Paulo: Iluminuras, 2001.

WARDRIP-FRUIN, N.; HARRIGAN, P. (eds.) *First person:* new media as story, performance, and game. Cambridge: The MIT Press, 2004.

WOLF, M.; PERRON, B. (eds.) *The video game theory reader.* Nova York: Routledge, 2003.

# Do mundo real ao mundo ficcional:
## a imersão no jogo

Adriana Kei Ohashi Sato

O jogo provém do imaginário coletivo de uma sociedade e estiliza a vida cotidiana em muitos aspectos. Desse modo, podemos considerar que ele é intrínseco à sociedade e à sua cultura. Esta estilização pode ocorrer por meio da representação de uma situação ou de ações de um indivíduo encontradas em seu dia-a-dia, relacionadas aos fatos, pensamentos, relacionamentos e a todo o contexto sociocultural. Pode ainda se referir à imaginação, à fantasia e às aspirações desse indivíduo. O jogo, na cultura humana, está ligado à busca da diversão, do lazer e do desligamento das tarefas e responsabilidades do mundo cotidiano; é um objeto lúdico que leva o indivíduo à imersão.

## Jogo: atividade lúdica na cultura e sociedade

Para Johan Huizinga (2004), o primeiro filósofo a fundamentar um estudo sobre a relação entre jogo e cultura, o ser humano é essencialmente lúdico, vindo daí o título de sua publicação – *Homo ludens*. Sob esse viés, ele aponta que as atividades lúdicas permeiam a vida do indivíduo, desde seu nascimento. O fator lúdico, originalmente do latim *ludus*, refere-se primordialmente à busca da diversão e do prazer no jogar e/ou brincar do ser humano. Sendo assim, compreendemos que o jogo e a brincadeira[1] são aspectos inerentes à sociedade, sendo atividades que devem se apresentar de forma natural, nas práticas e atitudes do homem. O homem encontra a sensação do prazer ao imergir em uma brincadeira ou em um jogo. Ele associa a tensão, a alegria e o divertimento ao jogo: "[...] é nessa intensidade, nessa fascinação, nessa capacidade de excitar que reside a própria essência e a característica primordial do jogo" (Huizinga, 2004, p. 5).

Ao jogar, o indivíduo realiza ações que tornam a experiência do jogo cada vez mais intensa e única. O indivíduo, dentro dos limites do jogo determinados pelas regras, busca superar desafios, interagindo com os elementos do jogo. A satisfação obtida a cada aprendizado e a superação de um desafio leva à diversão e ao prazer, antes de qualquer outro fator, e determina o aspecto lúdico no jogo. Conforme Huizinga, o jogo é sempre constituído de situações e elementos imaginários, distintos do cotidiano. Estas situações e estes elementos têm finalidades diferentes das atividades ordinárias da vida, organizada dentro de parâmetros sociais aparentemente rígidos. Trata-se de:

uma atividade ou ocupação voluntária, exercida dentro de certos e determinados limites de tempo e de espaço, segundo regras livremente consentidas, mas absolutamente obrigatórias, dotada de um fim em si mesmo, acompanhada de tensão e de alegria, e de uma consciência de ser diferente da *vida cotidiana*. (2004, p. 33)

Verificamos, assim, que o jogo, além de não possuir as mesmas finalidades da vida cotidiana, também se caracteriza como um ato espontâneo. Por sua vez, o ato de jogar está associado ao querer (desejo) do jogador, levando-o à sensação de prazer e diversão.

Roger Caillois, que iniciou suas pesquisas e reflexões a partir da obra de Huizinga, complementa esse ponto de vista ao afirmar que um jogo não pode ser uma obrigação ou uma ordem a ser cumprida. O jogador entrega-se à espontaneidade para o jogo e para o seu prazer, cada vez, completamente livre para escolher, retirar-se, silenciar, meditar, isolar-se ou desenvolver uma atividade criativa. "Em efeito, jogar é essencialmente uma ocupação

---

1 É importante observar que em muitas línguas *jogar* e *brincar* são representados por um único termo, sem distinção; como no alemão *spielen*, e no inglês *to play*, por exemplo. Dessa maneira, jogar e brincar estão diretamente relacionados em muitos contextos socioculturais. Ainda, deve-se considerar que *to play* é também representar (no contexto de atuação).

distinta, cuidadosamente isolada do resto da vida, e geralmente ocupada por limites precisos de tempo e lugar" (Caillois, 2001, p. 6). O autor afirma que o indivíduo joga somente quando ele deseja, o que difere das atividades do cotidiano da vida, em que o indivíduo tem obrigações e responsabilidades das quais não pode se eximir. É no jogo que existe a possibilidade de o indivíduo determinar as limitações de tempo e espaço conforme sua vontade. Tanto para Huizinga quanto para Caillois, o jogo é distinto da vida ordinária, sendo *artificial* mesmo quando apresenta aspectos ou fragmentos da vida cotidiana. Porém, Caillois acrescenta um dado novo à definição de jogo de Huizinga: a simulação ou o faz-de-conta. Para o antropólogo, diferentemente da vida cotidiana, o jogo pode ser uma segunda realidade ou uma livre irrealidade.

Hans-Georg Gadamer (2004, p. 154) amplia o conceito de jogo ao afirmar que "para quem joga, o jogo não é uma questão séria, e que é por isso mesmo que se joga. [...] O jogar possui uma referência essencial própria para com o que é sério". O filósofo nos mostra que a seriedade no jogo é própria deste, diferente da vida cotidiana. Ele prossegue com seu raciocínio: "Aquele que joga sabe, por si mesmo, que o jogo não é nada mais que um jogo e que se encontra num mundo determinado pela seriedade dos fins", isto é, o jogo possui finalidade e propósito diferentes da vida ordinária. O jogador tem consciência disso, pois, no jogo, ele realiza ações e assume um caráter distinto de si como indivíduo na vida cotidiana.

> Antes, a obra de arte ganha seu verdadeiro ser ao se tornar uma experiência que transforma aquele que a experimenta. O sujeito da experiência da arte, o que fica e permanece, não é a subjetividade de quem a experimenta, mas a própria obra de arte. É justamente esse o ponto em que o modo de ser do jogo se torna significativo, pois o jogo tem uma natureza própria, independente da consciência daqueles que jogam. (*ibid*, p. 155)

Ao comparar a consciência estética na obra de arte ao jogo, Gadamer indica que, assim como na arte, a experiência oferecida no jogo (única) é aquilo que o torna um objeto (jogo) subjetivo. Neste caso, ao se referir à consciência do jogador, esta pode ser diferente dos aspectos morais, sociais, culturais; enfim, das ações propostas em uma situação de jogo. Ainda assim, o jogo poderá ser jogado por este indivíduo, pois, no jogo, o indivíduo assume as características específicas e pertinentes àquele jogo. O pensamento de Gadamer vai ao encontro do conceito de Huizinga; para ambos, o jogo é parte da natureza do ser humano.

Antes, deveríamos dizer que também o homem joga. Também o seu jogar é um processo natural, e o sentido de seu jogar, justamente por ser natureza, e na medida em que é natureza, é um representar-se a si mesmo. (Gadamer, *ibid*, p. 158).

Em certa medida, o jogo é uma forma de representação do ser humano e de seu contexto sociocultural. Esta representação aproxima-se de uma metáfora da vida ordinária, porém é distinta desta. Daí a ponderação de Huizinga em considerar o ser humano um homem lúdico. Além da postura racional, o indivíduo se cerca de atividades lúdicas ao longo de sua vida, seja por meio de pequenas brincadeiras e momentos de descontração, seja por meio de jogos e representações.

Walter Benjamin, por sua vez, aponta que a representação em uma brincadeira sempre busca a novidade, diferentemente das atividades da vida cotidiana. Para Benjamin, representar aspectos reais é diferente de imitar a realidade, sendo esta concebida como vida cotidiana. Este conceito pode ser encontrado também no exemplo fornecido por Daniil Elkonin (1998), entre ele e suas duas filhas. Elkonin relata que, em um dado domingo, ficou sozinho com suas filhas em casa. Ambas ainda eram crianças, em idade pré-escolar, e os três passaram o dia divertindo-se com brincadeiras, leituras e desenhos. Na hora do almoço, as filhas se recusaram a comer.

Preparei-lhes o tradicional mingau de sêmola, que elas já não suportavam. Negaram-se redondamente a comê-lo e nem quiseram sentar-se à mesa. Como eu não desejava estragar-lhes o humor, obrigando-as a comer, propus brincarmos de *jardim-de-infância*. Aceitaram a idéia com gosto. Vesti um guarda-pó branco e transformei-me em educadora; elas puseram seus pequenos aventais para se converterem em educandas. Começamos a brincar, repetindo o que se faz nos jardins-de-infância: desenhamos; depois, fingindo que punham seus agasalhos, passeamos, dando voltas ao redor da sala; lemos; e por fim, chegou a hora do almoço. Uma das meninas assumiu as funções de empregada e pôs a mesa. Eu, no meu papel de educadora, ofereci-lhes o mesmo mingau. Sem o menor protesto, e mostrando-se até satisfeitas, comeram até ver o fundo dos pratos e ainda pediram mais. Toda a conduta delas denotava um esforço para parecerem educandas exemplares, sublinhando com sua atitude que me tinham por *educadora*, aceitando sem reclamar cada palavra minha e tratando-me com grande respeito. As relações entre filhas e pai transformaram-se em relações entre educandas e educadora, e as relações das irmãs, em relações entre educandas. As ações lúdicas eram sumamente abreviadas e sintetizadas: o jogo durou meia hora no total. (1998, p. 1-2)

Neste cenário narrado por Elkonin, podemos compreender a singularidade do jogo na representação das crianças: valores, preferências e vontades do indivíduo se modificam quando estão inseridos no ambiente de jogo. O sujeito representa seu papel no jogo de acordo com o que julga o mais adequado para isso, contrariando, em determinados momentos ou situações, suas atitudes e postura assumidas na vida real. Com isso, podemos notar que o jogo, em seu caráter lúdico, possibilita a exploração de novos limites, percepções e desejos. E, contemplado com o fator de livre escolha e arbítrio, o indivíduo se enevereda por experiências novas. Gadamer igualmente ressalta o caráter lúdico presente no jogo:

> É evidente que a peculiar leveza e alívio que caracterizam o comportamento lúdico repousam no caráter especial de que se revestem as tarefas do jogo, e surge do êxito de sua solução. Pode-se dizer que o êxito de uma tarefa *a representa*. [...] É só porque jogar já é sempre um representar que o jogo humano pode encontrar na própria representação a tarefa do jogo. (2004, p. 162)

Para o autor, o fator lúdico está nas ações dentro do jogo, que importam muito mais que a finalidade do jogo. A representação no jogo é reconhecida como a própria tarefa do jogo, ou seja, o objetivo deste. O prazer e a diversão estão em representar (jogar verdadeiramente) no jogo, e não exatamente *no que* representar. Este *o que* representar, ocasionalmente, poderia nem ser agradável ao indivíduo, caso fosse esta sua atribuição na vida cotidiana como uma atividade profissional, por exemplo. Essa atribuição vem acompanhada de outros fatores, tais como implicâncias legais, morais, políticas, econômicas e sociais; aspectos que, no jogo, podem ser ressignificados ou alterados conforme o desejo ou necessidade do indivíduo. Verificamos que estes fatores dizem respeito às relações socioculturais, isto é, são elementos existentes no mundo físico (real) que são transpostos e estilizados no jogo.

É por meio de Huizinga (*ibid*) que compreendemos melhor como o jogo se estabelece a partir das relações socioculturais, sendo parte do contexto vigente ou abrangendo-o. O jogo pode ser visto como um elemento cultural, acompanhando a sociedade em seus valores, percepções e anseios, sendo ele mesmo um resultado das projeções e expressões da sociedade. O jogo só possui significado porque estabelece uma comunicação direta com a sociedade, por meio da imaginação de uma determinada realidade, experimentada e vivenciada por esta mesma sociedade.

Verificamos que o jogo é resultado da interpretação de um sujeito (game designer) que a codifica a partir de sua compreensão da coletividade. É esse sujeito que faz uma leitura do imaginário coletivo, dos referenciais e valores culturais de uma sociedade para propor elementos significativos no jogo. Além desta leitura e da interpretação de seu contexto sociocultural, o game designer conta com a própria imaginação para criar uma história envolvendo esses elementos com um novo significado a partir de contexto próprio para o jogo.

Por sua vez, o jogo possui significado para outro sujeito (jogador) quando passa a ser interpretado por esse outro sujeito. No universo do jogo, ele pode distanciar-se das obrigatoriedades, regras, responsabilidades e atribuições da vida ordinária e realizar suas escolhas de acordo com seus desejos. No contexto do jogo, suas ações, escolhas e postura podem ser (e geralmente são) distintas de sua vida cotidiana. No entanto, faz-se relevante ressaltar que, mesmo essas ações, as escolhas e a postura do indivíduo no jogo foram imaginadas a partir das referências, dos costumes e do conhecimento de seu contexto sociocultural. Ao imaginar e vivenciar a experiência de jogo, o sujeito está realizando suas atividades lúdicas que ocasionam sua imersão nesse universo de fantasia. Tais características são pertinentes a qualquer jogo, seja ele analógico ou digital. Entretanto, nossa atenção estará aqui voltada para o jogo no universo digital, isto é, o videogame.

## Aspectos imersivos do videogame

Os videogames são jogos digitais que receberam esta denominação por se tratar de jogos visualizados (além do suporte para hardware) por meio de um dispositivo de varredura, como os monitores ou TV. Segundo Manovich (2001), as imagens na tela de um monitor ou TV podem ser atualizadas em tempo real. Assim, compreende-se por videogame todo jogo eletrônico para computador, consoles ou *arcades*. Essas três divisões são decorrentes do suporte onde o jogo é jogado. Sérgio Nesteriuk, em sua dissertação de mestrado "A narrativa do jogo na hipermídia: a interatividade como possibilidade comunicacional", de 2002, apresenta uma explicação objetiva disso:

A distinção se dá em função do suporte utilizado: os jogos para console ocorrem em um monitor de televisão a partir de um console próprio (como Atari ou Playstation, por exemplo); os jogos para computadores são jogos que ocorrem no monitor do computador a partir de seu próprio hardware (como PC ou Mac); e os jogos para *arcades* – também chamados equivocadamente, por alguns, de fliperamas –, que são grandes máquinas integradas (console-monitor) dispostas em lugares públicos.

Tal diferenciação de suporte está associada à questão de hardwares ou sistema de informatização do jogo, e basicamente os suportes se distinguem pelas características de processamento e limitações técnicas. Jogos de console ou de computador, em geral, são mais complexos devido a essa estrutura de hardware, mas também devido ao local e tempo de jogo para o jogador. Os jogos para *arcade*, geralmente, são jogos de ação, com respostas rápidas e muito dinâmicas. São jogos também com tempo de duração muito inferior aos videogames de computador ou consoles para possibilitar aos jogadores chegarem ao final em uma rodada, no tempo em que estiverem em centros de lazer eletrônico. As máquinas de *arcade*, em sua maioria, se encontram em locais públicos de diversão eletrônica. Estando em casa, o jogador dispõe de um tempo maior para o jogo, diferentemente do tempo empregado em um jogo de *arcade*.

Jesper Juul nos apresenta uma primeira definição e delimitação dos videogames:

[...] videogames são duas coisas diferentes ao mesmo tempo: videogames são reais quando consistem em regras reais com jogadores que de fato interagem e quando ganhar ou perder um jogo é um evento real. No entanto, ao ganhar um jogo matando um dragão, o dragão não é um dragão real, mas um ficcional. Jogar um videogame é, portanto, interagir com regras reais enquanto se imagina um mundo fictício, e um videogame é um conjunto de regras tanto quanto é um mundo fictício. (2005, p. 1)

Compreendemos que os videogames se situam no limiar de dois *mundos*, o da imaginação e fantasia (fictício) e o do cotidiano (real). É no mundo da imaginação, isto é, a partir do imaginário coletivo e individual de uma determinada sociedade, que o game designer pode estabelecer um sistema simbólico com elementos ficcionais e suas referências para contextualizar o jogo. É do mundo cotidiano que se retiram os limites para o contexto fictício onde o jogo ocorre. Nesse caso, entendemos por limites as regras e os objetivos do jogo.

O ludologista nos mostra que os videogames transitam por esses dois mundos e dependem de ambos para existir. Isto porque é do mundo da imaginação que surgem os elementos fantásticos que vão tornar o videogame atrativo e, em parte, imersivo. Ao jogar, o homem não busca reproduzir ou repetir sua própria realidade vivida no dia-a-dia; ele busca por algo inusitado, uma nova experiência para sua diversão. Porém, mesmo em um mundo de ficção como o do videogame, há sempre a necessidade de elementos identificáveis aos jogadores, pois sem a mínima familiaridade com o ambiente e seus elementos, o jogo não fará sentido algum para o jogador, tornando-se desinteressante. Eis os motivos para as regras de um jogo serem embasadas no mundo cotidiano do jogador. Estas regras indicam limitações, caminhos, opções, elementos de interação e objetivos ao jogador. Elas orientam o sujeito em sua trajetória pelo ambiente fictício e indicam condutas; formam, em conjunto com os elementos do jogo, o sistema do jogo.

Os videogames oferecem outros aspectos que fazem com que o mundo virtual se aproxime do mundo *real* do jogador. O realismo no jogo está justamente na apresentação de situações, ações e objetos que, por mais fantasiosos ou imaginários possam ser, ainda sejam coerentes com aquilo que o homem conhece de sua vida cotidiana e de seu entorno. Não é o detalhe, a verossimilhança, a tentativa de reprodução de características físicas dos objetos do mundo *real* que promovem a *verdade* no jogo. É preciso que as coisas que ocorrem no jogo façam sentido ao jogador e possam ser associadas a experiências anteriores, ou ao seu repertório, ou ao seu conhecimento formal e empírico. Este fato também está vinculado ao processo imersivo do jogo.

Imersão é o objetivo das mídias digitais interativas em geral. A imersão no videogame, por exemplo, além dos fatores da mecânica do jogo (regras, possibilidades de ações e decisões, e variedades de respostas do sistema do jogo), está associada aos sistemas simbólicos construídos no universo de um videogame. Considerando o sistema simbólico encontrado no game, são a identificação, o reconhecimento e a imaginação do jogador que farão com que ele tenha uma experiência agradável e deseje permanecer ou ampliar essa experiência no contexto do game.

Essas idéias são claramente apresentadas por Arlindo Machado (2007), quando afirma que a imersão ocorre com o processo de subjetivação nos meios digitais. Esta subjetivação está associada ao processo de interpretação e compreensão do *interator* com o ambiente digital. Ao interpretar, o *interator* reconhece e identifica, ou associa os elementos apresentados na mídia ao seu imaginário. Ele pode dar significado a estes elementos ou ainda ressignificá-los conforme seu sistema simbólico. Machado (*ibid*, p. 163) explica com mais propriedade essa definição de imersão: "O termo foi introduzido recentemente na área das pesquisas para desenvolver projetos de realidade virtual e se refere ao modo peculiar como o sujeito 'entra' ou 'mergulha' dentro das imagens e dos sons virtuais gerados pelo computador".

Podemos considerar que a imersão é a propriedade que, a partir da interação que o ambiente virtual promove, faz com que o sujeito (*interator*) se integre a esse ambiente. Ou seja, o *interator* passa a participar efetivamente deste ambiente. Esta participação difere de *interator* para *interator*, pois cada um fará sua própria exploração e interpretação do ambiente. Daí o fato de ser peculiar o modo de como o *interator* imerge. Ao imergir, ele entra em um mundo virtual cujas possibilidades são infinitas, distintas do mundo *real* (ordinário). No ambiente virtual, as restrições são diferentes do mundo cotidiano, pois se trata do mundo imaginário, imaginado. Por exemplo, no mundo cotidiano sabemos ser impossível o homem voar sem recursos tecnológicos, mas isso é uma ação perfeitamente possível no mundo virtual. O sistema de exploração desses ambientes digitais pode permitir ações que contrariem a física do mundo cotidiano, dentre outras leis e regras da ciência.

A imersão está intimamente ligada à fantasia, à fuga da realidade para um mundo virtual (uma realidade virtual), podendo parecer até mais real que a própria realidade do mundo cotidiano. Para contribuir com este pensamento, encontramos em Janet Murray (2003, p. 102) a seguinte afirmação: "a experiência de ser transportado para um lugar primorosamente simulado é prazerosa em si mesma, independentemente do conteúdo da fantasia. Referimo-nos a essa experiência como imersão".

A autora está associando a imersão ao encantamento que essa experiência causa no *interator*, quando ele adentra o mundo fictício (da fantasia) e experimenta algo diferente daquilo que conhece em seu mundo cotidiano. Murray utiliza um exemplo com muita clareza para expressar sua idéia sobre imersão. Para ela, a experiência da imersão é semelhante à situação de um mergulho na água. Ao submergir, o indivíduo entra em contato com um ambiente diferente do ar em que estava. A água oferece um novo contexto a esse indivíduo, uma experiência distinta da experiência no ar. Murray explica que, ao mudar de ambiente, do ar para a água, os ambientes são tão distintos que requerem toda a atenção do indivíduo e centralizam seus sentidos. Estes sentidos podem ser o da visão, da audição, do tato, enfim, de toda a percepção.

A percepção do *interator* nesses ambientes virtuais modifica-se por ele estar atento a algo diferente de seu cotidiano. Soma-se a isso a possibilidade de realizar ações e escolhas que ele jamais poderia realizar no cotidiano. O fato de o *interator* permanecer nesse ambiente escolhendo sua trajetória, tendo novas experiências, é que resulta em seu processo imersivo. Esta imersão pode se aprofundar, à medida que o *interator* realiza mais descobertas e ações, aguça sua curiosidade e imaginação e torna-se mais participativo dentro do ambiente.

O videogame é um dos ambientes digitais mais imersivos que se conhece. Isso ocorre porque o game pode oferecer inúmeras possibilidades ao jogador. No entanto, para Machado (2007), o ambiente conceitual mais avançado no processo imersivo que existe na atualidade é a *cave* ou caverna. Trata-se de um ambiente formalizado como uma caverna, a fim de isolar o sujeito de seu ambiente cotidiano ou seu mundo *real*. As imagens da realidade virtual nesta caverna abrangem todo seu entorno (360°) preenchendo todo o campo visual do sujeito. Neste caso, o mundo virtual é a realidade do sujeito no momento em que ele se encontra na caverna. Compreendemos melhor este conceito com uma explanação de Machado.

> A primeira idéia de caverna é o isolamento, a separação de um dentro e um fora, um virtual e um atual, que definem a dicotomia da aparência e da essência. Habitualmente, isso que chamamos de "realidade virtual" é uma espécie de simulação computadorizada do espelho de Alice[2]: do lado de cá fica o "mundo real", mas quando se atravessa o espelho, pode-se entrar temporariamente num universo imaginário, onde acontecem coisas não necessariamente permitidas do lado de cá. (*ibid*, p. 188)

---

2   A personagem Alice, citada por Machado, refere-se à personagem de Lewis Carroll.

A aparência está relacionada ao que se pode ver, mas a essência se relaciona à percepção e compreensão. Essência, neste caso, é aquilo que não se vê fisicamente, mas está presente sob a forma de metáforas e símbolos e tem um significado específico para o sujeito. É por esta razão que Machado compara a realidade virtual ao espelho de Alice. O espelho leva o sujeito ao mundo da imaginação e da subjetividade, separando-o do mundo cotidiano por um determinado tempo. No mundo do espelho (realidade virtual), o sujeito está livre de sua postura assumida no mundo cotidiano, podendo tomar decisões e agir de forma completamente distinta de sua vida cotidiana.

No universo do videogame, as metáforas e todo o sistema simbólico são interpretados e ressignificados (dando novo significado, conforme a mudança de contexto) pelo jogador a partir de seu mundo real para o mundo virtual do game. Sendo assim, o sujeito confere aos símbolos e à própria alegoria uma interpretação e significado próprios. Isso ocorre por dois motivos principais: o primeiro diz respeito à trajetória escolhida pelo jogador. Ao se deparar com esses elementos, o jogador escolhe uma trajetória também individual, não necessariamente seguindo a ordem ou seqüência imaginada pelo game designer no projeto dessa realidade virtual (jogo). O segundo está diretamente associado ao repertório individual do jogador, suas experiências e percepções singulares.

## Conclusão

Compreendemos o jogo como um elemento cultural intrínseco na história das sociedades, que se diferencia do contexto da vida cotidiana e possui um caráter lúdico. O jogo oferece uma representação imaginária da vida, das atitudes, do comportamento e dos valores de uma sociedade. Ele propõe ao jogador um universo distinto (ficcional) do seu mundo cotidiano (real), onde esse jogador experimenta um novo ambiente. Porém, é relevante lembrar que o universo do jogo só passa a existir de forma *concreta* quando apresenta características e elementos reconhecidos no contexto sociocultural do jogador. Esse universo ficcional permanecerá real para esse jogador enquanto for o ambiente onde ele (em busca de diversão) possa interagir, interferir, interpretar, representar e realizar ações que o levem à imersão.

## Referências

BENJAMIN, W. "Brinquedo e brincadeira: observações sobre uma obra monumental". In: *Obras escolhidas:* magia e técnica, arte e política. São Paulo: Brasiliense, 1996.

CAILLOIS, R. *Man, play and games.* Illinois: University of Illinois Press, 2001.

ELKONIN, D. B. *Psicologia do jogo.* São Paulo: Martins Fontes, 1988.

GADAMER, Hans-Georg. *Verdade e método I:* traços fundamentais de uma hermenêutica filosófica. 6. ed. Rio de Janeiro: Vozes; São Paulo: Editora Universitária São Francisco, 2004.

HUIZINGA, J. *Homo ludens:* o jogo como elemento da cultura. 5. ed. São Paulo: Perspectiva, 2004.

JUUL, J. *Half-real:* video games between real rules and fictional worlds. Cambridge: MIT Press, 2005.

JUUL, J. *The game, the player, the world:* looking for a heart of gameness. http://www.jesperjuul.net/text/gameplayerworld. Acessado em 16 abr. 2007.

JUUL, J. *Without a goal on open and expressive games.* http://www.jesperjuul.net/text/withoutagoal. Acessado em 03 jul. 2007.

MACHADO, A. *O sujeito na tela:* modos de enunciação no cinema e no ciberespaço. São Paulo: Paulus, 2007.

MANOVICH, L. *Imagine future.* 2006. http://www.manovich.net. Acessado em 03 jul. 2007.

MANOVICH, L. *The language of new media.* Cambridge: MIT Press, 2001.

MOURA, M. C. *Design de hipermídia.* Tese de Doutorado. Pontifícia Universidade Católica de São Paulo, 2003.

MURRAY, J. H. *Hamlet no holodeck:* o futuro da narrativa no ciberespaço. São Paulo: Itaú Cultural/Unesp, 2003.

NESTERIUK, S. *A narrativa do jogo na hipermídia:* a interatividade como possibilidade comunicacional. Dissertação de Mestrado. Pontifícia Universidade Católica de São Paulo, 2002.

SATO, Adriana K. O. "Design e ressignificação do imaginário no jogo". In: *Anais do 8º Congresso Brasileiro de Pesquisa e Desenvolvimento em Design. P&D/Design/8.* São Paulo: Centro Universitário Senac, 2008.

# PARTE II

## Games e construção de linguagem

# O paroxismo da auto-referencialidade nos games

Lucia Santaella

Até pouco tempo atrás, os games eram vistos como um tipo de entretenimento vulgar, vicioso, e o único tópico de discussão a respeito deles versava sobre o comportamento agressivo e violento que eles instigam nos jogadores. Entretanto, o ritmo de crescimento da indústria dos games é assombroso. A razão mais significativa para o crescimento dessa economia deve vir, obviamente, do poder de apelo que os games exercem sobre seus usuários. Estes, como sabemos, são, na maioria, jovens do sexo masculino, embora os mais recentes MMORPG (Massive Multiplayer Online Role-Playing Games) estejam revelando um crescimento marcante na porcentagem de jogadoras. Os games são grandemente responsáveis pelo desenvolvimento tecnológico de todos os negócios relacionados com o entretenimento. Sua produção lidera o uso de pesquisa tecnológica avançada e ela é a primeira a disponibilizar esses avanços para o público. De fato, a última década tem sido marcada pela enorme inovação e experimentação criativa na indústria dos games (Jenkis, 2004, p. 120).

Todos esses tipos de evidências funcionam como claros índices da relevância cultural dos games. Como uma prova dessa relevância, nos últimos anos, um corpo significativo de teorias multidisciplinares de games começou a aparecer no mundo acadêmico, dilatando e aprofundando o discurso sobre essa mídia. Um dos primeiros lugares que abraçou o design de games e a cultura *gamer* como um assunto de estudos universitários foi o MIT (Massachusetts Institute of Technology), onde o primeiro game – Space War – foi criado como um *hack* independente por doutorandos em ciências da computação. Em uma entrevista concedida a Cicero Ignacio da Silva, em junho de 2005, e que circulou no website Rhizome, Wardrip-Fruin declarou:

> Embora eu pense que esse fato esteja se modificando, há um sentido em que os games eram vistos como uma espécie de Outro, a coisa separada das mídias digitais. Os games eram bem-sucedidos comercialmente, mas muito desinteressantes, do ponto de vista artístico e intelectual. Então, eu gostaria de desafiar um pouco essa crença e dizer: sim, os games estão entre as formas mais populares das mídias digitais, mas eles também são obras de arte interessantes, escrituras interessantes; assim, penso que intelectuais e artistas devem contribuir com a nossa discussão, fazendo e criticando os games.

De acordo com a apresentação de Henry Jenkins, em janeiro de 2001, no congresso sobre Entertainment in the Interactive Age (Entretenimento na Era Interativa), na Universidade de Southern California, "o salto mais evolucionário na produção cinematográfica deu-se quando as pessoas começaram a escrever sobre cinema" (Pearce, 2004, p. 143). Isso é exatamente o que podemos esperar que venha a acontecer com os games.

O foco dominante, no estado atual da arte nas teorias e nos discursos sobre games, está voltado para a oposição entre, de um lado, os que se proclamam ludologistas, os quais colocam ênfase na dinâmica do jogo e, de outro lado, os narratologistas, que afirmam que os estudos sobre games devem caminhar ao lado das outras mídias contadoras de histórias (Jenkis, *ibid,* p. 118). Mesmo quando não se situa em qualquer um desses lados, a maioria dos discursos circula em torno dessa disputa.

O presente capítulo está deliberadamente descentralizado, ao ocupar a periferia dessa discussão acalorada. A proposta que pretendo colocar em discussão defende que a auto-referencialidade é um aspecto importante a ser explorado, se quisermos entender o modo como os games funcionam semioticamente, e é tão importante porque nos games, como será discutido no que se segue, a auto-referencialidade é levada ao extremo. Em suma: minha tese é de que paroxismos de auto-referencialidade podem ser encontrados nos games. Este capítulo será dedicado ao exame dessa tese, com o auxílio de alguns exemplos.

## O aumento da auto-referencialidade na cultura digital

Uma das temáticas mais recorrentes na teoria e na crítica à comunicação situa-se na problemática da auto-referencialidade ou reflexividade das mídias. Essa problemática está presente na obra dos mais destacados teóricos ou críticos da comunicação das últimas décadas.

Na sua violenta demolição das estratégias de espetacularização realizada pelos profissionais da mídia, expressa na sua obra *Sobre a televisão*, Bourdieu (1997) conclui que "a mídia fala dela mesma; a mídia pauta-se por outros veículos da mídia; a mídia saiu do acontecimento para entrar no culto à personalidade" (Machado da Silva, 2002, p. 179). Na sua influente obra *Crítica à comunicação*, Sfez (1994) profetiza a eliminação tanto da mensagem quanto "dos sujeitos emissores e receptores, assim como o fim de toda referência à representação cartesiana ou à expressão espinozista", nascendo daí "uma nova comunicação que se faz de si para si mesma e onde reina o tautismo, neologismo que condensa tautologia, autismo e totalidade" (Miège, 2000, p. 94). Na sua visão da comunicação como fenômeno extremo, em que o interlocutor não existe mais, anulado em meio à indiferença geral e, por isso mesmo, impossibilitado de realizar a troca comunicativa, Baudrillard, especialmente, em suas obras *A transparência do mal: ensaio sobre os fenômenos extremos* (1990) e *Tela total: mito das ironias da era do virtual e da imagem* (1997) também evidencia que a mídia fala de si para si mesma inconseqüentemente, sem deixar rastros.

A auto-referencialidade ou reflexividade está na base do sistema teórico da comunicação de Luhmann, uma teoria, aliás, que exerce enorme influência sobre os estudos de comunicação na Alemanha. Para Luhmann (1984, p. 166-167), o "círculo auto-referencial" da comunicação baseia-se nas constelações reflexivas básicas "eu faço o que você quer, se você fizer o que eu quero" ou "eu não deixo que você determine o que eu faço, se você não me deixar determinar o que você faz". Ele distingue três formas da auto-referência: (a) *auto-referência basal,* encontra-se no regular controle do entendimento por meio de reações e confirmações, por meio das quais deve ser demonstrado, por meio de comunicações de contato, que o precedente foi entendido. A isso, une: (b) a *auto-referência procedural,* que consiste na *reflexividade* real da comunicação. Ela é explicitada quando conversamos sobre o que deve ou não ser comunicado. Trata-se de comunicação sobre comunicação, ou seja, de metacomunicação. Por fim, há (c) a *reflexão* como uma auto-referência voltada ao sistema, com a qual o sistema caracteriza-se, por exemplo, na forma de auto-representação, em oposição a seu meio (*ibid*, p. 198-199, 601).

Entre as duas tendências extremas, de um lado, a francesa-demolidora, e de outro, a alemã-sistêmica, a obra: *Antropológica do espelho*: uma teoria da comunicação linear e em rede (2002), do brasileiro Muniz Sodré, é perpassada por reflexões originais sobre a auto-referencialidade das mídias. Tanto é assim que a idéia da auto-referência está inclusa na palavra *espelho*, que consta no próprio título da obra. Para o autor, a prótese especular das mídias atuais, embora tenha em comum com a prótese clássica do espelho o poder de *extensão* e *intrusão*, difere desta porque a palavra especular deve ser tomada agora "como metáfora intelectiva, para um ordenamento cultural da sociedade em que as imagens deixam de ser reflexos e máscaras de uma realidade referencial para se tornarem simulacros tecnicamente auto-referentes, embora político-economicamente a serviço de um novo tipo de gestão da vida social" (p. 22).

Expandindo o conceito de *reflexividade institucional*, de Giddens, no reflexo agora tornado real pelas tecno-interações que implicam um grau elevado de indiferenciação entre o homem e sua imagem (p. 24), Sodré propõe que, diante das novas estratégias de gestão da vida social, em que "o ator social não é mais o *performer* do *teatro* social, como na sociologia clássica, e sim, de uma máquina semiótica simuladora do mundo", o campo comunicacional "oferece-se como plataforma para um novo tipo de reflexão sobre o homem e sobre a organização social". Embora esse campo se assemelhe "ao de todas as outras instituições sociais, que se desenvolvem dentro da própria realidade que ajudam a criar e administrar", uma diferença básica nele se apresenta: "a mídia vive do discurso que faz sobre sua própria simulação das outras realidades" (p. 236).

Sodré tem razão: a máquina simuladora do mundo é uma máquina semiótica e, em termos cognitivos, segundo o autor, o campo da comunicação é indicativo "da ruptura que a filosofia analítica contemporânea opera com a tradição fenomenológica". Nesse contexto, nas palavras de Jeudy, citadas por Sodré (p. 236): "não são mais as questões da relação entre sujeito e objeto nem da intersubjetividade que são essenciais, mas são as da linguagem, da produção da argumentação, das condições de verdade da enunciação e das modalidades da compreensão". A *objetividade comunicacional*, concluiu Sodré, é puro discurso.

Também a meu ver, portanto, a problemática da auto-referencialidade e reflexividade midiática é uma questão semiótica, questão que envolve, ademais, não apenas o discurso verbal, mas, sobretudo, os mais variados sistemas de signos, não só a imagem, mas também as tradicionais formas híbridas de linguagem e comunicação (cinema, televisão) para culminar nas mais novas hibridizações sígnicas que pululam nas hipermídias das redes de comunicação e atingem o seu paroxismo nos games.

Definida semioticamente, a auto-referencialidade, como o próprio nome diz, ocorre quando um discurso, um texto, um processo de signos, de certo modo, com maior ou menor intensidade, refere-se a si mesmo, em vez de ser referir a algo fora da mensagem transmitida. Na sobejamente conhecida teoria das funções de linguagem, de Roman Jakobson, a função metalingüística, a poética e, até certo ponto, a função fática exibem aspectos de auto-referencialidade, cada uma delas de seu próprio modo. A auto-referencialidade não é privilégio do discurso contemporâneo. Um exemplo admirável de um dos tipos de auto-referencialidade aparece em Macbeth: uma peça de teatro dentro de uma peça de teatro.

Entretanto, depois da ascensão da cultura das massas, que começou com a invenção da fotografia, com a explosão do jornal, seguidas pelo cinema, publicidade, pelo rádio e a televisão, as oportunidades para a ocorrência de diversos tipos de auto-referencialidade cresceram consideravelmente. Conforme já explicitei em outra ocasião (Santaella, 1996), quanto mais os tipos de mídias se multiplicam, mais aumenta a interação entre elas. A multiplicação das mídias tende a acelerar seus intercâmbios dinâmicos, resultando em uma proliferação de citações, repetições, intertextualidade e referências mútuas. Isso gera o fenômeno da intermidialidade ou hibridização, isto é, uma mistura de textos, discursos e processos sígnicos que constituem uma das características mais centrais da cultura pós-moderna.

Com o desenvolvimento das sociedades informacionais, a aceleração da hibridização atingiu seu ponto alto no ciberespaço. O aspecto semiótico mais proeminente do ciberespaço encontra-se na convergência das mídias. Distinta da coexistência das mídias, a convergência implica o tratamento de todo tipo de informação – som, imagem, texto e programas informáticos – com uma mesma linguagem, a digital. Isso resultou na convergência inconsútil das "três matrizes de linguagem e pensamento", a sonora, a visual e a verbal (veja: Santaella, 2001), e dos principais tipos de mídias de transmissão da comunicação humana, a saber: o texto impresso (nos livros, jornais e revistas), o audiovisual (no cinema, na televisão e em vídeo), os meios de transmissão a distância (telefones, satélites, cabos), e a informática (computadores e softwares), constitutivos de uma mídia emergente e complexa, a hipermídia.

Esse novo espaço de trocas e cruzamentos de mídias e processos sígnicos constitui-se em um caldo rico e propício à expansão de todos os tipos de processos auto-referenciais, com a resultante impressão de que, em muitas ocasiões, o que a mídia faz é falar da mídia. Como diz Nöth (2006):

> As mensagens das mídias voltam-se mais e mais para as mensagens da mídia cuja origem tornou-se crescentemente difícil de discernir. Filmes transformam-se em meta-filmes, romances viram meta-romances; nas artes visuais, o artista e seu eu encarnado tornaram-se tópicos centrais de sua arte; a televisão faz da televisão seu tema nuclear, e a publicidade começa a perpetuar os mitos de sua própria criação sobre os valores insuperáveis de seus produtos, em vez de informar ou apresentar o que é novo no mundo das mercadorias.

As três mídias nas quais a auto-referencialidade está mais presente são, sem dúvida, os filmes, a publicidade e os jogos computacionais. Ainda de acordo com Nöth (*ibid*):

> Essas mídias diferem de acordo com o grau em que elas evidenciam sua auto-referencialidade. Na publicidade, a auto-referencialidade genuína seria contraproducente. Um texto genuinamente auto-referencial é incapaz de fornecer informações sobre um produto ou um serviço e falharia na sua missão de propagar uma mensagem sobre o mercado a cujo serviço está dedicado. Devido ao seu caráter ficcional e estético, os filmes, por seu lado, não podem se restringir inteiramente a mensagens referenciais sobre um *mundo de fatos ou realidades*. Assim, não é surpreendente que, no curso de cem anos da história do cinema, a auto-referência tenha crescido nessa mídia, com a situação de que a produção de filmes e sua audiência sejam mais e mais um tópico, enquanto as histórias transmitidas pela narrativa fílmica se tornaram de importância secundária. Nos jogos computacionais, estamos finalmente defrontados com uma mídia na qual a referência ao mundo e, conseqüentemente, à auto-referência tenha sido secundária desde o seu início, visto que os games tendem a criar sua própria realidade aquém do universo referencial.

Azevedo (2005) concorda com essa idéia quando afirma que os games estão permeados de vários níveis e formas de auto-referencialidade. "Mesmo nos anos 1990, na era dos videogames de 16 bits, nos games tradicionais como o Sonic, por exemplo, se o *porcupine*, que dava seu nome ao game, ficasse inerte por algum tempo porque o jogador não dava nenhum comando, não interagia usando o joystick, e essa personagem aparecia na tela com um ar de insatisfação, como se estivesse dizendo – Vamos lá, o que você está fazendo? Vamos jogar!". "E hoje", Azevedo (*ibid*) continua, "quando um novo jogo aparece, é quase impossível não compará-lo com outros games para explicar algumas de suas características, uma vez que os games estão se referindo uns aos outros, todo o tempo". É justamente essa supremacia da auto-referencialidade nos games que este texto irá desenvolver, no que se segue.

## As regras do jogo

Sem regras, quaisquer jogos de quaisquer tipos, não apenas os jogos computacionais, seriam impossíveis. Todo jogo começa com um conjunto de regras que guiará os jogadores ao longo dos seus diferentes estágios, em direção a um alvo. Essa é a base que sustenta a possível estrutura e o significado de um jogo. Um jogo deve ser auto-explanatório, e as regras são os elementos que desempenham essa função.

No caso dos jogos computacionais, as regras estão no coração do seu design. Isso significa que "todo assunto de um game tem de ser formalizado e criado com regras, antes que o jogo possa começar" (Juul, 2004, p. 141). Aliás,

a principal diferença entre um jogo computacional e seus precursores não eletrônicos encontra-se no fato de que os jogos computacionais adicionam automação e complexidade – eles podem manter e calcular as regras do jogo por si mesmos, possibilitando, portanto, mundos mais ricos no interior dos games. (idem, p. 140).

Todos os jogos, obviamente, desenvolvem-se no tempo, mas os jogos eletrônicos o fazem de tal modo que suas regras não precisam estar explícitas, de início; elas podem ser homeopaticamente inseridas ao longo da experiência de jogar. Em games modernos, com cenas cortadas, tal como American McGee's Alice, toda missão ou tarefa, que é realizada pelo jogador, é recompensada com uma cena cortada que lhe dá informação sobre sua próxima tarefa.

Em games que contam histórias, Celia Pearce (2004, p. 145) identificou seis operadores narrativos diferentes que podem existir dentro de um game. Um dos operadores aponta para um tipo especial de regras que são específicas de narrativas. Nesse caso, "um sistema de histórias baseado em regras ou um *kit* de partes narrativas genéricas permite aos jogadores criarem seus próprios conteúdos narrativos; sistemas de histórias podem existir independentes ou em conjunção com uma meta-história". Meta-histórias são obviamente tipos de auto-referencialidade. Elas são abundantes em games, como será visto mais adiante. No gênero MMORPG:

> Os jogadores realizam ações que constroem suas personagens "on the fly"[1]. (...) Esses jogos, por terem um alto grau de improvisação, requerem atenção constante de seus operadores. EverQuest, por exemplo, tem um Comando Central nos seus escritórios em San Diego, onde seus funcionários perambulam pelo mundo virtual dos games dando assistência aos jogadores e criando narrativas, eventos, conflitos e missões para o engajamento dos jogadores. Eles examinam cuidadosamente o que os jogadores estão fazendo e constantemente fazem o jogo, as regras do jogo e suas narrativas evoluírem. (...) Disso resulta uma narrativa emergente, uma história que se desenrola no tempo, como resultado de um intercurso entre regras e jogadores. (Pearce, *idem*, p. 149)

Um gênero de game no qual as regras são apresentadas de um modo também interessante é The Sims, construído por Will Wright, da Maxis. The Sims é um game simulador, de um tipo psicológico e, de acordo com Celia Pearce (*ibid*, p. 150):

> Em vez de empregar personagens habitantes do jogo ou personagens puramente autônomas, o game coloca os jogadores no papel de influenciar personagens semi-autônomas. Elas são semi-autônomas porque, ao mesmo tempo em que têm seu próprio comportamento inato, dependem da influência dos jogadores para ditar suas ações. O ponto de vista é isométrico, no lugar da primeira pessoa, permitindo que os jogadores tenham um ponto de vista onisciente sobre o território do game.

O sistema de histórias do game é uma espécie de narrativa Lego. The Sims agora desdobrou-se em uma variedade de adições e expansões, mas o game original era basicamente um drama doméstico ou *sitcom*. O jogador

---

1  *On the fly*: algo que não foi planejado de antemão.

criava uma família, The Sims, e a colocava em uma casa que deveria, então, ser expandida e ocupada com uma variedade de itens para melhorar o estilo de vida e nível de conforto da família. A construção narrativa desse game é também interessante. Além de um sistema de histórias, The Sims tem um componente descritivo embutido que permite que os jogadores observem seus jogos "por baixo". Eles podem então produzir *storyboards* descritivos e postá-los no website para que os outros os vejam. Os jogadores podem também inserir seus jogos nos websites, de modo que outros jogadores possam continuar o jogo. Desse modo, podem existir versões múltiplas da história da família, que tomam direções distintas, dependendo do jogador. O sistema de histórias "permite que o jogador dirija a experiência da história dentro de um conjunto de regras, processos e limites cuidadosamente desenhados" (Pearce, *ibid*, p. 151). Essas regras garantem que uma construção ficcional socializada com uma moldura de final em aberto não degenere em caos.

## A indexicalidade interna dos *games*

Ligado às regras do jogo, há outro aspecto importante para o qual a expressão semiótica adequada que encontrei é *a indexicalidade interna dos games*. Juul (*ibid*, p. 132-133) observou que, à medida que os games evoluem no tempo, "a parte mais fundamental dos games é a mudança de estado, o movimento do estado inicial (o resultado não foi decidido) para um outro estado (o resultado foi decidido)". Como se pode ver, a relação entre estados é uma relação de indexicalidade interna: o estado inicial, até certo ponto, antecipa o estado seguinte, e este último mantém a memória do estado anterior, e assim por diante. Este tipo de indexicalidade, que chamo de interna, é um caso óbvio de auto-referencialidade. Para ter continuidade, o game cria um conjunto de interconexões contínuas e não necessariamente lineares. É algo similar às restrições gramaticais de uma língua. Quando dizemos, por exemplo, *O homem que está lá fora é meu irmão*, antes de nos referirmos a alguém que está lá fora e é meu irmão, a palavra *que* se refere à palavra *homem*, ela mesma.

Para ajudar a compreender o que ele chama de *mudança de estado*, em vez de usar a gramática da língua, Juul (*ibid*) faz uso das ciências da computação quando diz que o game é uma *máquina de estados*. "É um sistema que pode estar em diferentes estados; ele contém funções de entrada e de saída, e definições de que estado e que entrada levarão ao estado seguinte". Disto, Juul conclui que, quando jogamos um game, estamos interagindo com uma máquina de estados, que é o game. "Em um jogo de tabuleiro, esse estado está armazenado na posição das peças no tabuleiro; no esporte, o estado do jogo são os jogadores; nos jogos computacionais, o estado está armazenado como variáveis e, então, é representado na tela." Se não podemos influenciar o estado do jogo de algum modo (em oposição a sermos incapazes de influenciá-lo do modo certo), então não estamos jogando de maneira nenhuma. Neste ponto, Juul estabelece uma diferença entre um game abstrato em tempo real e um game abstrato baseado em turnos, o que significa simplesmente que "neste último caso, o estado do game só muda quando o jogador assume o seu turno. Em um jogo em tempo real, não fazer nada também tem conseqüências". De todo modo, o que é mais importante é tirar as conseqüências significativas da afirmação de Juul, de que, quando jogamos um game, estamos simplesmente interagindo com o estado do game.

## As condições imersivas e interativas dos games

Muito antes de a cultura digital ter trazido à baila os conceitos de imersão e interatividade, esses conceitos já eram centrais em quaisquer tipos de jogos. No cibermundo contemporâneo, imersão é uma espécie de palavra mágica que tem sido exaustivamente repetida. Há vários sentidos de imersão que, em um outro trabalho, sistematizei em quatro níveis (veja Santaella, 2004, p. 46-47). O nível mais profundo é aquele da imersão perceptiva, que é experienciada na realidade virtual. O nível seguinte é atingido por meio da telepresença, quando sistemas robóticos permitem que o participante sinta um ambiente remoto como se estivesse presente nesse local distante. Chamo o terceiro nível de imersão representativa, que é obtida em ambientes construídos através da linguagem em VRML. Enquanto na realidade virtual o participante experimenta a sensação de estar dentro, agindo no cenário virtual, na imersão representativa ele é, de algum modo, na maioria das vezes por meio de um *avatar,* representado no ambiente virtual da tela. O último, menos profundo e mais freqüente nível de imersão, acontece quando o usuário está conectado à Web. Entrar na rede significa navegar em um mundo paralelo e imaterial, feito de bits de dados e partículas de luz.

Nos jogos computacionais, o nível mais freqüente é o da imersão representativa. Entretanto, esse tipo cibernético de imersão não exaure a questão da imersão quando os games são considerados. Imersão – em um sentido perceptivo e psicológico geral, não exclusivamente no cibersentido – é uma condição a ser preenchida em qualquer tipo de jogo. O ato de jogar em si pressupõe um agenciamento, um jogador que deve estar concentrado, absorvido na sua ação, imerso nos passos da máquina de estados que caracteriza qualquer jogo. Isso significa que, no caso dos jogos computacionais, duas espécies de imersão estão operando simultaneamente: a absorção profunda, perceptiva e psicológica, que é exigida por qualquer jogo de qualquer tipo, e a imersão em um ciberambiente. Esse duplo engajamento certamente intensifica o processo de imersão, a experiência subjetiva do jogador, e pode ser uma das razões por que os jogos computacionais são tão intensamente atrativos e hipnóticos. A profunda concentração pressuposta pelos games resulta do fato de que, tão logo alguém se torna um agente em um jogo, ele imediatamente entra em um mundo paralelo, um mundo auto-suficiente, cuja suficiência é suportada pela auto-referencialidade de suas regras. Quando digo *mundo paralelo*, isso não deve ser entendido no sentido estrito de um mundo que é artificialmente construído tal como é comum nos games, nos quais todo o ambiente virtual tem de ser construído. O que quero significar é a condição imposta ao jogador de ter de entrar em outro plano da realidade, um plano ficcional, que pode incluir o jogo pactuado de uma personagem em uma história, mas é ainda mais primário que esse pacto. É por isso que, mesmo quando alguém joga xadrez, tênis ou um game abstrato, como Tetris, essa pessoa está também imersa em um mundo autônomo, um mundo paralelo, auto-referencial. Por essa mesma razão, o design realista de um game, que imita todos os padrões físicos e visuais da chamada realidade, não tornará o game menos paralelo e auto-referencial.

O que importa em um game não é o realismo ou a ficcionalidade do seu cenário e conteúdo. Não importa se ele se aproxima de um gênero de ficção científica ou se ele é tão descolado da realidade quanto um desenho animado. Games não têm de fazer sentido, eles têm de entreter e divertir. E quanto mais a conexão entre o game e o jogador for estreita, mais divertidos eles serão. De fato, a conexão do jogador com o game é muito mais estreita do que com filmes e romances, pelo simples fato de que os games mapeiam o jogador dentro do mundo do jogo. Neste ponto, encontramos a segunda condição fundamental do jogo: a interatividade.

Essa é outra palavra que tem sido exaustivamente usada nos ciberambientes. Esse uso não é casual, pois toda interface computacional é também um programa interativo. Estar conectado a um computador implica *sine qua non* processos interativos. Novamente aqui, tal como acontece no caso da imersão – da qual, aliás, a interatividade é inseparável –, nos jogos computacionais a interação deve ser compreendida tanto como um processo que está presente em todos os games, quanto no sentido mais estrito da interação ser humano-máquina. Por isso mesmo, trata-se de uma dupla interação. Não é por acaso que uma grande parte da discussão atual sobre interatividade computacional estabelece comparações com a noção filosófica e antropológica de jogo. Como um processo que se apresenta em todos os games, a interação está conectada com as exigências de que o jogador realize um ato, tal como mover uma peça em um tabuleiro ou pressionar uma tecla no teclado, um ato que está projetado para ter um sentido específico no mundo do jogo. Essa performance implica a interação do jogador com o estado do jogo, em um processo em que um estado funciona como referente do próximo, e assim por diante.

Estando a discussão das premissas do meu argumento relativamente realizada, passo agora para a descrição de alguns dos principais tipos de auto-referencialidade nos jogos computacionais.

## Tipos de auto-referencialidade em games

### Comandos, missões e descontinuidades

Um tipo comum de auto-referencialidade em games ocorre sob a forma de comandos. Isso pode ser considerado como uma versão rudimentar das regras do jogo. Nos modernos games *pinball*, por exemplo, as regras básicas continuam a ser *atingir todas as coisas que se iluminam*. Em outros games, isso pode ser intensificado por um pequeno *display* enviando o jogador a algumas missões. O Star Trek: Next Generation, de 1993, contém (entre outras) uma missão *destrua o asteróide* quando um asteróide ameaça a nave, e é tarefa do jogador destruir o asteróide ao atingir com a bola algo que se ilumina (Juul, *ibid*, p. 140).

Games de aventura modernos tendem a conter artefatos no mundo do game que dizem ao jogador o que aconteceu em pontos anteriores no tempo do evento. Esse é o modelo básico de games de detetive. (Juul, *ibid*, p. 136) O tempo e os mundos descontínuos desses jogos apontam firmemente para si mesmos como sendo jogos. (*ibid*, p. 140)

## Metagames: games dentro de games

Outro tipo óbvio de auto-referencialidade pode ser encontrado nos games dentro de games. Um exemplo simples pode ser o Eraser Turnabout, que se baseia em um filme com o mesmo nome. Em algumas fases do game, o jogador tem de resolver uns quebra-cabeças para poder continuar jogando. No The Sims, um dos possíveis entretenimentos do *avatar* é jogar com um computador.

## Meta-histórias: histórias dentro de histórias

A meta-história mais famosa e paradigmática no mundo literário é certamente *As mil e uma noites*. Nos games, um bom exemplo pode ser encontrado no xadrez, pois este apresenta "uma estrutura matemática e lógica brilhante, que pode ser apreciada puramente por sua elegância estrutural". O xadrez apresenta um claro arco performativo. "Além disso, há uma meta-história de dois reis opositores e suas tropas e súditos" (Pearce, *ibid*, p. 147). Em games que contam histórias, o recurso de histórias dentro de histórias é abundante. "O MMORPG, por exemplo, combina uma meta-história, primariamente, na forma de um mundo narrativo pré-definido e vários enredos dentro dele, com um sistema de histórias que permite aos jogadores fazerem evoluir sua própria narrativa dentro do formato da história do game". (...) A maioria das meta-histórias dos MMORPGS baseia-se em estilo de temas da fantasia medieval *Dungeons & Dragons*, embora temas mais apelativos estejam surgindo (*ibid*, p. 148-149).

## A personalização dos games

*Mods* são modificadores que permitem a expansão das possibilidades de um game. Esses modificadores permitem que o código-fonte de um game seja alterado, e uma série de novas versões pode ser implementada. Por meio desses pacotes de expansão, o jogador pode personalizar o game como quiser. Esse é um tipo de auto-referencialidade, porque, partindo de uma base conhecida, o jogador pode encontrar a sua própria base. Por exemplo, Quake, um game de ação, tornou-se um game de corrida graças ao *mod* Quake Rally. Half Life, um game sobre a vida moderna, faz uma viagem à Segunda Guerra Mundial por meio do *mod* Day of Defeat.

## A materialidade dos games

Um quinto tipo de auto-referencialidade ocorre quando o game indica sua própria materialidade. Em games recentes, como Quake III ou Counter-Strike, há saltos entre diferentes níveis do game que não são explicados, mas há um *display* que se refere à própria materialidade do game, tal como *loading (esperar pelo gamestate)*, em vez de se referir ao mundo do jogo.

## Intermidialidade

A conversação dos games com outras mídias, especialmente com filmes, é abusivamente freqüente. Muitos designers de games extraem elementos de histórias de filmes existentes ou de gêneros literários. Isso acontece porque os games são muito aptos a esses gêneros – fantasia, aventura, ficção científica, horror, guerra etc. Todos os games sobre o tema da fantasia medieval representam a evolução de perto de 40 anos da cultura popular convergindo no computador. Traduções semióticas de peças literárias também são freqüentes (Jenkins, *ibid*, p. 122). Trata-se de casos de tradução semiótica porque os games não apenas recontam a história de um filme, mas expandem nossa experiência prévia de uma história e o modo como a interpretamos.

A interface dos games com os filmes vai cada vez mais longe. Não só as campanhas de marketing dos filmes e dos games agora se interconectam, como também ambas as produções e seus desenvolvimentos estão interligados. Um bom exemplo encontra-se em *Matrix*, cujos games funcionam como um complemento do filme e expandem certas cenas que não foram exploradas no filme (Azevedo, 2005).

Crescentemente, habitamos um mundo de relatos de histórias transmidiáticos, de modo que as narrativas dependem cada vez menos de um talento individual e mais da contribuição de cada trabalho para uma economia narrativa mais vasta. Os games encontram seu lugar dentro de um sistema narrativo amplo em que a informação das histórias é comunicada através de livros, filmes, televisão, quadrinhos e outras mídias, cada uma delas fazendo o que tem de melhor, cada uma se constituindo em experiência relativamente autônoma, de modo que o entendimento mais rico de uma história é adquirido por aqueles que seguem a narrativa por vários canais. Em tal sistema, o que os games fazem de melhor estará certamente centrado na habilidade que eles têm de dar forma concreta à nossa memória e imaginário do mundo narrativo, criando um ambiente imersivo no qual podemos perambular e interagir com ele. (Jenkins, *ibid*, p. 124)

## Uma teoria dos games extraída dos games

Por fim, um caso interessante de auto-referencialidade nos games foi proposto por Celia Pearce (*ibid*) na sua idéia de uma teoria dos games extraída dos próprios games; isto é, uma teoria dos games centrada no jogo. A meu ver, nada poderia ser mais eloqüente do paroxismo da auto-referencialidade nos games do que essa proposta.

## Referências

AZEVEDO, Théo. Entrevista concedida à autora. 2005.

BAUDRILLARD, J. *A transparência do mal:* ensaio sobre os fenômenos extremos. Campinas: Papirus, 1990.

BAUDRILLARD, J. *Tela total:* mito das ironias da era do virtual e da imagem. Porto Alegre: Sulinas, 1997.

BOURDIEU, P. *Sobre a televisão*. Rio de Janeiro: Zahar, 1997.

JENKINS, H. "Game design: a narrative architecture". In: WARDRIP-FRUIN, N.; HARRIGAN, N.; HARRIGAN, P. *First person*: new media as story, performance and game. Cambridge: MIT Press, 2004. p. 118-130.

JUUL, Jesper. "Introduction to game time". In: WARDRIP-FRUIN, N.; HARRIGAN, N.; HARRIGAN, P. *First person*: new media as story, performance and game. Cambridge: MIT Press, 2004. p. 131-141.

LUHMANN, N. *Soziale systeme*. Frankfurt/Main: Suhrkamp, 1984, 1987.

LUHMANN, N. "Zeichen als Form". In: BAECKER, D. *Probleme der form*. Frankfurt/Main: Suhrkamp, 1993. p. 45-69.

LUHMANN, N. *Die realität der massenmedien*. Opladen: Westdeutscher Verlag, 1995, 1996.

MACHADO DA SILVA, J. "O pensamento contemporâneo francês sobre a comunicação". In: HOHLFELDT, A. *et al.* (orgs.) *Teorias da comunicação*. Petrópolis: Vozes, 2002. p. 171-186.

MARCUS, S. "Media and self-reference: the forgotten initial state". In: NÖTH, W. *Semiotics of the media*. Nova York: Mouton de Gruyter, 1998. p. 15-45.

NÖTH, W.; BISHARA, N. *Semiotics of the media*: state of the art, projects, and perspectives. Nova York: Mouton de Gruyter (Approaches to Semiotics 127), 1998.

NÖTH, W.; BISHARA, N. (eds.) *Self-reference in the media*. Nova York: Walter de Gruyter, 2007.

PEARCE, C. "Towards a game theory of game". In: WARDRIP-FRUIN, N.; HARRIGAN, N.; HARRIGAN, P. *First person*: new media as story, performance and game. Cambridge: MIT Press, 2004. p. 143-153.

SANTAELLA, L. *Cultura das mídias*. 4. ed. São Paulo: Experimento, 1996, 2004.

SANTAELLA, L. *Matrizes da linguagem e pensamento*: sonora, visual, verbal. 2. ed. São Paulo: Fapesp/Iluminuras, 2001, 2005.

SANTAELLA, L. *Navegar no ciberespaço*: o perfil cognitivo do leitor imersivo. São Paulo: Paulus, 2004.

SFEZ, Lucien. *Crítica à comunicação*. São Paulo: Loyola, 1994.

SODRÉ, M. *Antropológica do espelho*: uma teoria da comunicação linear e em rede. Petrópolis: Vozes, 2002.

WARDRIP-FRUIN, N.; HARRIGAN, P. *First person*: new media as story, performance, and game. Cambridge: The MIT Press, 2004.

# *Shenmue* e o dilema narrativo

Renata Gomes

O dilema, no qual se situam os jogos narrativos, apresenta, de um lado, a tentativa de dar ao *interator* toda a liberdade que o meio pode lhe propiciar e, de outro, a necessidade de circunscrever suas atitudes a um mínimo de estrutura dramática na experiência do game. Ao longo dos últimos anos, gêneros floresceram e desapareceram e, hoje, os jogos que se estabeleceram tentam proporcionar experiências que parecem tender a um dos dois extremos desta suposta contradição. Em uma ponta, os jogos de personagem, embora dêem cada vez mais atenção à parcela narrativa de seus exemplares, de modo geral, focam seus esforços na criação de rotinas lúdicas mais sofisticadas, entrecortando o jogar com segmentos narrativos, não-participativos, que tentam atualizar os elementos da história e prover o *interator* de motivações a serem compartilhadas com o protagonista. Assim, gerenciam o progresso narrativo e tentam manter o *interator* nos trilhos da fábula[1], na busca por aumentar o efeito de imersão no mundo ficcional. No extremo oposto, sem o fardo de uma pretensão narrativa histórica, os jogos

---

1 Neste capítulo, a fábula é utilizada no sentido do formalismo russo, atualizado por Bordwell (1988) para a análise do cinema canônico: o plano da fábula, ou da história, se refere aos eventos narrativos em sua relação temporal, espacial e causal presumidas; o plano do enredo se refere à totalidade formal e estilística do material narrativo.

de simulação conseguem se valer da sua natureza mais afeita à complexidade e ao desenho sistêmico do mundo, para criar experiências realmente abertas, no que diz respeito ao grau de organicidade estabelecido entre a participação do *interator* no jogo, mas que, no entanto, ainda carecem de valor dramático[2].

Parece ficar cada vez mais claro para toda a indústria dos games que tende a ser proveitosa para todos a implementação de dinâmicas que consigam gerar, por meio da participação do *interator* no jogo, a sensação de imersão em um espaço tridimensional. Assim, no meio de uma indústria cujos lucros competem com os de Hollywood, apesar de os mais vultosos investimentos ainda serem direcionados ao aspecto audiovisual/gráfico do jogo, buscando o aumento da verossimilhança cinematográfica, tem sido possível, cada vez mais, apontar tentativas de experimentação visando, em última instância, à transformação dos games em experiências narrativas mais sofisticadas.

Dentre vários jogos de sucesso de público e/ou de crítica, alguns nos chamam a atenção. Um deles, *Shenmue*, um jogo japonês de assumida pretensão narrativa, sintomaticamente, parece empreender um movimento rumo à tentativa de uma *terceira via* no universo do agenciamento: sem ignorar os trunfos conquistados historicamente pelas próprias dinâmicas do jogo de personagem, lança ao extremo oposto olhares atentos, flertando com aquilo que ambas as categorias têm de melhor. Dessa forma, sem deixar de lado procedimentos característicos dos RPGs, como a existência de um *avatar* que representa gráfica e diegeticamente o *interator* no mundo virtual e tridimensional do jogo, *Shenmue* tenta implementar uma estrutura mais próxima da complexidade dos jogos de simulação. Na tentativa de compreender quais êxitos essa hibridação pode trazer para a busca do game imersivo e participativo, lançamos um olhar crítico a mecanismos pontuais de agenciamento nesse jogo.

---

2  No artigo *The design of narrative as an immersive simulation* (Gomes, 2005), definimos melhor essas duas categorias de jogos com pretensões narrativas e suas especificidades, apontando mesclas entre ambas como caminho promissor para o game narrativo. Neste capítulo apontamos os jogos de personagens (a que nos referimos também como RPGs,) como aqueles em que o *interator* é representado diegeticamente no jogo, seja por um *avatar* ou um simples ponto de vista. Os jogos de simulação são aqueles em que o *interator* tem poderes demiúrgicos no comando do jogo, controlando-o diegeticamente *de fora*.

## O cronotopo de aventura e a linearidade da fábula

Dentre as diversas manifestações que compõem o universo do jogo de personagem, é possível citar mecanismos gerais de agenciamento que, em diferentes circunstâncias, serviram para consolidar uma estrutura narrativa geral mais ou menos homogênea, no que diz respeito à relação entre procedimentos lúdicos e a geração da história. A jornada do protagonista por um percurso repleto de obstáculos, rumo à resolução de um objetivo maior, tende a definir o gênero como um todo e, dentro deste conjunto, duas tendências se colocam: em um extremo, os jogos cujo foco é a agilidade, a coordenação motora – o que os norte-americanos chamam de *finger-twitching*; no outro, jogos que requerem certa capacidade analítica para a resolução de quebra-cabeças ou a obtenção de habilidades mais subjetivas, que façam o protagonista ir adiante.

No primeiro caso, uma das mais óbvias representações é o subgênero *first person shooter*, perpetuado pelos extremamente populares Doom, Half Life, Counter Strike, que têm como elemento essencial de agenciamento a dinâmica do *matar ou morrer*. Estruturando sua prática segundo o ponto de vista em primeira pessoa – e, não à toa, cada vez mais, no modo multiplayer – e imprimindo um ritmo de jogo veloz, este subgênero atrai, sobretudo, os mais jovens, com ênfase no gênero masculino, que se digladiam em sessões de jogos em rede local, ou mesmo pela Internet.

Do universo menos ágil e mais voltado à resolução de problemas, temos, por exemplo, as séries Myst ou Tomb Raider (TR); esta, de enorme sucesso, cuja protagonista, Lara Croft, já foi alçada ao *status* de *pin up* da era digital, tendo se tornado mais popular que algumas estrelas "de carne e osso" destas bandas do mundo. A dinâmica de TR, por exemplo, envolve um ponto de vista em terceira pessoa, em que o *interator* controla seu *avatar*, Lara Croft, seguindo-a pelo mundo virtual com uma câmera imaginária. Enquanto os *first person shooters* têm como objetivo supremo de sua dinâmica a simples sobrevivência – alcançada com o sacrifício da vida dos oponentes –, Myst e TR se voltam mais para a exploração espacial, resolução de quebra-cabeças e caça a tesouros, atividades necessárias para a liberação de caminhos futuros para o cumprimento de um percurso pelos passos da protagonista.

**Figura 1** Tomb Raider.

Grande parte do sucesso de público desses dois conjuntos de games reside, ao que nos parece, em um interessante equilíbrio alcançado pelos criadores de sua dinâmica de jogo, implementando, na melhor medida, a identificação de atividades relativamente simples – correr, pular, atirar, mergulhar – com a execução de tarefas narrativamente gratificantes, conquanto ainda um tanto elementares. Atrelando o êxito na realização destes pequenos objetivos de curto prazo a funções narrativas – eliminar o oponente; achar uma moeda de ouro; eliminar os guardas do tesouro; escapar do inimigo –, estes games conseguiram promover o que em boa parte do jogo é uma das mais fluidas e consistentes experiências lúdicas, e que, ainda assim, carrega a sensação de fluxo diegético. Unindo o desenvolvimento narrativo ao percurso espacial, criando, por definição, uma seqüência de eventos, esses jogos acabam por promover, até certo ponto, a transcriação, para o universo digital, de uma estrutura narrativa bastante antiga, que nos remete ao romance grego de aventura. Nesses jogos

a narrativa e o tempo em si são equivalentes ao movimento pelo espaço tridimensional, à progressão por ambientes, níveis ou mundos. Em contraste com a literatura moderna, teatro e cinema, que se constroem em torno de tensões psicológicas entre personagens e movimento no espaço psicológico, esses jogos nos remetem a formas ancestrais de narrativa, nas quais a trama é impulsionada pelo movimento do herói através do espaço, viajando por terras distantes para salvar a princesa, achar o tesouro, vencer o dragão, e assim por diante (Manovich, 2001, p. 245-246)[3].

Para descrever a experiência espaço-temporal do romance grego de aventura, Bakhtin faz uso de seu conceito de *cronotopo*, segundo o qual

os indicadores espaço-temporais se fundem em um todo concreto e cuidadosamente pensado. O tempo, como era antes, toma então corpo, espessura, se torna artisticamente visível; da mesma forma, o espaço se torna carregado e responde aos movimentos do tempo, da trama, da história. Esta intersecção de eixos e fusão de indicadores caracteriza o cronotopo artístico (Bakhtin, 1981, p. 84).

No cronotopo do romance grego de aventura, uma situação inicial era desequilibrada pela introdução de um conflito dramático, que impulsionava o herói a uma jornada por terras estrangeiras, nas quais ele lutava contra diferentes obstáculos, indo de terra em terra, de obstáculo a obstáculo, até, no final, conseguir reverter a crise e restabelecer a harmonia da situação inicial. Fora do espaço-tempo onde se davam as lutas do herói contra os obstáculos que surgiam, nada de narrativamente importante acontecia e nenhuma referência espacial e/ou temporal em relação aos elementos que iniciaram a jornada – a noiva seqüestrada; a fortuna roubada etc. – era levada em consideração. Fossem os obstáculos dez ou mil, durasse a jornada do herói muito ou pouco, no exterior dos mundos em que isto tudo acontecia, o tempo estava congelado:

o ponto crucial a ser notado sobre as aventuras no romance grego é que eles *não deixam marca* (FTC, 94). Eles não afetam nada e, em relação à mudança que causam, poderiam simplesmente nem ter acontecido. Se não houvesse obstáculos, se o herói e a heroína tivessem se casado na hora em que se apaixonaram, tudo teria acabado na mesma, a não ser pelo fato de que, obviamente, não haveria romance (Morson, 1997, p. 377).

---

3  A tradução deste e de outros trechos, a partir do inglês, é da autora.

Grande parte dos jogos de personagem atuais, em sua implementação de uma narrativa que serve, quando muito, de suporte para uma rotina de atividades executadas ao longo de um percurso espacial, reproduzem até certo ponto esta mesma dinâmica. Nestes jogos, um evento dramático é introduzido no começo do game, desequilibrando uma situação de outra forma harmônica, provendo o protagonista/*interator* de uma motivação central para o início de sua jornada. A progressão da narrativa aí começada segue de nível em nível, mundos espaço-temporais que funcionam, em relação aos personagens e eventos, de maneira análoga às terras estrangeiras anônimas e autônomas do romance grego de aventura. As ações do herói são reduzidas ao movimento forçado através do espaço – fuga; perseguição; caçadas –, uma categoria de atividades plenamente reproduzível pelos games de aventura e que constituem justamente seu grande atrativo como jogo eletrônico. Entre um nível e outro, breves segmentos de animação em 3D, pré-renderizados, que usam a linguagem cinematográfica para atualizar o *status* do objetivo dramático maior.

Toda a ação de um romance grego (...) acontece em um "hiato extratemporal entre dois momentos de tempo biográfico" (FTC: 90). (...) Não há nenhum motivo que impeça as aventuras de uma determinada obra de adotarem outra ordem, pois nenhuma delas muda qualquer coisa no protagonista ou no seu mundo. (...) O tempo, no romance grego, é *reversível.* (Morson, 1997, p. 377-378)

O quadro narrativo maior, aquele em que se encontra realmente inscrito o objetivo dramático, importa ainda muito pouco e tende a ser tão linear quanto a mais canônica das narrativas cinematográficas. Com o trunfo de poder ter seu enredo *interativo*, uma vez que acessado por cursos que variam, a fábula do videogame permite, quando muito, dois ou três finais diferentes e auto-excludentes: a vitória, a derrota e, talvez, uma terceira variante, como a que é encontrada, por exemplo, no game Myst, que, aliás, é mais interessante que as duas outras, mais ortodoxas.

Assim, o que conta é a experiência dentro dos níveis, que é reduzida às ações mais identificadas com o ato de jogar, e que, por reproduzir o mais diretamente possível as ações e motivações do *interator*, tende a repercutir em um alto potencial de agenciamento. Atividades como *escapar de um inimigo; matar para não morrer; vencer a luta contra o dragão; ser mais rápido para vencer uma corrida* são elementares não apenas no que diz respeito à

sua implementação na dinâmica do game, mas também, e sobretudo, porque é possível, através delas, criar com maior eficiência o estreitamento dos
laços motivacionais entre *interator* e personagem. Diante de uma situação
de *vida ou morte*, qualquer um tende a buscar a saída que lhe preserve a vida
e, assim, *interator* e protagonista, impulsionados por um *instinto de sobrevivência*, que é o mais universal possível em termos de intenção dramática,
conseguem, finalmente, ser *um só herói*. Com base em atividades triviais,
já envolventes por definição, a movimentação do *interator* pelo espaço do
jogo cria uma seqüência temporal, forjando um enredo pelo qual, quando
muito, se comprova uma história latente sob a estrutura de jogo. Em uma
dimensão temporal quase inexistente, exceto em momentos específicos, é
estabelecida uma sensação de reversibilidade, manifesta no fato de que o
caminho interno pelo qual se vence os obstáculos importa pouco para a
história, sobressaindo apenas o termo final de cada embate, a vitória – que
levará o *interator*/herói adiante na jornada – ou a derrota, que custará ao
personagem a vida e, ao *interator*, o recomeço no jogo do último ponto em
que foi salvo. Tanto esse parece ser o caso, que é comum para um *interator*,
entre as idas e vindas, mortes e recomeços, se sentir confuso sem ter como
inferir se determinada atividade narrativa foi ou não cumprida: é muito difícil saber, pela situação do mundo, se um determinado tesouro já foi ou não
achado, uma vez que a posse do item em questão não desencadeia mudanças marcantes no mundo em si.

As únicas coisas que tendem a criar uma cadeia causal mais necessária,
e até a transcender a autonomia entre os níveis, são os *tesouros* obtidos em
um nível e que servirão para abrir algum caminho ou viabilizar algum prêmio em um nível posterior.

> Porque há apenas espaço para um *continuum* que varia de vez em quando, cada ce-
> nário é construído como uma ferramenta para levar o jogo adiante e, assim, se estrutura
> como um modelo em que a progressão não pode ocorrer sem que algumas tarefas sejam
> cumpridas – o efeito *chave dourada*. (…) Esse expediente é importante para amarrar o
> personagem a obrigações narrativas ou a pressuposições subjacentes ao design do jogo.
> (Oliver, 2001, p. 3)

Mesmo mantendo uma fábula essencialmente linear e tentando implementar seu potencial imersivo por intermédio de atividades menos dra-

máticas, em si, do que aquelas levadas adiante pelo personagem do filme canônico, é preciso levar em consideração que os RPGs proporcionam momentos de interessante agenciamento. Valendo-se da implementação de uma dinâmica de jogo criativa, orgânica e em razoável equilíbrio no binômio facilidade-dificuldade de operação, na medida em que introduzem elementos narrativos, mesmo que por meio de procedimentos mais relacionados ao cinema do que ao game, os RPGs demonstram o real potencial existente no agenciamento do *interator*, por meio de um personagem em uma jornada.

Em uma categoria de jogos cujo interesse principal foi muito mais o de criar a sensação de imersão em um universo espaço-temporal – premissa para aquele *entrar no filme* – e não, necessariamente, a implementação de uma história completamente aberta, os caminhos para elevar a complexidade da experiência no jogo talvez não estejam essencialmente relacionados à multiplicação de linhas narrativas. Se o trunfo desse formato é a possibilidade de maior identificação, pela participação, entre *interator* e protagonista, então, talvez seja possível implementar, em vez de maneiras de proteger uma estrutura dramática possivelmente arbitrária, formas de circunscrever a motivação do *interator*, de modo que se aproxime daquela que, pelo protagonista, pode levá-lo a experiências interessantes.

### *Shenmue* e a sofisticação do cronotopo

O videogame *Shenmue* é a jornada de Ryo Hazuki, um jovem habitante de um pequeno vilarejo japonês, em busca de resolver o mistério em torno do assassinato de seu pai por um gângster chinês. Ao contrário de jogos pertencentes ao gênero do RPG em sua forma mais restrita, não apenas *Shenmue* sai do contexto vinculado somente ao conto maravilhoso, embora não se possa chamá-lo exatamente de realista, como também torna clara a pretensão de transformar o jogar em algo além de uma rotina cheia de atividades, sob a desculpa de um objetivo dramático que serve muito mais como pano de fundo do que como elemento de real motivação, formato adotado por boa parte dos RPGs.

A premissa dramática do mundo ficcional de *Shenmue* é introduzida ao *interator* no começo do jogo, por um segmento de animação em computação gráfica, não-participativo, e ao qual se costuma chamar tecnicamente de *Full Motion Video*, ou FMV (veja a Figura 2).

No vídeo, vemos o jovem Ryo presenciar a agonia e a morte de seu pai, Iwao Hazuki, por um misterioso chinês, o gângster Lan Di. Este foi à casa da família Hazuki em busca de um precioso objeto, o espelho mágico Phoenix, do qual tomou posse ao derrotar Iwao, e o qual pretende utilizar para um fim ainda desconhecido. Tendo sido incapaz de evitar o assassinato de seu pai, Ryo toma como meta para si a resolução do mistério em torno do episódio e a vingança contra Lan Di. A ocorrência do evento, que perturba a estabilidade no mundo inicial da história, estabelece o objetivo dramático do protagonista operado pelo *interator*, e é com este objetivo geral em mente – e com objetivos menores, a ele subordinados – que o *interator* dará corpo ao protagonista Ryo, um herói em uma jornada dramática.

**Figura 2** *Shenmue Full Motion Video.*

## A narrativa no espaço unificado

Após o estabelecimento do evento que inicia o conflito, o *interator* finalmente é introduzido ao mundo da história, corporificado em Ryo, o jovem protagonista. O primeiro passo para concretizar essa imersão é uma primeira exploração do ambiente ao qual o *interator* foi introduzido: a casa da família Hazuki. E já a partir deste primeiro momento, é possível começar a compreender o gesto de Yu Suzuki, designer do game, ao batizar seu jogo sob um novo gênero chamado de FREE, ou *Full Reactive Eyes Entertainment*: em *Shenmue*, praticamente tudo ao alcance da vista existe em si e carrega a premissa de poder ser utilizado no jogo.

Ao contrário dos games de personagem mais ortodoxos, a organização espacial de *Shenmue* se aproxima daquela implementada pelos jogos de simulação, ao invés da estrutura linear de níveis autônomos, como em Tomb Raider, por exemplo. Em *Shenmue*, o centro do universo espacial – para o jovem Ryo – é a cidade de Yamanose, onde se encontra sua casa e para a qual volta praticamente todas as noites. Pouco distante de Yamanose, há algumas outras vilas, que Ryo percorre diariamente, em sua busca pela resolução do enigma. Separadas entre si, claramente, apenas por impedimentos técnicos, e conectadas por uma transição explicitamente emprestada da linguagem cinematográfica – *fade-out* e *fade-in* –, as cidades do jogo formam um todo unificado, dentro do qual se desenvolve a busca de Ryo. Ao longo do jogo, o universo espacial se estende, incluindo algumas vilas mais distantes – e uma verdadeira viagem, no segundo game da série, *Shenmue 2*.

A narrativa em *Shenmue*, contudo, não é menos linear que a do mais mundano dos RPGs. O fato mesmo de que o objetivo dramático do protagonista Ryo é descobrir a história por trás de fatos passados deixa isso claro. Assim, durante o percurso do jogo, a maior interferência de Ryo ainda não chegará a afetar os acontecimentos que dão sentido à morte de seu pai e o que constitui o enredo do jogo são as ações executadas pelo *interator*, por meio do protagonista, buscando descobrir as explicações para estes fatos. Apesar disso, *Shenmue* é um jogo com franca pretensão narrativa, e embora pareça contraditória a instituição de um nível narrativo em um plano para além da interferência do jogador, o que isso acaba por proporcionar ao jogo, desde o primeiro momento, é uma motivação global para protagonista e *interator*, em sua jornada pelo mundo. Esta motivação global, mais sofisticada do que a da maioria dos RPGs, se fragmenta em pequenos objetivos em curto ou médio prazo, introduzidos por diferentes mecanismos, que tentam guiar os caminhos de Ryo pelo mundo ficcional. Além dessa clara pretensão narrativa, a marca principal do jogo é a tentativa de implementá-lo em um grau de complexidade nunca antes observado em jogos de personagem: o mundo de *Shenmue* é extremamente sofisticado e não apenas rompe com a tradição da construção de níveis autônomos análogos ao do cronotopo do romance de aventura. Em *Shenmue*, o mundo está lá, à completa revelia de Ryo e do *interator* e, em uma inversão do cronotopo habitual dos RPGs, espaço e tempo se realizam para aquém e além de seus atores principais.

É notável a tentativa de se desenhar o mundo de *Shenmue* sob o signo de uma vivência análoga à do *estar no mundo* experimentado cotidianamente por nós, no que diz respeito à implementação de um mundo verossímil. Nesta empreitada, os designers do jogo criaram um universo em que quase tudo existe como existiria se fosse real: o telefone faz ligações, as máquinas de refrigerante vendem refrigerante, as pessoas nas ruas respondem a indagações, as portas se fecham e se abrem; as pessoas gastam dinheiro, esbarram umas nas outras, moram em suas casas, têm as suas vidas. Mais ainda: o tempo, no mundo de *Shenmue*, segue inexoravelmente seu curso: o Sol se levanta e se põe, as pessoas param para almoçar, dormem e acordam, e tudo isso à revelia da intenção do protagonista. Assim, depois de um pequeno período de adaptação ao jogo, o *interator* descobre, efetivamente, que a premissa de *estar no mundo*, anterior a qualquer grau narrativo, deu um grande passo rumo à plena realização. Em *Shenmue*, é plenamente possível gastar os dias fazendo absolutamente nada, apenas *estando*. Com isso, chegamos muito mais perto do estabelecimento da condição essencial para que um game de personagem possa alcançar um grau narrativo satisfatório. Antes de qualquer coisa, isso depende do mais orgânico e premeditado ato de pertencer a um mundo, de caber em um espaço-tempo que implica e é implicado pelo ato de ser e de estar do protagonista/*interator* no seu tecido, e a partir do qual uma narrativa tem chances de emergir, como se fosse a única coisa possível de acontecer (veja a Figura 3).

**Figura 3** Um dia em *Shenmue*.

Esse fundamento, condição *sine qua non* para a existência de uma história que não se force ao *interator* de maneira arbitrária, nos parece análogo à existência do nível da fábula do cinema canônico, da maneira mais unificada e orgânica possível, e da qual, de modo ideal, o enredo não seria mais que um indício pelo qual se pode inferir sua complexidade. No game, a concepção dessa fábula à qual o enredo remete deve ser, até certo ponto, materializada na própria construção do mundo em que se dá o jogo. Essa construção tem de prever não apenas as premissas da narrativa, mas, antes de qualquer outra coisa, um mundo que realmente a comporte fisicamente, que possa ao menos tentar dar aos eventos o caráter de necessidade e probabilidade, que, segundo Aristóteles, caracterizam a narrativa dramática. Ou, em outras palavras: o desenrolar de um enredo envolvente já está incluído na materialização mesma do universo diegético da narrativa, no que diz respeito à implementação de sua lógica temporal, espacial e à complexidade dos seus personagens.

No que diz respeito à construção de um mundo, sob o aspecto espacial, *Shenmue* talvez entre mesmo para a futura história do game como tendo estabelecido algo próximo ao grau zero da espacialidade canônica[4], por assim dizer.

Percorrer sua geografia pelos passos de Ryo é o que há de mais sofisticado em termos de imersão espacial no terreno do RPG ainda veiculado por meio de uma tela plana. Se nisso está o que há de mais caro, mesmo ao mais ordinário dos games, por definição, o universo de *Shenmue* leva a propriedade às últimas conseqüências. Nesse jogo, não apenas os objetos relevantes para a história estão organicamente inseridos no mundo: em um nível anterior ao enredo, como implementação física da dimensão da fábula, diversos objetos, que poderão passar incólumes pelas atitudes do *interator*, também pertencem organicamente ao mundo ficcional. Assim, criam a sensação de que se pode aplicar, ao mundo do jogo, o mesmo tipo de senso comum que rege nossa vivência cotidiana no mundo presencial, o que nos parece instituir um novo potencial de imersão pela participação.

Para além do extremo detalhe visual, esse sentido de realidade está intimamente ligado à existência das coisas à revelia das intenções do *interator*: "realidade é aquilo que se apresenta inflexível e intransigente em relação à nossa vontade" (Benedikt *apud* Ryan, 2001, p. 56). A criação deste efeito é a pedra fundamental para o *estar no mundo* do game, e depende menos de um aparato de imersão total do que de uma gramática de relações entre *interator* corporificado e objetos do mundo. Incluindo-se aí o espaço em si, como entidade que contém e relaciona os objetos, e também o tempo, como eixo ao longo do qual as ações se organizam, *Shenmue* talvez seja o marco inaugural da construção mínima daquilo que defendemos corresponder à criação de uma Umwelt[5] para o jogador no mundo virtual (Gomes, 2005).

---

4 Algo semelhante a *O nascimento de uma nação* da era do game, quem sabe, dando um importante passo adiante na construção espacial mais complexa do que a de seus similares, estruturados em níveis autônomos.

5 Na definição de Nöth, "a maneira como o ambiente é representado na mente do organismo e se torna o escopo possível de interação operacional com seu ambiente" (1998, p. 339). Obviamente, aqui, mantemos em mente que se trata da simulação de uma Umwelt em um ambiente de computador, e as mudanças perceptivas do organismo não são exatamente aquelas a que Uexküll (*apud* Nöth) e Nöth se referem, mas, digamos, incorporações delas na prática do jogo.

## A *unidade de ação* e a complexidade motivacional

Nos games de aventura, o começo e o final da jornada poderiam ser reunidos sem maiores problemas, uma vez que as atividades executadas pelo personagem, em cada um dos níveis, não mudam sua natureza, não o fazem refletir sobre seu estado no mundo e visam apenas cumprir um percurso para restabelecer a harmonia de uma situação inicial da qual, se pudesse optar, jamais teria saído. Embora fosse estabelecido um objetivo para o protagonista, narrativamente, começo e fim do RPG de aventura são duas pontas de uma mesma linha pela qual o herói passa sem carregar marca. *Shenmue*, ao contrário, tenta fazer de sua natureza a de uma jornada interior do personagem, na qual valores serão questionados na busca pela resolução de um enigma maior. Embora busque a vingança pela morte do pai, é insinuada, no game, uma dimensão épica que não comporta apenas um percurso espacial. Esta configuração do jogo parece querer, de fato, elevar o grau de subjetividade de seu protagonista, atrelando a ele, à sua jornada, contornos de um arco de crescimento psicológico ao longo do jogo, em um conceito de narrativa aparentado dos filmes norte-americanos. Ou pelo menos em tese.

Realizada a premissa da unidade espacial, a existência de uma motivação global clara e de maior complexidade por parte do protagonista, em *Shenmue*, parece querer inaugurar para o jogo de personagem algo que se assemelha a uma tentativa de reaproximar a narrativa do game da *unidade de ação* posta em prática pelo filme canônico. Dessa forma, mesmo se desenvolvendo pela *costura* entre diversos objetivos menores, em curto prazo, é a busca pela verdade sobre a morte do pai o que unifica a experiência narrativa em *Shenmue*, inclusive porque, ao contrário dos já descritos RPGs mais ortodoxos, há bem menos embates físicos para levar adiante a trama. As lutas são, em Shenmue, um dos aspectos que mais o aproxima dos RPGs do gênero restrito, uma vez que uma das formas de crescimento do personagem de Ryo no jogo se dá pelo aumento de suas habilidades como lutador. Assim, além da prática diária, com seu amigo Fuku-San, e das lutas nas quais eventualmente se envolve, a aquisição de pequenos pergaminhos que descrevem golpes específicos contribui para fazer prosseguir a mudança de Ryo.

De todo modo, a estrutura narrativa do jogo se apresenta na forma de pequenos objetivos de curto prazo, que vão sendo gerenciados pelas relações de Ryo com os demais integrantes do mundo ficcional. No começo do jogo, por exemplo, ao chegar à vila de Yamanose e iniciar um diálogo com alguns dos habitantes, Ryo descobre que, no dia do assassinato de seu pai, foram vistos estranhos pela cidade. Depois de andar de um lado para outro, colhendo informações com diversas pessoas, Ryo descobre uma pista sobre a origem do misterioso chinês, uma associação secreta que atende pelo nome de Three Blades (Três Lâminas). Os dias seguintes da vida de Ryo serão gastos conectando uma teia de pessoas capazes de provê-lo de pistas reveladoras sobre a morte de seu pai.

Dessa maneira, grande parte do jogar em *Shenmue* se constitui do simples percurso espaço-temporal de Ryo ao longo dos dias e das vilas, caçando, quase que literalmente, pistas e informações que possam impulsioná-lo adiante. A forma como o *interator* inicia diálogo com os demais habitantes do mundo virtual é a raiz dos problemas do jogo: ao se aproximar de algum personagem com quem possa dialogar, é apresentado na tela um comando que corresponde a uma tecla específica do joystick, relacionada exclusivamente a esta função. Ao acionar a tecla, Ryo e os personagens entram, fala a fala, em um diálogo automático, em que a única interferência possível é acionar cada fala de Ryo, para que seja respondida pelo outro personagem. O conteúdo do diálogo, tanto da parte de Ryo quanto do personagem controlado pelo sistema, varia de acordo com o contexto narrativo, mas está pré-estabelecido, o que gera uma das mais irritantes falhas do jogo. Ao tirar da mão do *interator* o controle da intenção do diálogo de seu personagem, o game começa a abrir um verdadeiro vale entre as motivações de um e de outro. E uma vez que, em *Shenmue*, a fábula, ao elevar o grau de abstração que compõe as motivações de Ryo, estabeleceu ao protagonista motivações de difícil implementação por meio de ações mais elementares, acaba por se criar no jogo um paradoxo dificilmente reconciliável, gerando enorme desencontro entre o que Ryo quer e o que tenta fazer o *interator*, perdido em uma teia arbitrária de causalidade.

Um campo em que a motivação do *interator* e do personagem parece completamente desencontrada é no núcleo narrativo que inclui a personagem de Nozomi, uma jovem apaixonada por nosso protagonista e que cruza o jogo inteiro tentando chamar sua atenção. Em um determinado momento do game, Ryo recebe, ao chegar em sua casa, uma mensagem de

Nozomi, que quer encontrá-lo no parque da cidade. Ao encontrá-la, é iniciado um vídeo em que Nozomi revela as intenções de seu pai, de se mudar com a família para outro continente. Nozomi, ao que parece, sofre antecipadamente pela separação de Ryo e revela ao protagonista seu destino, quem sabe, na esperança de que nosso herói tente impedi-lo. Terminado o vídeo, não há reação de Ryo e, em relação a Nozomi, o *interator* fica de mãos atadas: mesmo que tenha a intenção de responder a suas investidas, seja como for, nem personagem nem *avatar*, no que diz respeito a suas habilidades físicas, respondem. Não há o comando *beijar* no jogo, e mesmo se deixando de lado qualquer incursão por esse terreno, a personagem de Nozomi acaba sem nenhuma função narrativa maior, pois a única influência que ela poderia ter diante do universo emocional de Ryo se restringe, pelo que se pode perceber, à psique do próprio *interator*. Ryo, neste aspecto, se comporta como um verdadeiro boneco inanimado, e ao *interator* cabe, no máximo, ignorar esse fato.

Este é um dos episódios do jogo que mais claramente revela a contradição que foi criada na tentativa de se estabelecer um nível maior de complexidade narrativa, sem que tivessem sido resolvidas questões de linguagem, fruto ou não de impedimentos tecnológicos. À nossa mente vem, novamente, o caso do primeiro cinema. Quanto tempo não se passou revolvendo em torno da mesma dinâmica narrativa, a do filme de perseguição, até que procedimentos de linguagem mais sofisticados dessem conta de um grau narrativo mais elevado?

No caso de *Shenmue*, um jogo que assumidamente quis propor outro patamar narrativo para a categoria, há vários momentos em que é difícil até mesmo compreender a motivação que o sistema do jogo tenta imprimir, e as informações providas por um personagem, que são arbitrárias demais para serem interpretadas pelo *interator*, acabam impulsionando longos momentos em que Ryo e o *interator* vagam a esmo pelo tempo-espaço do jogo, simplesmente por não saberem exatamente o que fazer.

Em um momento determinado do jogo, Ryo, já trabalhando no porto, é informado por um colega que os integrantes da Mad Angels – gangue supostamente associada ao misterioso chinês Lan Di – deverão se reunir no começo da noite, em algum lugar do cais que ainda não se conhece. Não apenas o *interator* tem que, literalmente, esperar passar o tempo que separa o fim do turno de trabalho do começo da noite[6], como precisa ir perguntando a praticamente todos os que cruzam seu caminho por informações sobre o evento. Se no mundo presencial, em que somos donos de nossa própria língua, isso já é um bocado entediante, em um mundo no qual, por definição, nossas habilidades estão diminuídas, isso chega a ser insuportavelmente chato. E, de fato, só depois de muito perguntar, o *interator* consegue alguma informação útil que, para nossa decepção, apenas impulsiona uma nova busca.

Parece-nos claro que *Shenmue*, na louvável tentativa de dar um salto em complexidade narrativa, pára no meio do caminho entre imersão e participação, em alguns momentos, sofrendo o pior dos dois mundos. Ao implementar um universo cujo cronotopo, análogo ao do mundo real, não impele o personagem ou o *interator* a nenhum caminho específico, o game dá o primeiro passo para a criação de uma narrativa complexa, que navegue além da jornada linear implementada pelos RPGs ortodoxos. Contudo, na falta de expedientes de linguagem que possam suprir o conjunto dramático de intencionalidade, a mesma arma que implementa uma Umwelt complexa acaba por transcriar, para o mundo ficcional, apenas o lado menos interessante da realidade. Encurralado entre um realismo rico, porém entediante, e um drama que não emerge, *Shenmue* ainda nos apresenta caminhos sobre o poder imersivo de uma *Umwelt virtual*, ou seja, um mundo no qual nos sentimos subjetivamente imersos. Talvez no futuro constatemos que *Shenmue* foi mesmo uma obra além do seu tempo, daquelas cujas intenções são mais refinadas que as ferramentas disponíveis, mas que cumprem seu papel de impulsionar os desejos rumo a caminhos promissores.

---

6 O tempo, em *Shenmue*, é contínuo e funciona na relação de cinco minutos de tempo real para uma hora de tempo ficcional. Por experiência própria, é possível dizer, de maneira cabal: esses cinco minutos podem *durar uma vida*, quando não se tem nada de relevante a fazer! Na tentativa de reduzir o tédio do personagem e, sobretudo, o do *interator*, os designers providenciaram algumas atividades pelas quais se pode passar o tempo, no sentido mundano da coisa. Assim, o mundo de *Shenmue* é provido de bares e salões de jogos onde, mediante o gasto de algumas moedas, se pode jogar games e ouvir músicas de *jukeboxes*, enquanto nada de melhor acontece.

## Referências

BAKHTIN, M. "Forms of time and of the chronotope in the novel". In: HOQUIST, M. (ed.) *The dialogic imagination:* four essays by M. M. Bakhtin. Tradução de Caryl Emerson e Michael Holquist. Austin: Texas University, 1981.

BORDWELL, D. "The classical Hollywood style, 1917-60". In: BORDWELL, D. *et al. The classical Hollywood cinema:* film style and mode of production to 1960, Londres: Routledge, 1988.

GOMES, R. "The design of narrative as an immersive simulation". In: *Changing views:* worlds in play – selected papers of the 2005 Digra International Conference. Vancouver: Digra, p. 35-40, 2005.

MANOVICH, L. *The language of new media.* Cambridge: MIT, 2001.

MORSON, G. S.; EMERSON, C. *Mikhail Bakhtin:* creation of a prosaics. Stanford: Stanford University, 1997.

NÖTH, W. "Ecosemiotics". In: *Sign system studies* 26. Tartu: Tartu University Press, 1998.

OLIVER, J. "Polygon destinies: the production of place in the digital role-playing game". In: *Cosign 2001 Proceedings.* Amsterdã: CWI, 2001.

RYAN, M. *Narrative as virtual reality:* immersion and interactivity in literature and electronic media. Baltimore: Johns Hopkins University, 2001.

THOMPSON, K. "The formulation of the classical style, 1909-28". In: BORDWELL, D. *et al. The classical Hollywood cinema:* film style and mode of production to 1960, Londres: Routledge, 1988.

## Jogos

*Myst*, desenvolvido pela Presto Studios, lançado pela Ubi Soft, CD-ROM para PC, 1993;

*Shenmue*, desenvolvido pela AM2, lançado pela Sega, CD-ROM para console Dreamcast, 2000/2001;

*Tomb Raider*, a série, desenvolvida pela Core Design, lançado pela Eidos Studio, CD-ROM para PC e console Dreamcast.

# O vaso está no desenquadramento

Aleph Eichemberg

Este capítulo tratará de um procedimento de linguagem, uma curiosa técnica relativamente comum a algumas obras cinematográficas e que revelou uma importância surpreendente como procedimento de exploração do mundo nos games – o *desenquadramento*. Pensamos que é muito estimulante o fato de que este recurso de construção de linguagem, embora relativamente raro no cinema (mesmo que, em alguns casos, seja extremamente expressivo), seja bastante utilizado (sendo até corriqueiro) no universo dos games. Isso nos permitirá tecer comparações entre o uso e o significado do desenquadramento no cinema, e o papel do desenquadramento na experiência do *interator*, para o qual jogar é, essencialmente, *enquadrar e/ou desenquadrar* a *gamescape* (a paisagem ou cenário mostrado no game) que ele tem à sua frente nos limites da tela do seu monitor ou aparelho de TV.

Entre os estudiosos do cinema, é muito comum se falar em enquadramento. Afinal, uma boa parte da emoção ou da beleza que uma imagem transmite ao seu espectador depende, muitas vezes, da maneira como é enquadrada a imagem que ele vê. Para introduzir esse conceito, eis duas definições que destacam suas características essenciais. Para Logger, o enquadramento "é a composição particular de cada plano dentro do qual o diretor dispõe, conforme as intenções dramáticas, simbólicas ou básicas, os diversos elementos da sua composição: objetos, *décors*, atores" (Logger, 1959, p. 76). Segundo Aumont e Marie (2003, p. 98), a palavra enquadramento é utilizada para "designar o conjunto do processo, mental e material, pelo qual se chega a uma imagem que contém um certo campo visto de um certo ângulo". O enquadramento em um filme é, portanto, o resultado imagético efetivo que vemos na tela, com os seus objetos, personagens, movimentos, e assim por diante. O que seria então um desenquadramento? Para os autores, ele é um "aspecto de uma tensão mais fundamental entre a tendência à centralização, que resulta da assimilação do enquadramento a um olhar, e a tendência para salientar as bordas do quadro, que é marcada, em alguns cineastas, no mais das vezes, a partir de uma sensibilidade pictórica" (*ibid*, p. 76). Ou seja, o desenquadramento se situaria entre a tendência que temos para centralizar o que vemos na tela e, ao mesmo tempo, a tendência que leva nossa atenção em direção à moldura do que está enquadrado, e à expectativa, ao anseio ou curiosidade que leva nossa imaginação (ou nossa ação em um game) a atravessar as fronteiras do quadro e espiar o que está fora dele. Não estaria tudo isso sintetizado em um desejo de nos atermos às bordas, ao *quase invisível*?

Segundo Deleuze (1985, p. 26), Pascal Bonitzer "elaborou o conceito de desenquadramento para designar esses pontos de vista anormais que não se confundem com uma perspectiva oblíqua ou um ângulo paradoxal, e remetem a outra dimensão da imagem". O desenquadramento acontece quando, por exemplo, no filme *Um condenado à morte escapou* (1956), de Robert Bresson, Fontaine avança para atacar a sentinela, saindo de quadro. A ação acontece fora do quadro, e não se vê o próprio ataque. Para o espectador, o que acontece é uma ação extremamente intensa, ocorrendo fora do quadro, e uma imagem vazia, ocorrendo bem diante dos seus olhos. Aqui, o desenquadramento é o lugar de uma extrema tensão entre opostos. A força toda está nesse desenquadramento, no que o quadro não mostra, ou, no caso do filme de Bresson, no gritante contraste entre aquilo que o quadro não mostra e aquilo que ele mostra. Para Avellar (2005, p. 125):

[Bresson] corta, elimina, esconde, empurra para fora de quadro; reduz a imagem a um mínimo, para que então, sem o que eventualmente poderia expressar por si só, passe a ser um elemento constitutivo de uma construção que não existiria sem ela e sem a qual ela não tem razão de existir. É como se de fato cada imagem fosse um vazio

(...) um intervalo para ser percebido como uma passagem entre o que veio antes e o que veio depois.

Ora, é justamente graças ao uso de um desenquadramento efetuado em tempo real que alguns games abrem e encontram espaço para a exploração do jogar, o que acontece, por exemplo, nos games em primeira pessoa e nos de estratégia. O *interator* não está preso a um enquadramento fixo do game; ele geralmente *faz* o enquadramento. Mas o que é notável aqui é que, ao mesmo tempo, ele precisa estar atento aos detalhes, e cabe ao desenquadramento o papel de revelá-los. No cinema, esses detalhes podem estar nos "espaços vazios, à maneira de Ozu, que enquadram uma zona morta, ou então, nos espaços desconectados à maneira de Bresson, cujas partes não se juntam, excedem qualquer justificação narrativa ou, mais geralmente, pragmática, e vêm talvez confirmar que a imagem visual tem uma função legível, para além de sua função visível" (Deleuze, 1985, p. 27). Nos games, eles podem estar, por exemplo, nos dispositivos tecnológicos ou de aparência orgânica que aparecem na série Myst, principalmente em Myst 3 – Exile e Myst 4 – Revelation. Esses dispositivos se misturam à paisagem e servem para desvendar as charadas. No olhar de um soldado que, em Medal of Honor, procura captar o que está escondido, esses detalhes estão por toda parte. É o *corte de cena* que o *interator* faz nos games de estratégia ao designar funções para os seus *robôs* e, imediatamente, *voltar a câmera* para a sua base à procura de algum inimigo por perto. Essa operação de desenquadramento, realizada pelo *interator*, é indispensável para que ele evolua na trama desses games.

Hideo Kojima, o criador do game Metal Gear Solid 2, ao ser entrevistado por Laure Charcossey, fez a seguinte observação:

> Em um jogo, devemos nos preocupar não apenas com o campo enquadrado pela câmera, mas também devemos pensar em tudo o que existe ao redor, pois o jogador deve poder se deslocar em 360 graus. Então, não se trata mais de tentar atingir a perfeição para um plano único, mas de tentar dar à cena uma realidade que apreenda os deslocamentos do jogador. (Charcossey, 2002, p. 69)

Em outras palavras, nos games, o desenquadramento desempenha um papel fundamental. Não é apenas o quadro, o *frame*, a moldura, mas é também o que está fora, é o que, no cinema, chama-se *extracampo*, que está constantemente presente e atuante, assim como está presente no quadro *As meninas*, de Velásquez, no qual "os atores principais estão situados no exterior do quadro, no mesmo lugar do espectador" (Bonitzer, 1995, p. 80).

## Pequenas pedras no jardim zen

Outro modo de abordar o desenquadramento nos games consiste em examinar o papel que a contemplação desempenha na atividade de jogá-los. A palavra "contemplação" é definida como observação cuidadosa e pensativa (no sentido de pensamento claro e racional); intenção ou expectativa. Quanto ao verbo *contemplar*, ele significa olhar pensativamente para; ponderar ou considerar com pensamento cuidadoso; ter a intenção ou a antecipação; olhar como possível; levar a sério; meditar. No seu significado etimológico, a palavra "contemplar" vem do latim *contemplare*, que significa observar cuidadosamente (no sentido original, de ficar à espera de augúrios[1]): *com* (elemento que indica intensidade) + *templum* (espaço aberto marcado pelos áugures para servir de local de observação de augúrios) (Heritage Dictionary, 1973, p. 287). É também uma "concentração em coisas espirituais, como uma forma de devoção privada"; "ato de considerar com atenção (por exemplo, um estudo)"; "ato de observar atentamente e firmemente" (Longman Webster Dictionary, 1984, p. 315). E é uma "consideração plena (total, completa) ou profunda"; é reflexão e é perspectiva (Randon House Dictionary, 1981, p. 315).

É nesse sentido que, no filme *Blow Up* (1966), Antonioni faz um extraordinário estudo sobre a contemplação da imagem. Depois de revelar suas fotos, e intrigado com a inquietação da personagem de Vanessa Redgrave diante delas, o fotógrafo passa a observar atentamente as ampliações penduradas em seu estúdio. É uma contemplação das fotos e uma interrogação no ar, mas é nessa contemplação que o seu olhar atento entra em ação e vai desvendando o mistério, foto por foto, até chegar a uma evidência de assassinato. A seqüência toda é marcada por tempos "mortos", em que, apa-

---

1 "Augúrio" significa "arte, capacidade ou prática de augurar, isto é, prever ou prognosticar por meio de sinais ou presságios" (Heritage Dictionary 1973: 87). O áugure era um sacerdote romano que ficava atento a uma certa "zona de observação" na qual lia presságios em sinais, por exemplo, no canto ou no vôo das aves.

rentemente, nada de importante acontece, mas é justamente através dessa contemplação que se revela o que aparentemente não está no quadro. Foi preciso o olhar cuidadoso e pensativo do fotógrafo para captar a mensagem invisível, a evidência do assassinato. Podemos dizer que a própria seqüência na qual as fotos foram tiradas estaria toda envolvida por um clima de augúrio. Segundo Pascal Bonitzer (1995, p. 83), "Antonioni, assim como os pintores, através do uso de enquadramentos insólitos e frustrantes, introduz no cinema algo como um suspense não-narrativo (...) a excentricidade radical do ponto de vista que mutila e vomita os corpos fora do quadro e focaliza sobre as zonas mortas, vazias, estéreis". Talvez esteja justamente aí uma parte do fascínio que nos atrai para um lugar incerto: contemplamos esse lugar sem saber o que ele nos diz e o que ele esconde.

No caso de alguns games, o olhar atento quase sempre é necessário. Em alguns casos, o game requer do *interator* uma atenção voltada para os detalhes, bem como uma disponibilidade para a total exploração das potencialidades do desenquadramento, possibilitada pela movimentação em 360 graus dos games. Higuinen (2002, p. 71), ao falar de Project Zero (ou Fatal Frame I), em que "os ângulos de câmera mudam de um plano para outro", assinala que aquilo "que observamos é a própria exploração que ela (a personagem do game) está fazendo". Higuinen observa que um game de terror pode trabalhar o clima de suspense manipulando simultaneamente momentos de contemplação e de ação propriamente dita. Dessa liberdade "nos vem uma vontade de, ao mesmo tempo, congelar o jogo (por exemplo, diante de uma porta que tememos transpor) e acelerar o seu desenrolar (por fim, nos decidimos a fazê-lo, mas a porta se abre lentamente, e nada é pior do que continuar a ignorar o que nos espera por trás dela)."

Algo de semelhante ocorre em sua continuação, Fatal Frame II, no qual o jogador vivencia e enfrenta a apreensão e o medo em uma vila aparentemente deserta, enquanto acompanha a história de duas irmãs num game de terror que nos faz perder o sono. Guiando as duas garotas, o *interator* precisa encontrar objetos que irão, pouco a pouco, desvendando a história da vila. Em Fatal Frame II, além de o game exigir do *interator* uma atenção redobrada para os detalhes, também exige que o *interator* aprenda a usar as possibilidades do desenquadramento, pois, em determinados momentos, ele precisará usar o modo *primeira pessoa* para poder enfrentar alguns fantasmas. Nesses games, os sucessivos enquadramentos, que definem a marcha convencional do *interator*,

constituem *instantes* nos quais a noção de duração tende a se dissolver diante do imediatismo das ações a realizar, durante as quais se experimenta uma súbita preocupação com o desaparecimento do personagem, o medo de ser desqualificado no meio de um jogo, então, inteiramente voltado para o regime da sobrevivência. A busca, com o que ela supõe de capacidade para se projetar, para refletir quanto à utilidade deste ou daquele objeto no ambiente, dá lugar a uma pulsão motriz, um tempo de ação pura, não-discursivo, o qual desperta a lógica hipnótica que preside a vários jogos de imersão (Bénédict e Chauvin, 2002, p. 47).

Voltando ao cinema, o que para Noël Burch (1992, p. 37-38) é o espaço fora da tela, o *espaço em off*, adquire importância similar ao espaço da tela, o espaço enquadrado. Segundo ele, "o essencial da ação se desenvolve em *off*" (*ibid*, p. 39). O autor chama a nossa atenção para Ozu, afirmando que esse cineasta "foi o primeiro, talvez, dentre todos os realizadores, a compreender verdadeiramente a importância do quadro vazio e da tensão que dele pode resultar". Por exemplo, em *Filho único* (1936), o primeiro filme falado de Ozu, "o quadro vazio é utilizado para criar toda uma rede de espaços em *off*, que se tornam concretos de forma totalmente original" (*ibid*, p. 45-47). Ainda sobre o filme, há uma seqüência em que o professor pede uma toalha ao personagem principal. Imediatamente, entra um espaço vazio mostrando um detalhe do exterior, enquanto se ouve entre eles um pequeno diálogo desenquadrado. Assim que esse diálogo termina, outro espaço vazio entra em cena fazendo uma ponte para um enquadramento em que os personagens reaparecem. Apesar de ser uma ação corriqueira, a simples inserção de um espaço vazio enriquece a narrativa. Esse exemplo torna claro o grande potencial do desenquadramento para isso.

### A contemplação do cotidiano

Arlindo Machado (1997, p. 21-22), em *Pré-cinemas & pós-cinemas*, ao comentar a visão pessimista que Bergson tinha do cinema, chama a atenção para o fato de que o cinema "trabalha com um movimento falso, com uma ilusão de movimento, pois, se o que ele faz é congelar instantes, mesmo que bastante próximos, o movimento é o que se dá entre esses instantes congelados, isso justamente que o cinema não mostra". Talvez a atração que o espectador sente pelo que está fora do quadro esteja relacionada com essa insatisfação bergsoniana, pois o movimento "que se dá *entre* esses instantes congelados", e que cabe à imaginação do espectador recompor e preencher, é justamente o que está desenquadrado. O uso do desenquadramento, num certo sentido, materializa o anseio que o espectador sente para preencher esses vazios, compondo imaginariamente o movimento real. Bresson percebeu isso claramente, pois ele "consegue o máximo utilizando sempre o mínimo possível, numa busca incessante do que está fora do quadro e que pode ser recriado pela imaginação do espectador" (Mocarzel, 2005, p. 111).

Essa experiência do espectador é particularmente importante para a abordagem que estamos examinando porque, no caso do *interator* jogando um game, ela desempenha um papel fundamental. Para o jogador de games, há uma interação constante entre as atividades de enquadramento e desenquadramento. É aqui que entra em cena a importância dos detalhes, e dos cineastas que, como Bresson, reconhecem essa importância. Para Paul Schrader (1988, p. 63), Bresson cria uma superfície da realidade, parcialmente construída com detalhes potencialmente significativos, e essa realidade de Bresson é "uma celebração do trivial: pequenos sons, uma porta rangendo, um pássaro gorjeando, uma roda girando, vistas estáticas, cenários ordinários, rostos apagados". O cotidiano nos filmes de Bresson está repleto desses detalhes, que podemos acompanhar, por exemplo, quando contemplamos as paisagens que o jumento Balthazar atravessa em *A grande testemunha* (1966); quando participamos dos momentos de silêncio que Bresson recria, ao filmar, literalmente, as atas do processo de Joana d'Arc, que atuam como lapsos de tempo, nos induzindo intensamente à reflexão, em *O processo de Joana d'Arc* (1962); ou quando observamos, amplificada, a sutileza e precisão dos detalhes das técnicas dos batedores de carteira em *Pickpocket* (1959). Em suma, são ações mínimas que não passam despercebidas ao olhar atento e contemplativo que acompanha uma narrativa centralizada no poder do detalhe.

Charles Tesson, um dos editores da revista *Cahiers du cinema*, em um dos números dedicados aos games, aponta um paralelismo entre o game Medal of Honor e o filme *Um condenado à morte escapou*, de Bresson, observando que sua trama poderia servir de armadura para um jogo: um objetivo a alcançar – fugir – e meios a usar para isso (...) Quando o herói de Medal of Honor não se serve de suas armas, ele é apenas um olhar que caminha, do qual se ouve o ruído dos passos. Diante dele, um espaço de expressão soberba, bem *clareado* graças à restituição das luzes, naturais (dia, cair da noite) ou artificiais (uma lâmpada num quarto). Nos cantos da imagem, toda uma bateria de acessórios. Basta clicar para obtê-los. No mundo dos videogames, sem a mediação dos objetos, o homem não é nada. (Tesson, 2002, p. 73)

E o que é a *mediação dos objetos* senão a mediação de possibilidades que, até o momento em que o *interator* lança mão delas, estavam desenquadradas? Jogar games é, num certo sentido, explorar as possibilidades do desenquadramento. Com isso, Tesson nos mostra como se pode enxergar, até mesmo em um jogo de ação, como Medal of Honor, tanto o aspecto da contemplação (ele é apenas um olhar que caminha) como a importância dos detalhes dos objetos que compõem o game. Para Poole, "um ambiente virtual, que revela mais detalhes quando visto de forma telescópica, é naturalmente mais convincente do que outro que só opera sobre uma única escala informacional" (Poole, 2004, p. 165).

Com os filmes de Antonioni, Ozu e Bresson, aprendemos que os detalhes são muito mais que apenas elementos decorativos de composição de uma determinada *mise-en-scène*. Com eles, aprendemos que os detalhes têm uma tremenda importância, uma importância que nos lembra de que há muito mais coisas numa imagem do que um mero pano de fundo para a ação narrativa. Como diz Ismael (1965, p. 127), "a linguagem da câmera abre e decifra os horizontes das coisas, inventando-as com inquietante participação perante nós (...) imagino a câmera como instrumento para penetrar as camadas das coisas (...) [e para descobrir o] detalhe inédito das coisas". Este é outro aspecto cinematográfico que é intensificado nos games, em que os detalhes são muito mais que meros gráficos digitais ou elementos aleatórios introduzidos para preencher um ambiente de jogo. Eles são elementos obrigatórios para a resolução dos quebra-cabeças que o game propõe, ou para o *interator* enfrentar obstáculos com os quais ele ainda não se deparou. São elementos fora do centro de sua atenção, mas se ele não estiver atento a esses elementos, eles poderão lhe fazer falta mais adiante ou deixá-lo num beco sem saída ou frustrado, por ter de recomeçar uma etapa cansativa. Nos games, os detalhes são verdadeiras pedras fundamentais, e o desenquadramento, que ao mesmo tempo oculta e revela o que está fora do quadro (ou fora do centro de atenção do *interator*), passa a ser utilizado como um instrumento essencial de sondagem e exploração.

## Referências

AUMONT, J.; MARIE, M. *Dicionário teórico e crítico de cinema*. Campinas: Papirus, 2003.

AVELLAR, J. C. "O vazio da imagem". In: BRESSON, R. *Notas sobre o cinematógrafo*. São Paulo: Iluminuras, 2005. p. 123-128.

BÉNÉDICT, S.; CHAUVIN, J.-S. "Maîtriser ou se perdre: expériences temporelles de la narration dans les jeux vidéo". In: *Cahiers du cinéma, hors-série, spécial jeux vidéo*. Paris, setembro, 2002. p. 46-47.

BONITZER, P. *Décadrages:* peinture et cinéma. Paris: Éditions de l'Etoile, 1995.

BRESSON, R. *Notas sobre o cinematógrafo*. São Paulo: Iluminuras, 2005.

BURCH, N. *Práxis do cinema*. São Paulo: Perspectiva, 1992.

CHARCOSSEY, L. "Hideo Kojima: 'Les cinéphiles aiment mes clins d´oeil'". In: *Cahiers du cinéma, hors-série, spécial jeux vidéo*. Paris, setembro, p. 69, 2002.

DELEUZE, G. *A imagem-movimento*. São Paulo: Brasiliense, 1985.

HIGUINEN, E. "Project zero: le fantôme de mrs Miku". In: *Cahiers du cinéma, hors-série, spécial jeux Vidéo*. Paris, setembro, 2002, p. 70-71.

ISMAEL, J. C. *Cinema e circunstância*. São Paulo: São Paulo Editora S.A., 1965.

LOGGER, G. *Elementos de cinestética*. Rio de Janeiro: Agir, 1959.

LONGMAN WEBSTER English College Dictionary. Londres: Merriam-Webster Inc., 1984.

MACHADO, A. *Pré-cinemas & pós-cinemas*. Campinas: Papirus, 1997.

MOCARZEL, E. "Posfácio". In: BRESSON, R. *Notas sobre o cinematógrafo*. São Paulo: Iluminuras, 2005. p. 109-121.

POOLE, S. *Trigger happy:* videogames and the entertainment revolution. Nova York: Arcade Publishing, 2004.

SCHRADER, P. *Transcendental style in film:* Ozu, Bresson Dreyer. California: Da Capo Press, 1988.

TESSON, C. "Medal of honor: Jouer avec la mort". In: *Cahiers du cinéma, hors-série, spécial jeux vidéo*. Paris, setembro, 2002, p. 73.

The Heritage Illustrated Dictionary of the English Language. Nova York: American Heritage Publishing Co., Inc, 1973.

The Random House Dictionary of the English Language. Nova York: Random House, Inc., 1981.

# Paisagens sonoras nos games

Lawrence Rocha Shum

Este capítulo discute as características, semelhanças e diferenças entre a criação de paisagens sonoras para filmes e para games. A análise é feita a partir de questões como linearidade e não-linearidade, previsibilidade e aleatoriedade, percepção do tempo no filme e percepção do tempo no game, *gatilhos* sonoros em games, interatividade e imersão. Nesse paralelo entre filmes e games, é discutido até que ponto a teoria cinematográfica de produção sonora pode ser empregada na análise e criação de elementos e paisagens sonoras para games.

A expansão significativa do mercado de games, nos últimos anos, tem diversas conseqüências importantes, dentre elas, o aumento da produção e a disponibilidade de títulos para os diversos consoles e plataformas, e a sofisticação do trabalho de produção de áudio. No documentário *Gamer* BR[1], o jornalista Théo Azevedo relata o contato que teve, em viagem

---

1  O documentário *Gamer* BR, produzido por Pedro Bayeux e Flávio Soares, entre 2004 e 2005, retrata o universo dos jogos on-line por meio de entrevistas com *gamers*, produtores, antropólogos, jornalistas, políticos, psicólogos, proprietários de lan houses, representantes do governo e entusiastas do gênero. O vídeo discute, entre outros temas, mercado, profissionalismo dos ciberatletas, pirataria, censura, políticas de incentivo, vício e violência. É possível assistir ao documentário completo a partir do endereço: http://www.archive.org/details/Gamer_Br_Alta_Portuguese. A página de Pedro Bayeux é http://pirex.com.br/.

ao Canadá, com a produtora Ubisoft[2]. Na ocasião, explicaram a ele que, durante o desenvolvimento de um jogo de tiro em primeira pessoa, uma equipe de captação externa registrou, em um deserto norte-americano, os sons de 53 armas diferentes, de calibre pesado. Além dos disparos, foram gravados outros sons, como os de trocas de cartuchos e os de armações de gatilhos. Os produtores do game chegaram ao requinte de observar que, em algumas armas, o som do disparo do último cartucho era diferente do som provocado pelos demais.

Outro exemplo interessante vem da indústria de hardware. A empresa Creative Labs desenvolveu a tecnologia EAX Advanced HD para placas de som em PCs. EAX (Environmental Audio eXtensions) é uma interface de programação que permite, entre outras coisas, o controle não apenas da reverberação de um ambiente, mas também das reflexões prévias (primeiras reflexões do som antes que a reverberação ocorra), das transições entre os diferentes níveis de reverberação, à medida que o jogador transita de um local para outro, e a representação dinâmica da distância em que a fonte sonora se encontra do jogador. A capacidade de representar múltiplos ambientes simultaneamente permite ao jogador escutar os sons de seus adversários vindo de outros lugares e direções. Certamente, isso representa uma vantagem competitiva em jogos multiplayer. Avanços tanto no trabalho de produção (captação, edição e programação) como no desenvolvimento de hardware apontam para um denominador comum: o uso de sons para potencializar a imersão do jogador. E é a partir da idéia de imersão que começaremos nossa análise.

## O papel do som na imersão

O fundamento para a compreensão do papel que o som desempenha na imersão no jogo é o conceito de *paisagem sonora*, desenvolvido por Schafer (1977, p. 366):

> Paisagem sonora – O ambiente sonoro. Tecnicamente, qualquer porção do ambiente sonoro vista como um campo de estudos. O termo pode referir-se a ambientes reais ou a construções abstratas, como composições musicais e montagem de fitas, em particular, quando consideradas como um ambiente.

---

2 Website da empresa: http://www.ubi.com/US/default.aspx.

Assim, se paisagem sonora é "qualquer porção do ambiente sonoro vista como um campo de estudos" e "pode referir-se a ambientes reais ou a construções abstratas (...) em particular, quando consideradas como um ambiente", faz sentido afirmar que filmes e games possuem paisagens sonoras próprias. Estas paisagens delimitam a extensão do ambiente sonoro e, à medida que se dilatam ou se contraem, definem o tamanho aparente do espaço sugerido pelos sons, além dos limites do campo visual da tela (filme) ou do monitor ou televisor (games).

Vejamos alguns exemplos: se apresentarmos a imagem de uma sala e, simultaneamente, o som de um relógio de parede, o campo sonoro se restringirá ao ambiente imediato. O mesmo não irá ocorrer se a imagem for mostrada ao som de ondas do mar, à distância. Nesse caso, não apenas a extensão sonora será ampliada, como o áudio funcionará como índice de que aquela sala está no interior de uma casa próxima à praia. Tecnologias como o Dolby Digital, o DTS e o THX são bastante úteis para a criação de paisagens sonoras, por meio da utilização de múltiplos alto-falantes (*surround*) em torno do ouvinte.

A paisagem sonora de um filme ou game pode variar entre cenas e/ou fases diferentes, e é composta pelos sons *on-screen*, cujas fontes sonoras podem ser vistas na tela, e *off-screen*, aqueles cujas fontes não são mostradas na tela. Os sons *on-screen* normalmente são provenientes de objetos, pessoas, seres ou máquinas e costumam estar sincronizados com suas fontes causadoras. Já os sons *off-screen* são responsáveis pela extensão sonora do ambiente. Chion (1994, p. 85) classifica os sons *off-screen* em dois tipos: ativos e passivos. Ativos são todos aqueles que instigam, deixam dúvidas, causam inquietações, como *o que será isso?*, ou *quem será?*, ou ainda *como será?*. Os passivos, por sua vez, são responsáveis pela criação de uma atmosfera ou de um ambiente sonoro (*ambient sounds*). Eles são elementos sonoros que envolvem e estabilizam as imagens, como ruídos de tráfego ou de vento. Ao contrário dos ativos, não exercem papel importante na edição das imagens (no caso dos filmes) e se subdividem, conforme Chion (1994, p. 85), em sons do lugar (*territory sounds*) e elementos do contexto sonoro (*elements of auditory setting*).

Sons do lugar são ambientações sonoras contínuas, como ruídos de máquinas em uma fábrica; elementos do contexto sonoro são sons pontuais, que oferecem pistas acerca do espaço existente no entorno da imagem apresentada. Por exemplo, o canto de um pássaro ou as badaladas do sino de uma igreja. No cinema, esses sons podem funcionar como *keyframes* sonoros, isto é, sons que ocorrem em sincronia com transições ou cortes de imagens. Já nos games, algo diferente acontece. Gregory More *et al.* (2003, p. 130) afirmam que, "em um ambiente não-linear, as relações entre sons individuais podem ser exploradas além da necessidade de criação de relações composicionais para o ouvinte". Assim, a experiência de navegar nas paisagens sonoras dos games é muito próxima à experiência auditiva de estar em um ambiente *real*.

Em games como EverQuest e Ultima Online, passam-se horas, ou mesmo dias, realizando tarefas rotineiras, como caminhar, pescar ou cortar madeira. A diferença entre as paisagens sonoras lineares e as não-lineares pode ser exemplificada ao se considerar a maneira como a organização do tempo é criada. No formato linear, a organização temporal dos eventos sonoros é predeterminada pelo produtor de áudio, o *sound designer*. Em um ambiente não-linear, a paisagem sonora resultante é estruturada a partir do movimento do jogador no ambiente. Na medida em que o jogador é livre para se movimentar, o *sound designer*, ao criar uma paisagem sonora, deve considerar as maneiras potenciais por meio das quais os sons poderão interagir entre si e como serão percebidos pelo jogador.

Dessa forma, em grande parte dos games, a paisagem sonora pode estar condicionada a *gatilhos* de presença, à velocidade do movimento do(s) jogador(es) e de outros objetos e veículos, aos níveis de *zoom* e posicionamentos de câmera (ângulos de visão), a elementos randômicos, à existência (ou não) de áreas secretas, missões de treinamento e configurações de níveis de dificuldade, e ao que mais os programadores implementarem. Vale a pena mencionar o recurso Environment FlexiFX, da tecnologia EAX Advanced HD, citada anteriormente, que viabiliza o uso, em tempo real, de processamentos como *Flange* (efeito resultante da somatória do som original com o mesmo som sendo atrasado em tempos variáveis, geralmente, entre 1 e 20 milissegundos), *Echo* (eco, repetição), *Distortion* (distorção) e *Ring Modulation* (efeito provocado pela modulação de um sinal de áudio sobre outro, pelo qual o sinal modulador é comumente uma senóide ou outra forma de onda simples), entre outros. Isso permite a criação de efeitos como sons robóticos, de estática (similares aos ruídos causados pela eletricidade atmosférica em aparelhos de rádio) ou vozes alienígenas, entre outros, no decorrer do jogo. Recursos como estes só eram possíveis durante o processo de produção sonora que antecede à implementação dos arquivos de áudio em um game.

A criação de diferentes paisagens sonoras para uma mesma tela, cena ou fase de um game estimula a irrupção de novas leituras e interpretações dos elementos visuais e da própria experiência do jogar. Acoplamentos diversos entre sons e imagens são responsáveis pelo que Chion (1994, Prefácio) chama de pacto audiovisual (*audiovision contract*). O autor parte da premissa de que não existe qualquer relação natural entre sons e imagens, que seja resultante de alguma espécie de harmonia preexistente entre nossas percepções. Ao contrário, a idéia é a de que, em um filme ou em um game, o espectador ou o jogador participa de um pacto simbólico, no qual os elementos sonoros e os elementos visuais passam a integrar ou fazer parte de um mesmo objeto, ser, entidade, ambiente ou universo. Trata-se de uma espécie de faz-de-conta estético. O produtor (de cinema ou de games) cria uma determinada realidade, e nós acreditamos nela. Isso não quer dizer que sejamos ingênuos ou alienados. O que possibilita o pacto audiovisual é um fenômeno chamado por Chion (1994, p. 63) de *synchresis*, uma contração das palavras *synchronism* e *synthesis*. Trata-se de uma "conexão espontânea e irresistível produzida entre um fenômeno auditivo particular e um fenômeno visual, quando ambos ocorrem ao mesmo tempo" (Chion, 1994, p. 63).

Independentemente de qualquer lógica racional, é a *synchresis* que nos faz acreditar que o som que ouvimos é proveniente daquilo que percebemos se mover ou vibrar, isto é, realizamos uma síntese a partir dos elementos (sonoros e visuais) que estejam sincronizados. Se lembrarmos que a película de cinema não registra sons durante as filmagens, perceberemos que é a *synchresis* que torna possível a dublagem, a pós-produção de áudio e a mixagem de efeitos sonoros. A voz intencionalmente afetada de Borges de Barros, dublador brasileiro do Dr. Zachary Smith, da série televisiva da década de 1960 *Perdidos no espaço*, era mais adequada ao caráter ambíguo do personagem do que a voz do próprio ator Jonathan Harris. É também a *synchresis* que viabiliza a criação de vozes e de efeitos sonoros onomatopaicos para desenhos animados e animações gráficas. Chion afirma que *synchresis* é algo pavloviano, mas não acontece de forma totalmente automática. Possui também uma função de representação e é organizada de acordo com as leis de *gestalt* e determinações do contexto em que ocorre. Sincronize trechos de áudio aleatórios e eventos visuais, e você perceberá que em certas ocasiões a *synchresis* ocorrerá; em outras, não (1994, p. 63).

Como vemos, enquanto no cinema a *synchresis* pode ser planejada e pré-definida, nos games, o controle exercido pelo *sound designer* é muito menor. Um caso curioso é o game Audiosurf, que permite ao jogador incluir suas músicas preferidas (arquivos mp3) para personalizar a paisagem sonora. A *synchresis*, nesse caso, é proporcionada pelo *engine* que estabelece correspondências entre o ritmo da música, inserida pelo jogador, e as imagens na tela. Outro exemplo interessante é o recurso EAX Voice, que possibilita ao jogador utilizar um microfone conectado a uma placa de som compatível com a versão 5.0 do EAX Advanced HD para falar e escutar a sua voz e as de outros jogadores com os mesmos processamentos de sinal do ambiente (reverberação, *flange, chorus* etc.). Os games já começam, então, a esboçar possibilidades de co-autoria da paisagem sonora entre programadores e jogadores. Esse tipo de customização já acontece há algum tempo, por exemplo, com os *avatares*, nos quais o jogador modifica o rosto do protagonista por meio da inserção de uma fotografia em formato JPG. The Sims, outro exemplo, permite que um jogador faça o upload de seus personagens, para que outros jogadores continuem o jogo e criem versões paralelas do personagem original. No que diz respeito à experiência de jogar, veremos, a seguir, como o som temporaliza as imagens.

## O som e o tempo das imagens

Para Chion (1994, p. 13-21), o som exerce influência na percepção do tempo das imagens, de três maneiras:

(a) a primeira é a animação temporal de uma imagem, isto é, a maneira por meio da qual o som estimula nossa percepção da passagem do tempo em uma imagem, seja de forma precisa (concreta) ou vaga (flutuante, ampla);

(b) a segunda é a linearização temporal. Se apresentarmos uma seqüência de imagens sob uma trilha de áudio comum, elas parecerão configurar uma sucessão de imagens, quer estejam conectadas ou não. O som funciona, nesse caso, como elemento unificador, uma espécie de *cola* capaz de juntar diferentes imagens;

(c) a terceira é a vetorização da imagem pelo som em direção a um evento ou situação eminente, criando expectativa.

A temporalização da imagem pelo som também depende da natureza e das qualidades do som, como densidade (textura), timbre, resposta de freqüências, dinâmica e andamento, entre outras. Esse fenômeno pode ocorrer com maior ou menor intensidade, com maior ou menor condução ou restrição rítmica, e depende de fatores como:

(a) tipo de sustentação do som: quanto maiores as flutuações no som, mais intensa será a temporalização; quanto mais estáveis e contínuos os sons, menor será seu efeito rítmico sobre as imagens. Quanto maior a variação no som, maior será a tensão e o foco no movimento. Quanto mais imprevisível o som, maior também será o senso de movimento nas imagens. Sons irregulares nos colocam em estado de alerta;

(b) grau de previsibilidade da progressão do som: sons mais regulares e previsíveis tendem a temporalizar menos as imagens do que os sons irregulares e imprevisíveis. Um ritmo que se repete constantemente em *loop* costuma causar monotonia, mas também pode criar um efeito de tensão, se a pessoa, ao assistir a um filme, ficar na expectativa de ruptura da regularidade. Isso vai depender do contexto do roteiro. Em games, no entanto, ritmos em *loop* com freqüência funcionam como fio condutor do próprio ato de jogar. A interrupção do *loop* costuma representar alguma mudança de estado, como o fim de uma fase ou a perda de uma *vida*. Em jogos de *arcade*, como os de corridas de carros, músicas com andamento acelerado (*up-beat*) em *loop* aumentam a adrenalina do jogo;

(c) tempo: quanto maior a irregularidade do tempo no som, maior será a percepção de velocidade nas imagens, a despeito do andamento real do som (mais rápido ou mais lento);

(d) definição do som: um som rico em médias e altas freqüências é percebido com maior acuidade, aumentando o poder de temporalização das imagens. Comumente, os graves provocam a sensação de que a imagem está mais lenta, enquanto os médios e agudos sugerem que a imagem é mais veloz. A indústria de hardware tem desenvolvido, nos últimos anos, conjuntos de caixas acústicas de baixo custo, otimizadas para games;

(e) grau de previsibilidade dos pontos de sincronia: quanto maior a irregularidade, maior será a temporalização;

(f) presença ou ausência de *micro-ritmos visuais*. Micro-ritmos visuais são movimentos rápidos que ocorrem na superfície das imagens por causa de circunstâncias como chuva, flocos de neve, ondulações da água em um lago, fumaça de cigarro e qualquer tipo de micro-variações intermitentes, como granulações, chuviscos etc. Quanto maior a incidência de micro-ritmos, mais intensa será também a temporalização das imagens;

(g) grau de diegese do som: sons diegéticos (que fazem parte do espaço da narrativa) impõem um tempo linear, cronológico, às imagens. Sons não diegéticos, ao contrário, permitem criar a sensação de simultaneidade nas imagens, ainda que elas sejam apresentadas seqüencialmente;

(h) utilização de música: gênero, ritmo, melodia, harmonia, dinâmica e outras qualidades sonoras de uma música também contribuem para a temporalização das imagens. Livre de qualquer barreira do espaço-tempo, a música transita livremente entre os planos diegético e não-diegético, além de permitir a contração ou a distensão do tempo das imagens.

Como podemos perceber, os sons têm papel significativo na percepção do tempo tanto em filmes quanto em games. Juul (2004, p. 133), em seu modelo de análise do tempo nos games, afirma que há basicamente duas categorias de tempo: o *play time* (tempo de jogo), tempo em que o jogador joga, e o *event time* (tempo do evento), o tempo que se passa no interior do universo do game. Por exemplo, em Age of Empires, poucas horas de jogo (*play time*) podem representar séculos no *event time*. Isso, por si só, já estimula questões acerca da construção de paisagens sonoras: como o *event time* pode ser representado em termos sonoros? A paisagem sonora pode oferecer pistas ou indícios a respeito do *event time*? De que maneiras a paisagem sonora se altera (ou não) em função do *event time*? Uma das possibilidades é a modificação da paisagem sonora de acordo com horários do dia, estações do ano, períodos e contextos históricos, ações dos personagens, ocorrências climáticas ou geológicas, entre outros fatores, no *event time*. Sem dúvida, há muito ainda o que se pensar a respeito.

As categorias de tempo (*play time* e *event time*) variam de acordo com o tipo de game. Enquanto os jogos de ação acontecem em tempo real, os de estratégia e de simulação apresentam tempo variável, com possibilidade de aceleração e desaceleração. Em contrapartida, jogos abstratos, como Tetris, não projetam um universo no qual eventos acontecem. Assim, não apresentam o *event time* (tempo do evento). Juul (2004, p. 136) afirma também que o desenvolvimento do tempo nos games pode ser visto como uma interação entre dois modelos de jogos: o *adventure* game (jogo de aventura) e o *action* game (jogo de ação). No *adventure*, a exploração de universos coerentes ocorre em tempos cronologicamente coerentes. Já no *action*, acontecem saltos inexplicáveis no tempo-espaço por meio de níveis e *rounds* não conectados.

Como as paisagens sonoras se configuram em cada caso? Se cada novo nível apresentar um universo ontologicamente desvinculado do universo anterior, quais serão as conseqüências na paisagem sonora? E o que dizer dos games que interrompem o fluxo do jogar com cenas ou seqüências previamente criadas para descrever ou narrar acontecimentos, as chamadas *cut-scenes*? Nesses casos, a teoria cinematográfica de produção sonora certamente tem espaço assegurado. E se o jogador parar o jogo? A partir do momento em que se faz uma pausa no ato de jogar (*play time*), supõe-se uma interrupção também da paisagem sonora, de modo que o jogo fique em *standstill*. Mas não é o que acontece em alguns games.

Em Black and White, os sons do ambiente continuam tocando enquanto o game está em pausa; em The Sims, o CD player que você comprou para os seus Sims continua rodando enquanto o game está em *standstill*; Space Quest apresenta uma ruptura curiosa. Há uma série de configurações de velocidade que interferem na relação *play time* × *event time* e possibilitam ao jogador mover-se mais rápido. Em uma das cenas, gotas de ácido pingam do teto em velocidade constante, a despeito das configurações de velocidade do jogo. Assim, fica muito mais fácil fugir do perigo, configurando o jogo em velocidade mais alta. Nesse caso específico, a paisagem sonora, pelo menos os sons das gotas caindo, não se altera com as variações de velocidade. Por fim, como a paisagem sonora interage com o *play time*, estimulando o jogador a ficar mais ou menos tempo no game?

No ato de jogar, sem dúvida, há um senso de momento. Uma ação qualquer, como clicar com o mouse ou pressionar uma tecla, é projetada no universo do jogo com um significado específico. Stephen A. Brewster *et al.* (1994) afirmam que *ear icons* (ícones sonoros), utilizados em sistemas de telefonia baseados em reconhecimento de voz, possibilitam a representação de eventos, estados ou modos.

Eventos são ocorrências em um sistema (game) induzidas pelo próprio sistema (programação) ou pelo usuário (jogador), por meio de um dispositivo de entrada (mouse, joystick etc.). Estados são valores de variáveis do sistema em um momento particular. Reconhecê-los é fundamental, na medida em que determinam qual(ais) será(ão) o(s) próximo(s) estados(s). Uma mudança de estado em um game costuma ser iniciada por eventos. Por exemplo, o jogador adquire mais vidas, mais força ou armas depois de passar por um ou mais desafios. Mudanças de estado em um game podem refletir, na paisagem sonora, alterações de velocidade, ritmo, densidade (textura), resposta de freqüências, timbres, envelopes, granulação, amplitude, dinâmica, quantidades, variedades, intervalos e arranjos (músicas), entre outros fatores, dos sons.

Modos são mapeamentos específicos do comportamento do sistema diante das ações do usuário (jogador). Modos diferentes provocam reações distintas do sistema para uma mesma ação. Nos games, há modos como níveis de dificuldade (baixo, médio e alto), de velocidade (baixo, médio e alto), de treinamento e ação, entre outros. Dessa maneira, os sons que compõem a paisagem sonora de um game, assim como os *ear icons* na telefonia, podem funcionar como indicadores de eventos, estados e modos. Por esse motivo, podemos considerar o game como uma máquina de estado[3], e sua paisagem sonora é um conjunto de variáveis (os sons).

Juul (2004, p. 133) afirma que

quando você está jogando, está interagindo com a máquina de estado, que é o game. Em um jogo de tabuleiro, este estado é armazenado nas posições das peças sobre o tabuleiro; nos esportes, o estado são os jogadores. Em computer games, os estados são

---

3 Definição de máquina de estado (*state machine*) por John I. Davies (Copyleft 2004): http://homepages.nildram.co.uk/~jidlaw/pages/glossary.html. A definição do comportamento de um sistema em termos de *inputs* e *outputs* e uma variável (ou variáveis) de estado interno. Qualquer sistema computacional ou programa pode ser representado como uma máquina de estado, como Alan Turing explicou há muitos anos. Um protocolo utilizado para comunicação entre sistemas é freqüentemente descrito por meio de uma máquina de estado, comumente na forma de uma tabela de estados, que é ordenada pelo *input* recebido e o estado variável no momento presente que contém instruções para gerar o próximo *output* e um novo estado.

registrados por meio de variáveis e representados na tela. Jogar é interagir com o estado do jogo em cada instante.

## Diferenças entre a paisagem sonora no filme e no game

Neste ponto, configura-se uma enorme diferença entre a paisagem sonora do filme e a do game. Enquanto no filme essa paisagem é criada e fixada na película ou no meio digital, no game, os sons que integram a paisagem sonora podem ser variáveis, e isso expande as possibilidades não apenas do uso e da aplicação dos sons, mas também do modo de se pensar, criar, planejar e produzir paisagens sonoras para games. Variáveis são dados, e dados podem ser executados, transformados e manipulados, seja por meio de software ou de hardware. Este fato viabiliza a ocorrência de diversos acoplamentos entre sons e imagens, à medida que o jogador interage com o game, alterando a paisagem sonora de forma dinâmica. Phillips (2005) cita um exemplo:

> Esta música interativa (conhecida no mercado como "iMUSE"[4]) é, com freqüência, uma música que cria "atmosferas sonoras" que se modificam de acordo com o "clima", acontecimento ou ação no jogo. Este tipo de música é comum em games Adventure/Role-Playing. Myst é brilhante neste aspecto porque, pela primeira vez, a música foi usada como indício de que algo ruim está prestes a acontecer ou que há algum mistério a ser desvendado (como em cenas de Indiana Jones, o uso de graves profundos... movimentos ascendentes na escala musical que denotem tensão... nós sabemos que estamos à procura dos vilões, ou pelo menos é o que pensamos).

Além disso, a associação de variáveis à programação aleatória aumenta de maneira exponencial a quantidade possível de acoplamentos entre sons e imagens e, por conseqüência, de paisagens sonoras distintas. O limite mais radical é a transformação e criação de paisagens sonoras em tempo real, seja através de software ou de hardware, como no exemplo citado anteriormente, da tecnologia EAX Advanced HD.

---

4  **iMUSE** (**I**nteractive **MU**sic **S**treaming **E**ngine) é um game *engine* devenvolvido pelos compositores Michael Land e Peter McConnell, nos anos 1990, enquanto trabalhavam na LucasArts. O conceito por trás do iMUSE é sincronizar a música com a ação visual em um videogame, de modo que o áudio esteja associado aos eventos na tela e as transições de um tema musical a outro ocorram de maneira imperceptível, sem cortes ou emendas (http://en.wikipedia.org/wiki/IMUSE).

A aleatoriedade e a não-linearidade do game possibilitam a criação de diversas paisagens sonoras em três eixos principais: primeiro, podemos pensar em um tipo de organização horizontal da paisagem sonora, isto é, como as sobreposições entre os sons se dão ao longo do *play time*. Este eixo lembra a idéia de linha do tempo. Não a linha do tempo cronológico pre-estabelecido do cinema, mas o tempo que pode se dilatar ou contrair, no game, dependendo das ações, do percurso e da duração de cada período de jogo; segundo, é possível estabelecer uma espécie de organização vertical da paisagem sonora, por meio de *layers* (ou camadas) compostas por sons diversos, que se sobreponham, a partir de funções e variáveis executadas por ações do(s) jogador(es) e/ou pela programação; terceiro, que a paisagem sonora estabeleça uma interlocução com o enredo, tema, clima ou outra característica como cores, formas, volumes e níveis de luminosidade, sensa-ções táteis, evocações olfativas e gustativas, entre outras. Podemos chamar este eixo de conceitual ou estético.

## Conclusão

Muito do que se pensa a respeito da criação de paisagens sonoras para ga-mes tem, na teoria cinematográfica de produção sonora, seu ponto de par-tida, até mesmo se lembrarmos que os primeiros *sound designers* e músicos da indústria de games vieram de Hollywood. Além disso, da mesma forma que o cinema promove sucessos no mercado fonográfico, a partir de suas trilhas sonoras, os games também o fazem. O selo Twitch Records, criado pela Sega, foi tão bem recebido que atualmente lança artistas e álbuns que não têm conexão direta com o mercado de games. Tommy Tallarico, célebre compositor de VG Music (músicas para videogames), comanda o espetácu-lo itinerante *Video Games Live* que reúne orquestra, coro, iluminação sin-cronizada, vídeo, ações ao vivo e interatividade com o público.

Outra semelhança entre essas duas linguagens encontra-se no papel da paisagem sonora na estruturação da narrativa de um filme ou de um game. Da mesma forma que a música de Bernard Hermann e os *fastforwards* so-noros são fundamentais em *Psicose*, de Hitchcock, nos games o áudio tam-bém desempenha um papel muito importante. *Fastforwards* sonoros são sons posteriores à ação apresentada. Por exemplo, em uma cena de *Psicose*, enquanto o rosto de Marion é mostrado, ouve-se o diálogo (com reverberação) que ocorrerá entre Mr. Cassidy e Mr. Lowery, ao constatarem que Marion desapareceu com uma quantia expressiva em dinheiro.

Há ainda os *flashbacks* sonoros: sons anteriores à ação apresentada, como os sons que integram as lembranças de um personagem. É engraçado notar que um dos clichês de Hollywood é o uso de reverberação na voz para representar pensamentos. A artificialidade evidente do som reverberante em contraste com o naturalismo do rosto em *close-up* parece sugerir que a voz com reverberação vem de um outro plano, no caso, o plano psíquico do personagem. Outro exemplo interessante de emprego da tecnologia sonora para representar pensamentos ocorre no filme *O escafandro e a borboleta*. Trata-se da história de Jean-Dominique Bauby que, após um derrame cerebral, perde todos os movimentos do corpo, exceto o do olho esquerdo. Na mixagem *surround*, os diálogos foram posicionados no canal central (frontal) e a voz do protagonista, nos canais laterais, indicando sua incapacidade de falar e de ser ouvido pelos demais personagens.

Cooley (1998, p. 7-10) comenta o game *You don't know Jack,* desenvolvido pela Jellyvision, que utiliza uma tecnologia chamada *Interactive Conversation Interface* (iCi). Trata-se de uma metodologia de roteirização que utiliza técnicas de construção de diálogos para filmes, de modo que para cada escolha ou ação do jogador haja uma resposta pré-gravada por um ator ou atriz. Os desenvolvedores da empresa afirmam que, se os redatores e atores trabalharem de forma adequada, o jogador irá vivenciar aquilo que experimentamos quando vamos ao cinema, ou seja, estará imerso na realidade do game, com a diferença de que poderá também interagir com os personagens.

Na verdade, assim como ocorre no cinema, o jogador sabe que os personagens são pré-gravados, mas, à medida que joga e passa a interagir, esquece-se disso, ou este fato se torna irrelevante. You Don't Know Jack oferece ainda a possibilidade de se fazer o download de novos arquivos de áudio. A grande e, talvez, a maior diferença entre a paisagem sonora do cinema e a dos games é que a primeira é estática, no sentido de que não se altera entre uma exibição e outra; e a segunda é dinâmica, ou seja, é a paisagem sonora em si que se transforma, e não apenas a nossa percepção dela, como também pode ocorrer no cinema.

A paisagem sonora de um filme ou de um game não consiste apenas nos sons criados, editados, inseridos ou processados em tempo real. Chion (1994, p. 192) argumenta: "O que eu vejo daquilo que ouço? Eu ouço uma rua, um trem, vozes. Suas fontes sonoras são visíveis? *Off-screen?* Sugeridas visualmente? O que eu ouço daquilo que vejo?".

Por meio das respostas a essas perguntas podemos descobrir negativos sonoros nas imagens (sonoridades que as imagens evocam, mas que, de fato, não estão presentes) e negativos visuais (imagens apenas sugeridas pelos sons). As imagens e sons presentes na paisagem sonora, muitas vezes, não têm outra função a não ser delinear as presenças ausentes de sons e/ou de imagens que ajudam a compor o todo da experiência proporcionada pelo filme ou pelo game.

## Referências

BORDWELL, D.; THOMPSON, K. "Fundamental aesthetics of sound in cinema: the powers of sound". In: WEIS, E.; BELTON, J. *Film sound:* theory and practice. Nova York: Columbia University Press, 1985, p. 181-199.

BREWSTER, S. A.; WRIGHT P. C.; DIX, A. J.; EDWARDS, A. D. N. "The sonic enhancement of graphical buttons". In: *Proc. of Interact'95*, Amsterdam. Nova York: ACM Press, 1994. p. 43-48.

CHION, M. *Audio-vision:* sound on screen. Tradução de C. Gorbman. Nova York: Columbia University Press, 1994.

COOLEY, M. *Sound + image in computer-based design: learning from sound in the arts.* Texto apresentado no Congresso Anual do ICAD (International Community for Auditory Display), 1998.

HEIM, M. *Virtual realism.* Nova York: Oxford University Press, 1998.

JENKINS, H. "Introduction to game time". In: WARDRIP-FRUIN, N.; HARRI-GAN. *First person:* new media as story, performance, and game. Cambridge: The MIT Press, 2004. p. 118-130.

JUUL, J. "Introduction to game time". In: WARDRIP-FRUIN; HARRIGAN. *First person:* new media as story, performance, and game. Cambridge: The MIT Press, 2004. p. 131-142.

MORE, G.; HARVEY, L.; MOLONEY, J.; BURRY, M. *Implementing nonlinear sound strategies within spatial design:* learning sound and spatial design within a collaborative virtual environment, 2003. Texto apresentado na  *MelbourneDAC, the 5th International Digital Arts and Culture Conference*. URL: http://hypertext.rmit.edu.au/dac/blog_archive/cat_all_papers.html, em 10 abr. 2005.

PEARCE, C. "Towards a game theory of game". In: WARDRIP-FRUIN; HARRIGAN. *First person:* new media as story, performance, and game. Cambridge: The MIT Press, 2004. p. 143-153.

PHILLIPS, N. "From films to games, from analog to digital, two revolutions in multi-media! Keio University". Artigo publicado no website: http://web.sfc.keio.ac.jp/%7Enathan/Sound%20Environment/Class%207-Games, em 13 jul. 2005.

SAMSEL, J.; WIMBERLEY, D. *Writing for interactive media:* the complete guide. Nova York: Allworth Press, 1998.

SCHAFER, M. *A afinação do mundo*. Tradução de M. T. O. Fonterrada. São Paulo: Fundação Editora da Unesp, 1997.

SHUM, L. R. *Pesquisa e produção de áudio para sistemas hipermidiáticos*: a criação e a sistematização de elementos sonoros em estruturas de navegação não-lineares. Dissertação de mestrado em Comunicação e Semiótica defendida na PUC-SP. Orientador: Prof. Dr. Sérgio Bairon, 2003.

ZAZA, T. *Audio design:* sound recording techniques for film and video. Nova Jersey: Prentice Hall, 1991.

ZETTL, H. *Sight, sound, motion:* applied media aesthetics. 3. ed. Belmont: Wadsworth Publishing Company, 1999.

# PARTE III

## Games e estética

# O jogo ideal de Alice:
## o videogame como arte

Lucia Leão

Os jogos e a arte parecem, à primeira vista, territórios muito distantes e com particularidades díspares. Quando se pensa em jogo, logo se associa a idéia de regras claras e objetivos precisos. A arte, por sua vez, nos evoca um campo de experimentação constante, de incertezas, imprecisões e subversão de regras. Mas será que é possível se atribuir aos jogos os elementos da arte? Será que é possível se pensar na desestabilização de regras e objetivos móveis, flutuantes? Neste capítulo convido o leitor a me acompanhar por um território de jogos alterados, jogos paradoxais. Nossa viagem será guiada pela imagem de Alice, personagem perplexa dos livros *Alice no país das maravilhas* e *Alice do outro lado do espelho*, e que se encontra com baralhos espelhados e jogos de críquete com flamingos desobedientes.

## O jogo ideal de Alice

No livro que dedica a estudar a lógica do sentido, Deleuze (1974) nos apresenta o conceito de *jogo ideal*. Como se sabe, os jogos são elementos fundamentais na cultura e têm função social organizadora. No entanto, alguns jogos parecem ser criados como propostas subversivas e funcionam como elementos desestabilizadores. *Alice no país das maravilhas* e *Alice do outro lado do espelho* nos oferecem ótimos momentos com jogos alterados, subvertidos e incoerentes.

Lewis Carroll, autor dos dois livros citados, foi uma personalidade ímpar, um amante dos enigmas e paradoxos da lógica. Os jogos que permeiam as aventuras de Alice não têm as regras que costumamos associar a eles. O jogo de críquete, por exemplo, exige que Alice se depare com muitos elementos imprevistos, como flamingos e ouriços insubordinados, e os gritos furiosos de uma rainha que brada: *Cortem as cabeças!* Em um misto de confusão e perplexidade, nos perguntamos: que jogo é esse? Quais são as suas regras?

Nossos jogos conhecidos respondem a um certo número de princípios, que podem ser objeto de uma teoria. Essa teoria convém tanto aos jogos de destreza quanto aos de azar; só difere a natureza das regras. Primeiro, é preciso, de qualquer maneira, que um conjunto de regras preexista ao exercício do jogo e, se jogamos, é necessário que elas adquiram um valor categórico; segundo, essas regras determinam hipóteses que dividem o acaso, hipóteses de perda ou de ganho (o que vai acontecer se...); terceiro, essas hipóteses organizam o exercício do jogo em uma pluralidade de jogadas, real e numericamente distintas, cada uma operando uma distribuição fixa que cai sob este ou aquele caso (mesmo quando temos uma só jogada, essa jogada não vale senão pela distribuição fixa que opera e por sua particularidade numérica); as conseqüências das jogadas se situam nas alternativas *vitória* ou *derrota* (Deleuze, 1974, p. 61).

No Capítulo III de *Alice no país das maravilhas*, a protagonista conhece uma corrida diferente, na qual os participantes correm segundo padrões e todos são vencedores e ganham prêmios. O personagem Dodô, referência a uma ave extinta das ilhas Maurício, diz que a corrida a Cáucus, região imaginária, é a melhor maneira de se secar. Dodô pode ser considerado um alter-ego do próprio Carroll, cujo nome verdadeiro era Charles Lutwidge Dodgson, e a corrida a Cáucus, uma sátira aos movimentos dos processos políticos dos comitês. Nessa corrida, deve-se correr em ciclos, mas não importa muito bem a forma do circuito, não existe uma largada nem um momento de parar. Alice acha tudo um absurdo e não entende como um jogo pode ser pensado assim, de uma forma tão contraditória.

O jogo puro é o jogo do pensamento e o jogo da arte. Um jogo em que não há vencidos nem vencedores, apostas ou prêmios. No entanto, esse é o jogo que pode desestabilizar e perturbar modelos.

## Poética dos games e jogos revisitados

Uma interessante linha de investigação poética vem sendo delineada no campo das novas mídias. Formada por um misto de intervenção em software, narrativas perturbadoras e games alterados, a *game art* se desvela como uma intervenção lúdica de alto poder político. Em geral, as peças de *game art* se apropriam de jogos conhecidos ou videogames comerciais e dão a eles caráter crítico e questionador.

Rethinking Wargames[1] é um projeto de *net art* colaborativa, que tem por objetivo discutir estratégias que desestabilizem as lutas pelo poder. Desenvolvido a partir do jogo de xadrez, o projeto, iniciado por Ruth Catlow, subverte o padrão ganha-perde do clássico jogo de guerra e propõe uma luta coletiva pela paz no mundo. Trata-se de um game on-line, do tipo multiusuário, e propõe a disseminação de idéias de promoção de paz, modelos de organização não-hierárquica e soluções de conflitos. Paralelo à plataforma do jogo, um *blog* – Pawns Unite Blog – abre espaço para discussões e documenta o processo coletivo.

Os trabalhos de *game art*, muitas vezes, revisitam antigos games e os travestem em máquinas inúteis ou esfinges enigmáticas. Nesses casos, é possível reconhecer o game alterado, porém o estranhamento surge quando iniciamos o ato de jogar. Em vários projetos, a *game art* propõe sentidos diversos e subverte plataformas habituais da cultura *gamer*. Em buscas existencialistas, a *game art*, muitas vezes, nos oferece o não-sentido e o vazio. No entanto, vale lembrar que muitos projetos artísticos não se enquadram fixamente em uma só categoria e agregam características de várias modalidades da ciberarte. Assim, muitos projetos de *game art* podem ser estudados tal como *net art*, realidade virtual, instalação interativa etc.

---

1 http://www.low-fi.org.uk/rethinkingwargames/server/chessclient2.html. Acessado em maio de 2006.

Os antecedentes históricos da *game art* podem ser encontrados em vários momentos. Os experimentos surrealistas com jogos como o Exquisite Corpse, por exemplo, geraram vários trabalhos extremamente ricos e instigantes. O *cadavre exquis* se fundamenta em um procedimento de criação coletiva, um antigo jogo infantil de colagem. Na técnica proposta pelos surrealistas, diferentes pessoas desenhavam ou escreviam frases em uma mesma folha de papel, sem nenhuma ter conhecimento do que as outras haviam feito.

O método recebeu essa denominação após um processo de colagem de textos que gerou a frase: *Le cadavre exquis boira le vin nouveau* (O cadáver extraordinário bebe o vinho novo). As pessoas envolvidas no processo trabalham de forma imprevista e o resultado, em geral, flui sem um controle centralizador. Nesse procedimento de criação *durante o vôo*, isto é, processual, muitos elementos do inconsciente acabam por emergir, gerando imagens com lógicas e associações não-convencionais.

Atualmente, os jogos baseados na técnica do Exquisite Corpse estão presentes em vários projetos da Web. No portal Language Is A Virus[2], por exemplo, é possível brincar com o sistema Exquisite Cadavulator a partir de um programa DaDa Poem, criado pelo net artista Florian Cramer. O acaso e a livre-associação também são ingredientes nobres no projeto de *game art* para o Internet Synergy: Corpse[3]. Também na Web, destaca-se o premiado Exquisite Corpse[4], da dupla Sharon Denning e Ken Ficara. Nesse projeto, o jogo estimula que continuemos narrativas de outros internautas e naveguemos por um grande banco de dados.

Não podemos deixar de evocar os jogos propostos pelo grupo Fluxus e os experimentos da literatura potencial. O jogo também surge nas propostas pós-modernistas que revisitam produtos da cultura de massa e propõem sentidos imprevistos. Além disso, é digno de nota o fato de que Marcel Duchamp tenha se dedicado tantos anos à arte do jogo de xadrez.

Os projetos de *game art* se fundamentam em três grandes questões: a subversão crítica dos usos, sentidos e objetivos de games conhecidos; o ato de jogar (*play*) e uma interatividade complexa composta por várias etapas de interação (fases). Will Wright, criador do The Sims, compara a situação

---

2  http://www.languageisavirus.com. Acessado em maio de 2006.
3  http://www.sito.org/synergy/corpse. Acessado em maio de 2006.
4  http://www.panix.com/~repo/html_ec_main.html. Acessado em maio de 2006.

atual dos games com a pintura na época do Renascimento (Guerrero, sd e Bookchin, 2001). Segundo ele, existe uma busca enfática para desenvolver um hiper-realismo em 3D e pouco interesse em refletir sobre aspectos simbólicos do jogo. Nesse sentido, os projetos de Wright caminham em busca de outra ética para os jogos: a criação colaborativa. Nessa proposta, o designer de jogos é autor dos elementos que podem ser articulados pelo jogador.

As mesmas lógica, ética e estética estão presentes nos conhecidos jogos de tijolinhos e no Lego. Elementos mínimos que podem gerar infinitas combinações. Viva a linda arte da combinatória! As pesquisas da literatura potencial já apontavam para um tipo de obra de arte aberta, potencialmente gigantesca e com múltiplas possibilidades. Um artista que merece ser destacado nesse campo de investigação é Oyvind Fahlstrom (1928, São Paulo – Estocolmo, 1976). Brasileiro, Fahlstrom atuou, sobretudo, na Suécia. Em 1997, a Documenta X, de Kassel, exibiu algumas de suas instalações. Em Meatball Curtain (For R. Crumb), de 1969 e The Little General (Pinball Machine), de 1967-68, Fahlstrom se inspira nas máquinas de fliperama e em elementos de histórias em quadrinhos.

Outra contribuição valiosa de Fahlstrom para a arte foram suas *pinturas variáveis*. Pioneiras e extremamente interativas, as pinturas variáveis foram pensadas como elementos móveis que podem ser articulados de diversas maneiras a partir de uma superfície magnética. Ao incitar o espectador a brincar com os elementos móveis que compõem o universo visual do projeto, Fahlstrom propõe uma espécie de jogo no qual todos nos tornamos designers[5]. No campo da interatividade em 3D, a grande pioneira é Lygia Clark. Seus *Bichos* são jogos articuláveis que nos convidam a explorar múltiplas configurações.

O ato de jogar (*play*) é uma das características mais distintivas dos games e é explorado com freqüência pela *game art*. A priori, jogar exige uma disposição do jogador, um querer inicial que dispara o sistema lógico do jogo, com seus fundamentos e regras. Em suma, é preciso querer jogar e aceitar as regras do jogo. Uma vez que o jogador assume essa disposição inicial, o jogo exige determinadas tarefas e objetivos (*goals*) a serem atingidos.

Num segundo momento, o jogo deve evoluir em complexidade e alcançar fases mais difíceis, injetando o imprevisto. Nesse sentido, os jogos mais

---

5  http://www.fahlstrom.com. Acessado em maio de 2006.

bem-sucedidos sabem dosar elementos desafiadores com tarefas que evo-luem em complexidade, de modo crescente. Na alquimia dos grandes jogos, a diferença e a repetição, tão bem discutidos por Deleuze em relação à música, também se articulam de forma rítmica (Deleuze, 1988).

Em geral, os projetos de *game art* também utilizam a estratégia de intercalar diferença e repetição. No entanto, vários deles propõem sentidos diferentes para projetos que inicialmente foram concebidos tendo em vista o grande público comercial.

## Games alterados

*Jackpot*[6], jogo de Maciej Wisniewski, nos apresenta uma versão para a Web das máquinas de caça-níquel que existem em profusão nos cassinos. Na proposta de Wisniewski, o clássico jogo de azar se transforma, e a brincadeira de clicar traz para a tela três websites com domínios diferentes.

Em 1999, Anne-Marie Schleiner organizou uma mostra de games alterados que se tornaria histórica: Cracking the Maze[7]. No texto curatorial, Schleiner nos fala que está interessada em uma noção de arte como hackeamento da cultura, arte com uma agenda crítica que avance além das fronteiras que limitam as audiências artísticas. Schleiner busca um público maior: o público *gamer*. De modo coerente, a documentação da mostra on-line está deliberadamente em código-fonte do game popular Doom. Como se sabe, o Doom é um game que permite modificações.

Playskins, um projeto de 2000 de Anne-Marie Schleiner, em parceria com a historiadora da arte Melinda Klayman, propõe uma mistura de plug-ins de games conhecidos e Hacker Art., cujo site[8] apresenta algumas das imagens do projeto. The Intruder[9] (1999), de Natalie Bookchin, explora vários aspectos da estética dos games. Inspirado em um conto de Jorge Luiz Borges, o game de Bookchin revisita alguns jogos seminais (*Pong*), fases que lembram simuladores de guerra e apresenta um áudio com pistas. Muito irônico, seu *slogan* diz: "capture, atire, mate um alienígena! Tudo em nome

---

6  http://adaweb.walkerart.org/context/jackpot. Acessado em maio de 2006.
7  http://switch.sjsu.edu/web/CrackingtheMaze. Acessado em maio de 2006.
8  http://www.playskins.com. Acessado em maio de 2006.
9  http://dian-network.com/con/intruder/intruder.html. Acessado em maio de 2006.

do amor". Na subversiva proposta de Bookchin, cada fase do jogo remete a uma fase na evolução dos videogames. Além disso, ao vencer as etapas do jogo, o usuário acessa diferentes trechos do conto de Borges.

O projeto PINGA[10] (http://www.futurefarmers.com/pinga/pinga.html), do grupo Futurefarms, apropria-se da estética dos games para apresentar uma crítica aos alimentos geneticamente modificados (GMs). Com o slogan: "coma comida real" e "ajude a preservar a biodiversidade do Planeta", PINGA é um game anti-gms e incita o jogador a bloquear a polinização por aviões, salvar as borboletas e destruir o *empresário do campo rato*.

## Games cíbridos

O mais recente projeto de Schleiner, OUT – Operation Urban Terrain: a live action wireless gaming urban intervention, é um game cíbrido, isto é, envolve ações que conjugam espaço real e as redes on-line. É composto de ações em terreno real, geradas por duas mulheres (uma com um laptop e outra com um projetor, apontando para edifícios de Nova York), conectadas por uma rede sem fio a um time on-line de cinco jogadores localizados em várias partes do mundo. O jogo ocorreu com data marcada, no dia 28 de agosto de 2004, durante a Convenção Nacional Republicana, e simulava operações militares.

Can You See Me Now?[11], proposta do grupo britânico Blast Theory, é um game que associa jogadores on-line e um time de corredores em ruas de uma cidade. O jogo nos remete a brincadeiras como pega-pega e esconde-esconde, e utiliza sistema de GPS (Global Positioning System) e tecnologias sem fio.

## Flamingos desobedientes

O não-senso de um jogo sem regras preexistentes, de um jogo no qual o acaso se ramifica a cada clique, gerando rizomas incontroláveis a cada jogada, pode ser experienciado nas propostas da dupla JODI (Joan Heemskerk e

---

10  http://www.opensorcery.net/OUT. Acessado em maio de 2006.
11  http://www.canyouseemenow.co.uk. Acessado em maio de 2006.

Dirk Paesmans). O Untitled Game[12], por exemplo, foi criado a partir de modificações no famoso videogame comercial Quake. No entanto, diferente do violento game de luta, o projeto do JODI subverte o game *engine* e o transforma em ferramenta para a criação de arte abstrata. Assim, em Untitled Game, os defeitos e os *bugs* do Quake são utilizados para o desenvolvimento de uma plataforma minimalista.

Na contramão dos modelos de jogos, a proposta nos oferece uma visualidade que se abstém dos esforços realistas comumente encontrados nos projetos gráficos de games. Além disso, Untitled Game nos coloca diante de formas e elementos mínimos do código. Nesse sentido, Untitled Game não é, seguramente, um game confortável, daqueles que viciam e que nos acomodam no desenvolvimento de habilidades pré-programadas. Ao nos surpreender a cada clique, evadindo incessantemente de uma racionalidade lógica, Untitled Game mais se parece com o jogo ideal de Alice, um jogo com flamingos desobedientes, insensatos. Untitled Game é um jogo em busca de perturbações, no mais puro sentido da arte e do pensamento nômade.

## Referências

BOOKCHIN, N. Six artists. Three teams. One mission: changing the face of play. arTbyTe. nov./dez. 2001. Website: http://www.ccr.buffalo.edu/anstey/TEACHING/intenv_F04/face_of_play.htm. Acessado em maio de 2006.

CARROLL, L. *The annotated Alice:* definitive edition. Nova York: Penguin Books, 2001.

DELEUZE, G. *Diferença e repetição*. Rio de Janeiro: Graal, 1988.

DELEUZE, G. *Lógica do sentido*. São Paulo: Perspectiva, 1974.

DOMINGUES, D. *Criação e interatividade na ciberarte*. São Paulo: Experimento, 2002.

Exposição Cracking the Maze: Game Plug-ins and Patches as Hacker Art; website: http://switch.sjsu.edu/web/CrackingtheMaze. Acessado em maio de 2006.

Exposição *Game Art*. World Cultural Heritage Völklinger Hütte, Institute of Cultural Exchanges, Tübingen, Alemanha; website: http://www.gameartvoelklingen.de/english/kuenstler.html. Acessado em maio de 2006.

---

12  http://untitled-game.org. Acessado em maio de 2006.

FAHLSTROM, O. Website: http://www.fahlstrom.com. Acessado em maio de 2006.

GUERRERO, A. *O homem que reinventou a maneira de jogar:* Uma entrevista com o gênio Will Wright. Terra Espanha. Disponível em: http://games.terra.com.br/especiais/entrevista_will_wright.htm. Acessado em maio de 2006.

LEÃO, L. O habitat da webmatilha. Cibercultura: Instituto Cultural Itaú, 2004. Disponível em: www.itaucultural.org.br/index. cfm?cd_pagina=2014&cd_materia=947. Acessado em maio de 2006.

METAPET: http://www.metapet.net. Acessado em maio de 2006.

OUT – Operation Urban Terrain: A Live Action Wireless Gaming Urban Intervention: http://www.opensorcery.net/OUT. Acessado em maio de 2006.

PINGA: http://www.futurefarmers.com/pinga/pinga.html. Acessado em maio de 2006.

PLAYSKINS: http://www.playskins.com. Acessado em maio de 2006.

RETHINKING WARGAMES; website: http://www.low-fi.org.uk/rethinkingwargames/server/chessclient2.html. Acessado em maio de 2006.

SANTAELLA, L. *Culturas e artes do pós-humano*. São Paulo: Paulus, 2003.

THE INTRUDER; website: http://calarts.edu/~bookchin/intruder. Acessado em maio de 2006.

UNTITLED GAME; website: http://untitled-game.org. Acessado em maio de 2006.

# Jogos computacionais:
## arte no século XXI[1]

Karen Keifer-Boyd

Tradução: Lucia Santaella

Levando em consideração a natureza mutável da arte no contexto ocidental com um breve panorama histórico sobre a fascinação dos artistas pelos games, especialmente com o conceito de games infinitos, discutirei as bases de dados como formas de arte, ou como é chamada pelo artista das novas mídias, o DJ Spooky – uma estética das bases de dados; e examinarei algumas características dos jogos computacionais de artistas. Desta exploração dos games dos artistas, concluirei este capítulo com aquilo que proponho como implicações importantes a serem consideradas para a educação dos artistas no século XXI.

Historicamente, muitos artistas foram fascinados por jogos. Dos movimentos de Duchamp no xadrez até os jogos computacionais de Bookchin, podemos mapear uma transgressão de fronteiras quanto à natureza da arte. Embora seja controversa para muitos, a arte de Duchamp é parte do cânone artístico. Entretanto, depois de 1923, Duchamp abandonou a *arte* no sentido modernista e se devotou a jogar xadrez. Para Duchamp, o xadrez era a

---

1 Este artigo foi apresentado em setembro de 2005 no Refresh!, 1st International Conference on the Histories of Media Art, Science, and Technology; versões preliminares de alguns de seus tópicos incluem: KEIFER-BOYD, K.; Children teaching children with their computer game creations. *Visual Arts Research*, 60(1), p. 117-128, 2005; e *Feminist Activist Art Pedagogy*.

forma de arte perfeita, na medida em que engaja nossa *matéria cinzenta* em lugar de nossa retina (Spector, 2004, p. 3).

Há artistas de jogos computacionais que são aprovados como artistas no mundo da arte, e seus jogos ganham o estatuto institucional de arte. Desde os anos 1990, Mel Chin, Gabriel Orozco, Sophie Calle e grupos de net artistas, tais como ActionTank & FutureFarmers (Botanical Gameboy), criam games que visam levar os jogadores a experimentarem emocionalmente questões como as de biotecnologia. Outros indicadores da prevalência de artistas envolvidos na criação de games como forma de arte incluem competições de arte on-line, tendo em vista o muito buscado reconhecimento depois da exposição e as verbas de prêmios, tais como o evento da primavera de 2004, do Rhizome.org, que teve a entrada de centenas de artistas de jogos computacionais. Tem havido também exposições substantivas, desde 2000, tais como Bang the Machine, uma exposição de arte dos games e artefatos realizada no Yerba Buena Center for Arts, em San Francisco, no início de 2004.

## Quando um jogo computacional é uma obra de arte?

Uma ampla definição filosófica e histórica de jogos diz que estes envolvem regras mutuamente aceitas. Um filósofo do século XX, Ludwig Wittgenstein, adotou essa posição ao definir a linguagem como um jogo. Uma entrada na Wikipedia define jogos como "uma atividade humana característica, fortemente determinada pelo hábito e pelas questões freqüentes do folclore, que têm sido objeto de investigações antropológicas". Outra declaração afirma: "Muitos animais jogam, só os humanos têm jogos"[2].

Um jogo computacional típico envolve personagens, ambientes e opções a partir das quais o jogador seleciona. Há uma história ou atividades e escolhas que o jogador faz, usualmente, para fins específicos. Tipicamente, o alvo nos jogos computacionais é derrotar outro jogador em corridas, lutas ou alguma outra competição. De fato, a competição é sempre vista como sinônimo de jogos. A situação de conflito em um jogo pode envolver conflito sobre um recurso, poder ou dinheiro. Entretanto, os artistas tendem a desafiar, subverter ou parodiar a cultura popular dos jogos eletrônicos.

---

2  http://en.wikipedia.org/wiki/Game. Acessado em agosto de 2005.

Um exemplo do uso de games que utilizaram um design inclusivo de games para a participação democrática foi a competição Moveon.org, em março de 2005, na qual 140.000 membros do Moveon.org selecionaram as dez maiores animações Flash on-line, games ou simulações a partir de uma chamada aberta para inscrições na qual 50 games foram colocados como entradas semi-finalistas. O ciberativismo na criação e interação com games e simulações efetivamente teria exposto o impacto em 30 anos sobre os cidadãos dos Estados Unidos, se o plano de segurança social de cortes massivos do presidente Bush fosse implementado.

A discussão filosófica de James Carse (1986) sobre games finitos e infinitos é útil para interpretar as criações de games como arte. Enquanto os jogos finitos têm conjuntos de regras e resultados conhecidos, os games infinitos quebram as regras ou não têm regras e são "jogados pelo propósito de continuar a jogar" (Carse, *ibid*, p. 3). Artistas e coletivos de artistas, tais como KNOWMAD Confederacy e Futurefarmers (Amy Franceschini, Michael Swaine, Elmar Schiffeleers e Richard Humphrey) criam games infinitos como obras de arte[3].

Uma das maneiras pelas quais os artistas criaram games on-line que divergem das regras de obras de arte tradicionais está "nos modos de distribuição, usualmente livres e na Net" (Bookchin, 2002, p. 64). Além disso, raramente existe um jeito de ganhar o jogo. Em lugar disso, os jogadores experimentam emocionalmente questões – tais como a dos pobres trabalhadores, o controle corporativo das mídias, a preservação da biodiversidade, as companhias de biotecnologia, mudanças culturais e vigilância. Os artistas ficam intrigados com games baseados na Web como uma forma de arte, parcialmente porque, ao interagir com a arte (game), a pessoa experimenta estados de alerta e uma transformação do eu. Muitos jogadores de games descrevem uma comunidade de *eus* com a máquina que estende as fronteiras do modo como nos conhecemos. (Myers, 1991). Friedman (1999, p. 13) explica:

---

3 Games de artistas baseados na Web incluem The intruder e MetaPet, em http://dian-network. com/con/intruder/; SOD, em: http://sod.jodi.org/; Trigger Happy, em http://www.triggerhappy. org/; e Game Laboratório, em http://gmlb.com/. Acessados em agosto de 2005.

É difícil explicar como é se sentir quando se está *perdido* dentro de um game, precisamente, porque naquele momento nosso sentimento do eu foi fundamentalmente transformado. Fluindo através de uma série contínua de decisões feitas quase automaticamente, mal nos dando conta de passagem do tempo, formamos um circuito simbiótico com o computador, uma versão da consciência ciborgue descrita por Donna Haraway, no seu influente *Manifesto para ciborgues*. O computador passa a se sentir como uma extensão orgânica da nossa consciência, assim como podemos nos sentir como uma extensão do computador ele mesmo.

Por exemplo, a artista ciberfeminista Marita Liulia redefine as fronteiras de como conhecemos nosso eu físico e social em games de ciberarte: Maire (1994), Ambitious Bitch (1996, 2. ed. em CD-ROM, 1998), SOB (1999) e Tarot (publicada para seis formatos e linguagens entre 2000-2004). No trabalho de arte de Liulia, como em outros games artísticos, a identidade de um jogador pode mudar, às vezes continuamente, por meio de:

(a) *ciborgização*, ou extensões humanas por meio de máquinas (Haraway, 1991);

(b) descorporificação de códigos corporalmente físicos (Barratt and Stryker, 1998);

(c) deslocamento de marcadores geográficos (Blocker, 1999).

KNOWMAD é um grupo criativo de artistas que inclui Rocco Basile, Emil Busse, Mel Chin, Tom Hambleton, Brett Hawkins, Andrew Lunstad, Jane Powers e Chris Taylor. Sua instalação KNOWMAD/MAP: Motion + Action = Place (2000) incorpora um espaço físico de um lar temporário na forma de uma tenda e uma simulação virtual de viagem. Ao navegar pelo game *pseudo-arcade* game, a viagem é uma exploração dos significados culturais mutáveis dos designs de tapetes encontrados no Irã, Afeganistão, Turquia, Cáucaso e Ásia Central. Os significados simbólicos transgridem a identidade nacional e a origem geográfica, e mudam de acordo com o contexto e uso social. Assim, a game/arte perpetuamente desloca uma forma fixa de conhecimento e comunica que significados mudam de acordo com o contexto.

No semestre de primavera de 2005, pedi aos alunos de graduação do meu curso sobre cultura visual e tecnologia instrucional para pré-trabalho de arte educadores que refletissem criticamente sobre suas experiências com o game on-line MetaPet, de Natalie Bookchin e Jin Lee. A introdução ao jogo descreve que um gene de um cachorro treinado foi enxertado em um humano, em uma tentativa de criar um trabalhador mais obediente. MetaPet é um game de simulação que permite que indivíduos – segundo as palavras de uma das artistas do Metapet, Natalie Bookchin (2002, p. 66) – "mantenham o agenciamento ou driblem os que estão no poder, quer eles tenham de passar por tarjas vermelhas da burocracia ou criar obstáculos para desviar as autoridades".

A partir da minha análise das respostas escritas dos alunos e das observações de suas jogadas com MetaPet, percebi que as experiências variaram de acordo com as lentes teóricas e os conjuntos de questões que cada um perguntava de seu jogo. Um aluno trouxe à nossa atenção a toxidade e falta de biodegradação de certas partes do computador, e o quanto foi irônico perceber que um game sobre engenharia genética de trabalhadores virtuais (isto é, os *metapets*) foi criado a partir de substâncias reais dentro de um computador físico que não são apropriadas a um ambiente saudável para qualquer forma de vida. A questão do lixo foi considerada de maneira diferente por outro estudante, ao discutir sobre os trabalhadores de um ponto de vista marxista da economia do trabalho de um *pool* de trabalhadores. Sua reflexão, depois de jogar MetaPet, foi: "é importante nos preocuparmos com o lixo que nossa própria existência produz". Muitos discutiram as ramificações sobre a saúde e a felicidade nas condições de trabalho em escritórios, tal como experimentaram ao manipular os trabalhadores. Vários mencionaram a natureza viciante do game e a satisfação ao controlar o botão do chefe. Os acréscimos genéticos para trabalhadores masculinos e femininos eram populares entre os estudantes ao jogar MetaPet. Muitos comentaram a natureza inerentemente perversa do MetaPet para dominar os outros. No entanto, eles acharam que o teste genético para disciplinar os trabalhadores era revertido, quando os trabalhadores se rebelavam ou iam embora.

Nos trechos retirados de uma entrevista com Mia Makela (2003, p. 7-9), Natalie Bookchin descreve seus alvos ciberativistas no seu web game co-criado, o MetaPet, da seguinte maneira:

Queria estabelecer as condições para atrair as pessoas para fora de seus trabalhos e tornar conveniente a eles jogar durante o trabalho. Os situacionistas e suas intervenções na vida cotidiana, assim como seus *slogans* contra o trabalho e em prol do jogo não escaparam aos métodos do meu design do game. [...] O MetaPet é mais sobre um agente ativo do que se pode reconhecer à primeira vista. As posições dos jogadores no game também são instáveis. Ganhar ou perder, os "alvos do jogo", e a satisfação ligada a cada cenário não são lineares ou precisas, como se pode presumir. Ganhar pode ser um cenário entediante, e pode ser mais compensador subverter o sistema.

## Formas de arte de base de dados

Os críticos de arte, desde os anos 1980, notaram que as bases de dados se transformaram em um nova forma de arte. Bases de dados são as linguagens dos programas computacionais que os humanos escrevem para dizer aos computadores o que fazer. De acordo com o teórico das novas mídias, Lev Manovich (2001, p. 235), as bases de dados para as novas mídias "funcionam como uma nova espécie de espelho que reflete as atividades humanas". Bases de dados são as formas subjacentes aos games e são centrais aos conceitos interativos das criações de games dos artistas.

Arthur Kroker (2003) pergunta em um *blog* sobre a arte das novas mídias: "Os dados são carne?" As bases de dados podem ser mais análogas a tudo que está sob a carne – a moldura do esqueleto, os músculos operacionais e o sistema nervoso central.

A escritura codificada das fontes computacionais, isto é, a criação de bases de dados, é um modo poderoso de desafiar as inscrições do corpo cultural. Por exemplo, Ka-Ping Yee lançou um website, em 30 de julho de 2005, que reverte o gênero dos pronomes e o gênero de outros termos em qualquer website em que se entre no mecanismo de busca, chamando assim a atenção para as perspectivas de gênero socialmente construídas na língua inglesa. Regender.com produz textos revisionistas em alta velocidade do *New York Times*, o *Livro do Genesis*, e outras representações de visão de mundo. Presunções sobre gêneros são reveladas quando se lê um texto re-*generado*.

## Engenharia reversa

A arte das novas mídias, especialmente a típica arte ativista das novas mídias, envolve o que é chamado engenharia reversa, isto é, "a decompilação e o desarranjo de códigos redistribuídos" (Kroker, 2003). A engenharia reversa se estende à colagem dadaísta e outras críticas sociais que usam formas de arte de *assemblage*. Na engenharia reversa, o código-fonte ou os dados são rearranjados em uma nova base de dados como crítica às instituições, aos governos e mídias noticiosas para revelar as estruturas de poder que controlam as narrativas culturais ou visões de mundo de uma sociedade que privilegia alguns e oprime outros.

O artista de base de dados Kroker (2003) define as bases de dados de acordo com três princípios envolvidos na engenharia reversa: arranjo, desarranjo, rearranjo. Ele também vê a linhagem histórica de obras de arte situadas na arte conceitual na qual a interação do observador cria a obra. Kroker (2003) descreve que "o [artista, observador, base de dados, programa] pode [arranjar, desarranjar, rearranjar] o trabalho. Um conjunto de algoritmos para base de dados artística poderia ser: [o artista-desarranja] então [a base de dados rearranja] então [*front-end-(random)* arranja]".

O Electronic Disturbance é provavelmente mais conhecido por tais engenharias revertidas. O Electronic Disturbance Theatre (EDT), criado em 1998, "recircuita ações *agitprop* para mobilizar micronets a agir em solidariedade com os Zapatistas em Chiapas ao encenar *sit-ins* virtuais on-line" (Dominguez, 2000, p. 284). EDT mescla um URL com o *script* computacional FloodNet, que recarrega um website de alvo muitas vezes por minuto. Isto fecha o site, se um grupo de pessoas corre para acessar o website ao mesmo tempo e redireciona os visitantes para websites voltados para assuntos de direitos humanos. Este ativismo na Net chamou a atenção, tanto on-line quanto off-line, do governo mexicano e do Departamento de Defesa dos Estados Unidos.

Operacion Digna, um ciberativismo ciberfeminista em solidariedade com as mulheres de Juarez e Chihauhua, México, também usa FloodNet para *sit-ins* virtuais; e usa a Web, a fim de enumerar nomes de mulheres assassinadas, fornece pôsteres de protesto e petições ao governo mexicano, reclamando por investigações cuidadosas de assassinatos para encontrar os criminosos, pôr um fim ao assédio de agentes do estado mexicano contra famílias das vítimas e redefinir leis de responsabilidade, investigando rapidamente relatos de pessoas desaparecidas.

## Interfaces socioespaciais

Os artistas ficam intrigados com games baseados na web como formas de arte parcialmente porque os jogadores experimentam uma transformação ao jogar, e assim o poder da arte é altamente efetivo em tais trabalhos.

Simulações, comuns à maior parte dos games de ciberarte, podem ser ciberfundamentos férteis pelos quais ativar mudança pessoal ou social. As simulações são mais freqüentemente usadas para explicar um fenômeno ou predizer a conclusão lógica se os eventos/sistemas continuarem nas suas trajetórias. Frasca (2003, p. 223) define: "simular é modelar um sistema (fonte) por intermédio de um sistema diferente que mantém (para alguém) alguns dos comportamentos do sistema original".

Baudrillard (2000) filosofa que todas as nossas experiências são simulações e que não há um original. Tudo é um rebento de uma outra coisa – uma visão de mundo rizomática. Construímos nossas experiências, nossas simulações da realidade. Uma simulação é padronizada dentro e a partir de outros sistemas. Nenhuma experiência é isolada.

Simulações informam o futuro, especialmente na cultura game da juventude. Rollings e Adams (2003, p. 201) definem games digitais como "uma ou mais séries causalmente ligadas de desafios, em um ambiente simulado". Games digitais são ciberespaços habitados principalmente por homens e valores patriarcais. Algumas ciberfeministas começaram a romper com essa força patriarcal.

A arte ciberativista, para ser efetiva, deve se dirigir a visões de mundo do local físico interfaceado com o virtual. A compressão do espaço e tempo no ciberespaço provoca impacto no nosso entendimento mútuo e nas nossas relações com as geografias locais.

Friedman (1999, p. 20) descreve que as simulações são "uma espécie de mapa no tempo visualmente e visceralmente (como o jogador internaliza a lógica do game) demonstrando as repercussões e inter-relações de muitas decisões sociais diferentes". Ele sugere que simulações têm o poder de criar o que Fredric Jameson (1991, p. 54) chama de uma "estética do mapeamento cognitivo: uma cultura política pedagógica que procura habilitar o sujeito individual com um novo sentido em relevo do seu lugar no sistema globalizado".

Nós conceituamos a partir das formas espaciais que as histórias culturais (isto é, a memória ou conhecimento coletivo) ocupam. As relações socioespaciais do ciberespaço, o jogo entre preocupações públicas e privadas em formas particulares de estrutura de história, e como estes se cruzam no espaço geográfico são áreas da arte do *cibergame* exploradas por muitos artistas. Por exemplo, DissemiNet, de Sawad Brooks e Beth Stryker, consiste de testemunhos daqueles que foram expulsos de suas casas, mas estão conectados no ciberespaço pelas palavras que compartilham. O movimento físico do cursor desloca elementos das histórias, como as vidas apresentadas nesse fórum público. Seu projeto de 1999, RadarWeb, chama atenção para a injustiça social que vem ocorrendo há muitos anos em Okinawa, Japão. Os residentes de Okinawa postam fotografias e descrições de suas experiências de abuso pela base militar dos Estados Unidos localizada em sua comunidade. Clicando na data de ocorrência, as pessoas, em qualquer parte do mundo, podem ler esses relatos em websites específicos.

Ludologistas, aqueles que estão envolvidos em ludologia – a disciplina que estuda os games – nomearam os gêneros de simulações e jogos dos games. Por exemplo, Gonzalo Frasca, um estudioso de games digitais, discute o conceito de autoria em dois gêneros de simulações, *paidia* e *ludus* (2003, p. 222). *Paidia* é uma estrutura narrativa, enquanto *ludus* é uma estrutura de game. Frasca explora as "diferenças estruturais entre histórias e games" (*ibid*, p. 222). Ele argumenta que narrativas são compostas de seqüências de signos semióticos, enquanto as simulações geram signos. Hipertextos são multi-seqüenciais, na medida em que incitam, de acordo com Wendy Morgan (2000, p. 132), uma "divergência da linearidade singular, unidirecional da narrativa e argumento convencionais". Desse modo, hipertextos apresentam um potencial de emancipação; podem impedir fins hegemônicos dependendo das diferenças possíveis nas várias rotas que são tomadas nas narrativas hipertextuais.

Os leitores podem se tornar escritores de hipertextos construtivos, quando as seqüências são construídas nas narrativas. O escritor de ficção hipertextual, Michael Joyce (1995, p. 42), descreve o hipertexto construtivo como textos inter e intraconectados, que "requerem uma capacidade para agir: criar, mudar e recuperar encontros particulares dentro de um corpo de conhecimento em desenvolvimento". Joyce argumenta que o hipertexto exploratório é colonizador, enquanto o hipertexto construtivo é *pensamento serial*, um *modo de espacialização* (*ibid*, p. 189).

The Progressive Dinner Party, inspirado na instalação The Dinner Party (1975, p. 79), da artista feminista pioneira Judy Chicago, é uma *assemblage* de literatura hipertextual feminista na rede (Guertin e Luesebrink, 2000). Nos hipertextos, um termo e conceito introduzido por Theodor Nelson, em 1965, o leitor cria seus próprios caminhos por meio do texto, e como a feminista pós-estruturalista Wendy Morgan (2000) destaca, o autor não controla o ponto de vista e a autoria do texto. Nos estudos de games, The Progressive Dinner Party seria colocado no sub-gênero de Ficção Interativa, e visto como aventuras textuais. O hipertexto construtivo da fotógrafa Esther Parada (2002, 1996), tal como Transplant: A Tale of Three Continents, tem uma estrutura de game de ficção interativa por meio de arquivos de fotos e histórias da vida real formadas pelas escolhas do jogador.

Enquanto os hipertextos possibilitam a multivocalidade – se leituras múltiplas são compartilhadas e justapostas – de acordo com Frasca (2003, p. 227), "o conhecimento e interpretação das simulações requerem repetição. Diferentemente da narrativa, simulações não são meramente feitas de seqüências de eventos; elas também incorporam regras de comportamento". Simulações e narrativas hipertextuais são aspectos comuns dos jogos computacionais. O nível de transformação, fortalecimento e troca recíproca nas simulações e hipertextos é intensificado quando os games na Net incluem editores ou são programas de fontes livres que permitem que os jogadores modifiquem o game original.

As histórias tipicamente têm enredo, personagens, cenários. Entretanto, os artistas das novas mídias, tais como Pamela Jennings (1996) e Mark Amerika (2004), explodiram o conceito de estrutura narrativa nos hipertextos digitais interativos – um tipo de game que mistura literatura e artes visuais – para incluir iteração, serialismo, estruturas abertas, lógica *fuzzy*, narrativa nomádica; bi-narrativa, para se referir à reciprocidade da geração de histórias e ambientes narrativos de domínio público. Marie-Laure Ryan (2005) identifica três tipos de histórias criadas a partir de jogos em games livres: histórias dentro de histórias, histórias emergentes e prescritas, embora interativas. Assim, o jogo na construção de histórias é uma forma de game na qual o artista é tanto o escritor quanto o leitor do texto hiperconectado.

A geração de procedimentos, como no game Spores (lançado em 2006), constrói-se sobre um conceito de simulação de game que permite aos jogadores realizar seus próprios conteúdos e histórias, tornando suas experiências significativas para si mesmos. Com a geração de procedimentos de conteúdo, ou o que é chamado mistura dinâmica *on the fly*, o game é construído, de acordo com Wright, para "levar os jogadores a serem criativos"[4]. A geração de procedimentos como uma forma de história não apenas habilita os jogadores a editar e, portanto, criar a base de dados, como também a usar as bases de dados de outros jogadores.

## Implicações para educar artistas no século XXI

Produzir um jogo computacional é uma tarefa interdisciplinar, sempre mais bem atingida por meio da colaboração. CyberHouse, um jogo computacional que venho desenvolvendo em colaboração com outras pessoas, irá fornecer um ambiente de aprendizagem na Web para explorar a percepção, a produção e a disseminação de imagens como práticas culturais de inclusão e exclusão do poder e do privilégio. Irá fornecer um ambiente de aprendizagem para investigar como as posições dos sujeitos nas sociedades são construídas por expectativas convencionais informadas por uma cultura visual pervasiva.

Especificamente, procurei colocar em ação uma pedagogia feminista em um ambiente on-line no qual a transformação é possível por meio de simulações na CyberHouse, que desafia a hegemonia do terreno cultural global contemporâneo. Concebi o fortalecimento dos participantes na CyberHouse, quando o jogo permite que eles passem de um objeto de informação para um sujeito da comunicação. Construí a CyberHouse como um website de trocas recíprocas no qual os jogadores são capazes de receber, modificar e distribuir informação.

Os jogos computacionais, se devem ser jogados, precisam levar em consideração como os jogadores aprendem; assim, teorias educacionais são relevantes. Na exploração de games computacionais como arte, há várias implicações para a educação dos artistas no século XXI.

---

4  http://www.gamespy.com/articles/595/595975p3.html. Acessado em agosto de 2005.

Nos meus cursos, introduzo criações de jogos computacionais em conexão com museus de arte, particularmente com as estratégias do artista Fred Wilson. Identifiquei dez estratégias utilizadas por esse artista nos seus projetos Mining the Museum, que também poderiam ser usados na criação artística de ciber games. Apresento aos estudantes uma revisão histórica da arte do "museumismo", uma arte que desafia as práticas da coleção de arte e da exposição. Artistas do "museumismo" revelam, por meio de sua arte, que os museus envolvem uma relação entre poder, representação e identidade cultural; confirmam sistemas de crenças, expõem os mais reverenciados valores e crenças; são espaços politicamente carregados; e codificam a experiência humana. Jogos computacionais criados por artistas tendem a tocar em questões similares na criação de games para criticar narrativas culturais, inclusive as histórias culturais da cultura popular dos games, como sede de crenças, valores e conhecimentos.

Concluo com uma lista daquilo que proponho como áreas importantes para a educação dos artistas do século XXI. Certamente, essa não é uma lista exclusiva – mas se dirige a áreas de estudo e experiência que são relevantes para a arte-educação. As recomendações a seguir, introduzidas neste trabalho com exemplos, partem de um estudo das mídias digitais com um foco em jogos computacionais e simulações.

(a) games, como os museus, apresentam e interpretam a cultura de experiências colaborativas no fazer da arte;

(b) estudos interdisciplinares;

(c) familiaridade com as teorias da aprendizagem;

(d) explorações das simulações e games como criação construtivista de histórias;

(e) conhecimento de game design infinito e inclusivo;

(f) experienciar o trabalho com bases de dados como forma de arte;

(g) consideração das interfaces humano-tecnológico;

(h) raízes históricas dos games como arte baseadas na arte conceitual, colagem dadaísta, *assemblage* (engenharia reversa), história situacionista construtivista, arte ativista, arte do museumismo, tópicos contemporâneos e cultura popular.

# Referências ░░░░░░░░░░░░░░░░░░░░░░░░░

AMERIKA, M. Expanding the concept of writing: notes on net art, digital narrative and viral ethics. *Leonardo*, p. 37, p. 9-13, 2004.

BARRATT, V.; STRYKER, B. *CrosSeXXXaminations: a collaborative, cross-circuited web space*. http://www.thing.net/%7Ebstryker/xxx. Acessado em 20 maio 2002.

BAUDRILLARD, J. *The vital illusion*. Nova York: Columbia University Press, 2000.

BLOCKER, J. *Where is Ana Mendieta?* London: Duke University Press, 1999.

BOOKCHIN, N. For the love of the game. Six artists. Three teams. One mission. Changing the face of play [pdf]. *ArtByte*, 1, p. 60-68, nov./dez. 2002. http://action-tank.org. Acessado em 22 fev. 2004.

BROOKS, S.; STRYKER, B. *DissemiNet*. Acessado em 13 mar. 2005, de http://disse-minet.walkerart.org.

BROOKS, S.; STRYKER, B. *RadarWeb*. Acessado em 13 mar. 2005, de http://www.thing.net/~sawad/radarweb.

CARSE, J. *Finite and infinite games*. New York: Free Press, 1986.

FRASCA, G. "Simulation *versus* narrative: introduction to ludology". In: WOLF, M. J. P.; PERRON, B. *The video game theory reader*. Nova York: Routledge, 2003. p. 221-235.

FREIDMAN, T. Semiotics of Sim City. *First monday: peer reviewed journal on the Internet*. Acessado em 5 fev. 2004, de http://www.firstmonday.org/issues/issue4_4/friedman/index.html, 1999.

GUERTIN, C.; LUESEBRINK, M. C. *The progressive dinner party*. Acessado em 15 mar. 2001, de http://califia.hispeed.com/RM/dinner1.htm, 2000.

HARAWAY, D. J. *Simians, cyborgs, and women:* the reinvention of nature. Nova York: Routledge, 1991.

JAMESON, F. *Postmodernism, or, the cultural logic of late capitalism*. Durham: Duke University Press, 1991.

JENNINGS, P. Narrative structures for new media: towards a new definition. *Leonardo*, 29, p. 345-350, 1996.

JOYCE, M. T. *Of two minds:* hypertext pedagogy and poetics. Ann Arbor: The University of Michigan Press, 1995.

MAKELA, M. METAPET. Genetic code in the service of the brave new corporate world: an interview with Natalie Bookchin. *Intelligent Agent*, 3, 2. Acessado em 15 jul. 2005, de http://www.intelligentagent.com/archive/Vol3_No2_gaming_bookchin.html, 1996.

MORGAN, W. "Electronic tools for dismantling the master's house: poststructuralist feminist research and hypertext products". In: ST. PIERRE, E. A.; PILLOW, W. S. *Working the ruins: feminist poststructural theory and methods in education*. Nova York: Routledge, 2000. p. 130-147.

MOVEON. (org.) *Bush in 30 years:* a flash contest to stop the republican social security scam. Acessado em 7 abr. 2005, de http://www.bushin30years.org/?id=5136-1246624-D8MvXHUUER1jeulmD4DqoQ, 2005.

MYERS, D. *Computer game semiotics, play and culture*, 4, 4, p. 334–345, 1991.

NELSON, T. Acessado em 15 jul. 2005, de http://faculty.vassar.edu/mijoyce/Misc-News_Feb65.html, 1965.

Operacion Digna. Acessado em 1 ago. 2005, de http://www.thing.net/~cocofusco/dignaeng1.html.

PARADA, E. *Transplant, a tale of three continents*. Acessado em 01 ago. 2005, de http://tigger.uic.edu/~e-parada/TRANSPLANT2, 1996.

PARADA, E. "When the bough breaks: loss of tradition in the urban landscape". *Journal of Social Theory in Art Education*, 22, p. 72-91, 2002.

PARADA, E.; ROLLINGS, A.; ADAMS, E. *On game design*. Berkeley: New Riders Publishing, 2003.

RYAN, M. L. "Narrative and the split condition of digital textuality". In: ATKINS, T.; KRYWINSKA, T. *Videogame, player, text*. Manchester University Press, 2005. Acessado em 01 jan. 2006, de http://www.dichtung-digital.com/2005/1/Ryan/

YEE, K.-P. *Regender*. Acessado em 01 ago. 2005, de http://regender.com, 2005.

# Videogames como dispositivos literários[1]

Jim Andrews

Tradução: Marcus Bastos

"O tempo é uma criança jogando dados. O reino pertence a uma criança."
Palavras de Heráclito, ditas há uns 2.500 anos. Uma imagem do tempo, da
eternidade. De como o tempo procede. Uma noção mais ampla de brincadeira e jogo[2]. Uma descrição do poder cósmico e, possivelmente, uma imitação da natureza do poder terreno. Perturbadora, talvez, em sua evocação
de um cosmos ou de um reino à mercê do acaso e dos caprichos infantis.

Heráclito usa a noção de jogo como metáfora, um dispositivo literário.
Lemos no dictionary.com[3] que um dispositivo literário é "uma técnica lite-

---

1 Publicado originalmente em MITCHELL, G.; CLARKE, A. (eds.). *Videogames and Art*. University of Chicago Press, 2007.
2 Um dos fios-condutores deste capítulo é o entendimento ampliado do conceito de jogo. Em
inglês, a palavra *play* tem uma série de significados inexistentes em português. Neste contexto de
maior amplitude do conceito de jogo, proposto por Andrews em seu texto, esta elasticidade relativa de *play*, quando comparada com seus equivalentes em português, resulta em uma ambigüidade
impossível de ser recriada. *Jogar, desempenhar* e *brincar* traduzem apenas aspectos de *play*. Por
este motivo, o leitor do presente texto em língua portuguesa ganha bastante se ficar atento ao
paralelismo entre o esforço de Andrews para ampliar o conceito de jogo ao aproximá-lo da idéia
de lúdico e a ambigüidade da palavra *play* que, em inglês, contém ambos os sentidos de jogo: o de
partida e o de brincadeira, entre outros. (N. do T.)
3 Dicionário on-line bastante conhecido, que pode ser consultado em http://www.dictionary.com.
(N. do T.)

rária ou lingüística que produz um efeito, por exemplo: uma figura de discurso, um estilo narrativo ou um mecanismo de construção de enredo".

A característica básica dos jogos é que eventos, em uma estrutura/ mundo (geralmente imaginário), são gerados por meio de algum mecanismo (jogar dados, por exemplo, ou mover), e esses eventos são interpretados e fazem sentido no mundo do jogo. Cada evento introduz mudança no mundo do jogo para que o jogador reaja, o que constitui o próximo evento. O que eu gostaria de fazer nesta meditação é considerar vários trabalhos de arte digital em rede que usam jogos como e no contexto dos dispositivos literários.

Os artistas que criam esses trabalhos preocupam-se mais com a criação de obras artísticas do que com a criação de jogos de computador. Os trabalhos que vamos examinar subordinam a dimensão dos jogos de computador à dimensão literária ou das artes visuais, de diversas formas. O videogame é usado como um e no âmbito de um dispositivo literário, ao passo que, em videogames típicos, o jogo não está subordinado a nada. Como Heráclito, artistas têm mais interesse em enxergar o jogo e a brincadeira em sua relação com o mundo. Por exemplo, a imersão estaria em uma dimensão literária, tipicamente, não na dimensão do jogo, ou seja, estaria mais próxima do literário do que do videogame.

Mesmo o processo de leitura de um poema ou de um livro, ou o de contemplação de um quadro, ou, ainda, o de escutar uma peça musical etc. podem ser considerados processos em que eventos são gerados por algum mecanismo e em que eventos são interpretados e fazem sentido no âmbito do mundo da obra de arte. Durante a leitura de um poema, um leitor faz algo diferente com o texto do que o leitor seguinte, da mesma forma que duas jogadas de um game diferem entre si. A cada rodada de leitura, você terá provavelmente respondido de maneira diferente da pessoa seguinte lendo os mesmos mundos. Os eventos estão lendo/interpretando as palavras ou sentenças etc. da obra de arte.

## Dispositivos em The Intruder, de Bookchin

Na peça criada em Shockwave, de Natalie Bookchin, The Intruder (http:// bookchin.net/intruder), somos apresentados a uma seqüência de oito videogames, a maioria deles adaptada de clássicos como Pong, Space Invaders e Textual Vagina Blood. Interagimos pelo movimento ou clique do mouse. E ao fazer o que decidirmos fazer com ou a partir da história, o sentido é sempre construído, nunca servido *de bandeja*. A interação é menos focada na partida de videogame do que em avançar a narrativa da história ouvida por meio da peça. A história é The Intruder, de Jorge Luis Borges, com poucas mudanças. A personagem feminina é a intrusa. Ela pertence a dois irmãos vis, unidos por laços extremos, entranhados num desesperançoso triângulo de posse psicossexual, com tintas homoeróticas. Por fim, um deles a mata para interromper a tensão entre os dois homens. Game over. Fim da história. Bookchin demonstra consciência de ser uma instrusa, ela mesma, no mundo (antes?) predominantemente masculino de criar e jogar videogames. Os paradigmas do videogame são subvertidos, zombados e implicitamente criticados, por sua natureza rasteira e competitiva relacionada com a natureza dos *machos* violentos.

Ainda que os movimentos e cliques do mouse estejam associados com o avanço nos jogos, estes videogames estão subordinados à história; os videogames são usados *como* e *no contexto de* dispositivos literários; eles *são* dispositivos literários, na medida em que são máquinas programadas funcionando menos para o avanço da partida do que como gatilhos para o desenrolar do áudio da história. Os videogames também estão funcionando *com* outros dispositivos literários comparativos/metafóricos. Comparamos os mundos dos jogos com os mundos da história. A metáfora é operacional, aqui. Comparamos nossa presença no mundo dos jogos com nossa presença no mundo da história, ou seja, comparamos os objetivos dos jogos com nossos objetivos ao ler/ouvir e entender a história. Não podemos apreciar esses jogos da mesma forma que os demais videogames. Em parte, porque eles não são tão atentamente programados como videogames bem-manufaturados. Mas, principalmente, porque eles são subordinados, em todos os sentidos, à dimensão literária. Estruturalmente. Moralmente. Em termos de narrativa etc.

A artista *esfrega o chão* com o videogame. Arte 10 × Videogames 0. As mulheres celebram esse trabalho como nenhuma outra obra feita para a Internet. Ele é merecidamente famoso tanto pelo que afirma quanto por sua inovação formal literária. Ele não é inovador como jogo de computador. Essa não é sua aspiração. Ele aspira à inovação artístico-literária e à profundidade literária. É uma crítica ríspida à mentalidade típica envolvida tanto no desenvolvimento quanto na prática de jogar videogames. É um tipo de trabalho de arte-mídia contra a patriarquia dos videogames. Mas ele também explora a relação entre game e jogo de maneira diferente: videogame e história são, ambos, apresentados como atividades de faz-de-conta, que prosseguem por meio da geração de eventos que mudam o mundo do jogo/história a que o jogador/*escrileitor* responde, para gerar mais eventos.

Heráclito posiciona o jogo entre as atenções amorais das crianças jogando dados. Bookchin os posiciona em meio à maldade humana.

## Jogo artístico em Olhar Axolotes, de Regina Célia Pinto

A peça, em flash, de Regina Célia Pinto, Olhar Axolotes (arteonline.arq. br/viewing_axolotls), assim como a peça de Bookchin, usa uma narrativa. Olhar Axolotes usa *Axolotes*, de Júlio Cortazar, de sua compilação denominada *O fim do jogo*[4]. O texto de Cortazar é incluído integralmente. Podemos descrever a história de Cortazar e o uso que Regina faz dela como uma exploração da *imersão* transformativa. No conto de Cortazar, o narrador se torna e não se torna um axolote[5] que ele observa, fascinado, no aquário. Ele se transforma na medida em que entende com intensidade imersiva, imaginária, a possível mentalidade ou condição existencial de um axolote, ou seja, ele se transforma completamente, em termos figurativos, em axolote. Mas o conto não é como *A metamorfose*, de Kafka, em que o personagem central literalmente torna-se uma barata. Em Kafka, a metamorfose parece ser a conseqüência tragicômica de o personagem não ter vivido. No conto de Cortazar, a metamorfose figurada é como uma aquisição do imaginário. O narrador continua humano, mas, de alguma forma, sua humanidade é complementada ou expandida pela realização de sua experiência axolote.

---

4 O texto integral do conto de Cortazar está publicado no website: http://www.arteonline.arq. br/axolotes/textos.html. O conto original foi publicado pela editora do Rio de Janeiro Expressão e Cultura, no volume *O fim do jogo*, de 1971. (N. do T.)
5 "... axolotes são formas larvais, providas de brânquias, de uma espécie de batráquios do gênero amblistoma." Do conto de Cortazar.

O conto de Cortazar explora a natureza e os limites da imersão figurativa, que é o gesto de assumir com força existencial (necessariamente figurativa) um ponto de vista diferente dos normais. O personagem experimenta a imersão figurativa e, em paralelo, o leitor pode experimentar a imersão figurativa. A adaptação de Regina explora a imersão em um trabalho de arte (o de Cortazar) e oferece ao *escrileitor* a imersão em uma obra virtual (a de Regina e/ou Cortazar). Quanto à experiência, ela é imersiva? Como no trabalho de Bookchin, Olhar Axolotes não é tão polido ou visualmente/sonoramente arrebatador quanto um videogame profissional.

Parece-me que o termo "imersão" é usado de forma mais literal quando conectado aos videogames do que à literatura. Mesmo assim, ele obviamente deve permanecer figurativo: somos quem somos onde estamos quando estamos, e não há como contornar esse fato. A transformação realizadora não é tanto a de se tornar um axolote quanto a de se tornar Regina (lendo Cortazar) um axolote. A obra é tão imersiva quanto você pode torná-la. O que, assim parece, é parte da natureza da imersão. Construir um mundo arrebatador para imergir é apenas parte da tarefa, para aqueles que se permitiram uma experiência imersiva; a outra parte é permitir/encorajar o salto imaginativo que os homens podem dar para figurativamente assumir perspectivas exteriores à sua. E isso é mais bem realizado por meio da literatura do que qualquer outra coisa.

Olhar Axolotes também é envolvente como jogo. "O objetivo do jogo é fazer o *avatar* e o axolote trocarem olhares." O *avatar* é a silhueta de Regina ou do locutor da peça. Você não pode literalmente fazê-los trocar olhares porque a silhueta não tem olhos. O objetivo é figurativo. O jogo é ainda menos *jogável* que o de Bookchin. Ele é lúdico, no entanto. Mais uma vez, a noção de jogo é usada de maneira figurativa, como um dispositivo literário; nesse caso, talvez, para pensar na noção de jogo simplesmente como o desempenho que suscita a realização imaginária ou literária.

## Jogo como dispositivo para renovar o olhar: Pac Mondrian, de Neil Hennessey

Quando Neil Hennessey e seus amigos de Toronto lançaram Pac Mondrian (pbfb.ca/pac-mondrian), em 2004, o *The New York Times* escreveu sobre o jogo. E também o *Globe and Mail* e o *National Post*, os dois principais jornais canadenses. E muitos *bloggers* postaram *links* para o jogo e o discutiram. O que significava toda essa empolgação? Pac Mondrian usa um quadro de Piet Mondrian, chamado Broadway Boogie Woogie, como superfície do jogo. Conforme você joga Pac-Man sobre ela, a superfície/pintura muda de acordo com a lógica gráfica do antigo jogo Pac-Man. E o áudio é um *boogie woogie*.

Uma das principais coisas que as pessoas comentam é como o jogo lhes permite uma experiência renovada do trabalho de Mondrian. Novamente, a ênfase está na arte, não no jogo de computador. Hennessey e seus amigos também produziram uma versão *arcade* do projeto, que pode ser mostrada em galerias.

Outra observação comum é a seguinte:

Videogames, conheçam a arte modernista; arte modernista, conheça os videogames. Agora que ambos foram apresentados, por favor, *mashupem*[6] dois de seus maiores símbolos. Pac-Man e Piet Mondrian? Ok, soa bem para nós. Então, alguém topa um jogo de Dali Kong, Warhol the Hedgehog, Man Rayman ou Super Kahlo Brothers?

(Extraído de engadget.com)

A ênfase aqui não está na arte nem no videogame, mas no *mashup*, mais ou menos equilibrado, dos dois. Pac Mondrian não é apenas para os interessados em artes visuais, mas também para qualquer um que goste de jogos como Pac-Man. Existe um afastamento, aqui, do videogame como apenas figurativo (Regina) ou estritamente subordinado à arte (Bookchin).

Ainda é possível ver o videogame como dispositivo: se olharmos para ele do ponto de vista de alguém interessado principalmente em artes visuais e no trabalho de Mondrian, fica claro que o videogame se transforma em um dispositivo para renovar o olhar sobre Mondrian.

---

6 Ao optar por *mashupem*, na tradução do presente trecho de Videogames como dispositivos literários, o objetivo foi ressaltar a prática de misturar duas fontes (de som, de imagem, de código) para criar uma terceira, de que Pac Mondrian pode ser considerada um exemplo precursor no contexto dos videogames experimentais. Talvez o exemplo mais conhecido de *Mash Up* seja o Grey Album do DJ Danger Mouse, criado pela mistura de trechos do White Album dos Beatles, e do Black Album de Jay-Z. A prática cada vez mais comum do *MashUp* tem gerado resultados bastante férteis, ao permitir que os usuários da chamada Web 2.0 criem aplicativos customizados a partir de código pronto. Assim como o termo *remix* foi aportuguesado, gerando variações como *remixagem* e *remixar*, o mesmo acontece, ainda em um contexto restrito, com *mash up* e *mashupar*, o que justifica a opção que, em um primeiro momento, pode soar estranha. (N. do T.)

No entanto, também podemos olhar Pac Mondrian do ponto de vista de alguém não interessado, ao menos em um primeiro momento, em Mondrian, mas interessado em videogames. Ele vai considerar Pac Mondrian uma boa implementação de Pac-Man e, talvez, esse interesse leve a algum engajamento com a dimensão artística da peça.

Comparando os trabalhos anteriores com Pac Mondrian, parece que as obras de Natalie e Regina são mais complexas em sua profundidade emocional e amplitude intelectual. A noção de jogo é completamente figurativa; a noção de lúdico vem da arte, não da prática de jogar. Pac Mondrian toca de leve a superfície da arte pop e modernista, mas é mais profundamente desenvolvido enquanto peça programada e como justaposição de arte e videogame. É um trabalho de grande deleite como arte e game, e permite que as pessoas percebam a relação entre ambos; também dá às pessoas uma idéia da relação da obra de Mondrian com Manhattan, comunica algo do espírito de Mondrian e do *boogie woogie* em Manhattan.

## Arteroids: Dispositivos gêmeos

Trabalhei em Arteroids (vispo.com/arteroids) desde 2001. Ele nunca foi, de fato, concluído. Eu o chamo de batalha da poesia contra ela mesma e as forças da tolice. Ele é baseado no clássico jogo *arcade* da ATARI, Asteroids ("ATARI" aliás, em inglês mistura "art" [arte] e "ai" [sigla de inteligência artificial]). Em vez de uma nave espacial, a entidade *id* é um texto. Em vez de asteróides, você encontra outros textos.

Alguns dos recursos que eu queria programar eram apropriados para partidas de games. Outros recursos eram mais apropriados para uma noção diferente de jogo. Então, separei o trabalho em dois modos: modo game e modo lúdico. No modo game, você joga com os recursos que tem e os pontos ficam salvos. No modo lúdico, você compõe/salva/edita os textos que encontra enquanto joga, e pode ajustar todos os parâmetros do aplicativo: densidade textual, velocidade, fricção ficcional, se os textos podem ser *assassinados* ou não etc. O modo lúdico é mais uma combinação, no estilo "faça você mesmo", de um estranho editor de poemas e painel de controle de videogame, para que seja possível misturar poesia e jogo de forma que permita ao usuário pensar sobre ambos, sem se preocupar em ser assassinado. O modo game é um videogame, ainda que nele também seja possível ler o texto com menor velocidade. A velocidade aumenta conforme você progride pelas fases do jogo.

Em níveis altos do jogo/velocidade, o texto é um dispositivo para o jogo. Em níveis baixos do jogo e no ambiente Word for Weirdos, o game é um dispositivo para os textos poéticos. A idéia foi tentar lidar tanto com poesia quanto com videogame em bases mais ou menos iguais, para tornar possível observar bem sua interação. O que você ganha quando poesia e games *shoot-en-up* vídeo colidem? Não abordei o problema com muitas idéias preconcebidas.

Uma vez que tinha o videogame funcionando, percebi que o jogo estava dominando a poesia. Foi quando comecei a construir Word For Weirdos, que está acessível através da opção *Edit*, no menu *play mode*. Foi também quando eu tornei o programa capaz de acomodar as 216 fases do jogo, de forma que ele vá de uma velocidade baixa administrável – e legível – subindo para velocidades que desafiam completamente a capacidade de leitura. Isso também foi uma ajuda para o modo game.

A relação entre poesia e videogames é, na maioria das vezes, do tipo água e óleo. A poesia não é um jogo em que alguém ganha. Assim como a arte não é um jogo em que alguém ganha. Não foi senão depois de algum tempo que me dei conta de que esse era um conflito insolúvel. Mas explorar o conflito e também explorar os pontos de encontro é interessante para mim. Há muita energia nessa colisão. Um dos maiores pontos de intersecção entre arte e jogo é a noção de lúdico. E há vários tipos de procedimentos lúdicos, uns mais apropriados à arte, outros mais apropriados aos games.

Conforme nos movemos na direção de um contexto em que a poesia é mais elétrica e orientada para redes, e em que os videogames amadurecem suas possibilidades como arte, há mais exploração do solo comum entre poesia (e outras artes) e jogo. Porque os jogos precisam ser literatos, em certo sentido, para adquirir a arte em que a linguagem é manipulada com profundidade e precisão, e a poesia precisa se mover rumo ao digital e encontrar novos terrenos, ao invés de simplesmente migrar do impresso para o digital.

# Referências

BURNET, J. *Early greek philosophy*. Adamant Media, 2005.

BORGES, J. L. "The intruder". In: *Collected Fictions*, Penguin, 1998.

BOOKCHIN N. *The intruder*, 1999. Disponível em: bookchin.net/intruder.

PINTO, R. C. *Viewing axolotls*, 2004. Disponível em: arteonline.arq.br/viewing_axolotls.

CORTAZAR, J. "Axolotls". In: *End of the game*. Collier Books, 1967.

KAFKA, F. *The metamorphosis*. Norton, 1996.

HENNESSEY N. *et al. Pac Mondrian*, 2005. Disponível em: pbfb.ca/pac-mondrian e em: engadget.com/2005/01/03/pac-mondrian-modern-meets-vintage.

ANDREWS J. *Asteroids*, 2001-2007. Disponível em: vispo.com/arteroids.

# Jogar ou não jogar:
## games em questão[1]

Marcus Bastos

Ao se firmar como uma das manifestações emergentes da indústria do entretenimento, o universo dos jogos revela-se muito mais rico do que o sucesso de Counter-Strike faz supor. Antes de explicar por quê, um pouco do contexto em que o estudo dos jogos experimentais desenvolvido a seguir está inserido. Atualmente, o comércio de jogos é um negócio mais lucrativo que as bilheterias de cinema, em que pese o fato de que a indústria dos games não vive apenas da venda dos jogos, mas também dos lucros com consoles e periféricos. Em todo caso, esse cenário obriga Hollywood a desenvolver "estratégias para conquistar a ciberplatéia", conforme notícia publicada na *Folha de S.Paulo* em agosto de 2005 (F-7). O texto mostra como é a tendência de a indústria cinematográfica fazer filmes inspirados em personagens de games de sucesso, para atrair os jogadores para as salas de exibição.

---

1 Algumas das idéias desenvolvidas neste capítulo apareceram, de maneira embrionária, na disciplina Convergência das Mídias 2, do curso de Tecnologia e Mídias Digitais, da PUC-SP. Os questionamentos e discussões que as aulas suscitaram foram um estímulo à sua revisão e ao seu adensamento. Por esse motivo, agradeço a todos os alunos que participaram desse processo, durante os anos em que o curso foi dedicado ao estudo dos games.

Entretanto, a relação entre games e audiovisual não se restringe a essa tendência. Os games são freqüentemente relacionados primeiro com o cinema (Jenkins, 2001; Bolter, 1998) e, às vezes, à televisão (Bolter, *ibid*). Por isso, é possível supor que o século XXI terá na prática de jogar por meio do computador uma forma de entretenimento tão dominante quanto os formatos audiovisuais foram no século XX. Um rápido exame dos títulos disponíveis nas prateleiras mostra, no entanto, que os games ainda não consolidaram seu relevo cultural, ao contrário do cinema e mesmo da TV, que, conforme demonstrado por Arlindo Machado, tem em sua grade de programação produtos de extrema relevância cultural (Machado, 2003).

Segundo Bolter (1998, p. 98), o termo "jogo de computador cobre um espectro amplo de formatos, incluíndo jogos de ação violentos, jogos de estratégia, jogos em que se desempenha um papel, jogos narrativos, eróticos e francamente pornográficos, jogos de carta, quebra-cabeças, exercícios de habilidade e softwares educativos". Essa aparente diversidade, no entanto, raramente implica abandono da herança militar, indissociável dos formatos

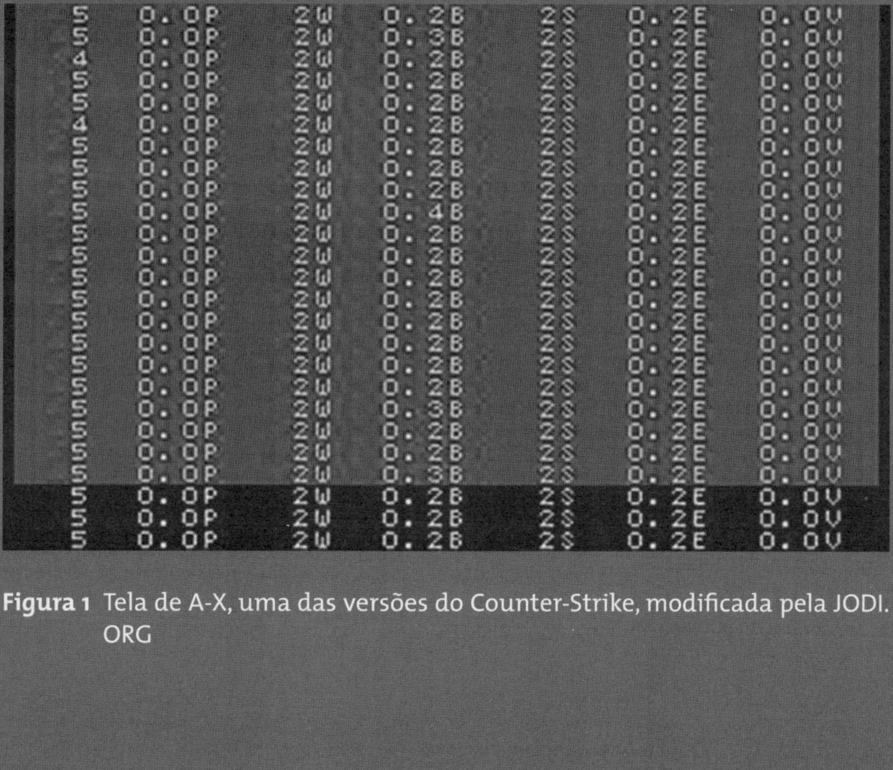

**Figura 1** Tela de A-X, uma das versões do Counter-Strike, modificada pela JODI. ORG

de jogos mais conhecidos. O texto de Bolter revela, ao fazer um histórico de como os jogos de computador incorporam características do audiovisual ao seu design, essa dimensão do universo dos games, quando observa que os

praticantes de jogos de ação são chamados a conduzir uma vigilância contínua. Eles recebem a atribuição explícita ou implícita de agir como guardas de segurança, cujo objetivo simples é atirar em qualquer coisa que parecer ameaçadora. Como a ameaça final é que o inimigo destrua o equilíbrio do sistema e eventualmente interrompa o jogo ao destruir o próprio jogador, este precisa escanear o campo visual e direcionar suas armas de maneira apropriada. Ideologicamente, o jogador é solicitado a defender ou restabelecer o *status quo* (*ibid*, p. 93).

Ainda que o comentário seja relativo apenas aos jogos de ação, seria importante investigar a presença de práticas afins em outros tipos de jogos – mas isso seria um tema para outro texto.

À primeira vista, os games são mais uma dentre as atividades de uma indústria do entretenimento movida pela prática de criar formatos apelativos, sem se preocupar com o resultado de expor seu público a uma lógica em que vencer a todo custo é mais importante do que competir. Não é bem assim. O universo dos games tem potencial para se tornar tão diversificado quando o do cinema, que tem um histórico de *blockbusters* violentos, mas também de películas de delicada inteligência. E, misturando ambos os registros, filmes como *O poderoso chefão* e *Kill Bill*, que retratam com eloquência a violência inerente ao ser humano, de resto, presente na cultura desde os relatos de guerra dos gregos, conforme descrito em "Arte, dor e *kátharsis*. Ou: variações sobre a arte de pintar o grito" (Seligmann-Silva, 2005). Por isso, Henry Jenkins (2001, p. 7) afirma, em *A arte emergente*, que "o problema com a maior parte dos jogos contemporâneos não é que sejam violentos, mas sim, que sejam banais, formulaicos e previsíveis".

Boa parte dos jogos distribuídos comercialmente são *shooters*, *sims*, jogos de aventura e outros do tipo, muitas vezes abundantes em cenários violentos, sexistas e racistas. Sinal dos tempos, neste início de século em que é preocupante a escalada de posturas conservadoras e atitudes excludentes das diferenças. No entanto, a relação entre os ambientes digitais e o mundo físico não pode ser entendida de maneira simplista, como se houvesse uma causalidade mútua. De fato, o próprio entendimento de ambos como separados não pode ser mais que um recurso didático. Mundo e linguagem estão indissociavelmente trançados, em um fluxo elíptico de corpos que (des)organizam os efeitos dos mecanismos perceptivos sobre a memória e o pensamento. No caso das linguagens digitais ocorre o mesmo, ao contrário do que faria supor o discurso generalizado sobre a pretensa virtualidade daquilo que se passa para lá dos cliques do mouse nas pastas, nos disquetes e lixeiras metafóricas das interfaces gráficas mais populares.

Apesar do grande número de histórias sobre relacionamentos que migram da Internet para a vida real, sobre disputas judiciais por propriedades adquiridas em mundos virtuais, e mesmo sobre casos extremos de adeptos dos jogos que morrem em frente ao monitor depois de horas conectados – os instintos de defesa provavelmente anestesiados pela experiência de sentir-se transferido para o mundo fictício do jogo –, não é possível sustentar que os games fazem mal à saúde sem reconhecer que eles também podem causar benefícios. Um deles seria o estímulo do tato, que faz do joystick uma forma de exercício do pensamento háptico.

Em *Life on the screen*, Sherry Turkle (1997, p. 30) observa como "o poder de atração dos computadores é um fenômeno freqüentemente descrito por termos ligados ao hábito de consumir drogas", como, por exemplo, pelo uso da palavra *usuário*. O termo serve para descrever tanto a pessoa que interage com um computador quanto a pessoa que usa drogas. No entanto, o problema dessa analogia, conclui a autora, é que ela foca naquilo que é externo, ou seja, a droga. Para Turkle, melhor que a metáfora do vício "é a metáfora da sedução, porque ela enfatiza o relacionamento entre a pessoa e a máquina". Turkle acredita que sentimentos como amor, paixão e obsessão, em suma, tudo o que sentimos por outra pessoa, ensina também a respeito de nós mesmos. Para ela, ao

analisar esses sentimentos, aprendemos o que nos atrai, o que nos falta, e o que precisamos. A análise das seduções computacionais oferece uma promessa semelhante, se deixarmos de lado o clichê da adicção e nos voltarmos para forças ou, mais precisamente, para a diversidade de forças que nos mantêm absortos na mídia computacional (*ibid*, p. 30).

O mesmo deslocamento que Turkle propõe para o entendimento da relação entre usuário e computador é possível em relação à cultura dos games.

É possível observar de outros ângulos a experiência de jogar, com o auxílio de um programa de computador. Há uma série de exemplos de jogos que rompem com expectativas e questionam os formatos estabelecidos. Esse universo, composto de trabalhos produzidos, na maioria dos casos, sem interesses comerciais, vai de games ativistas, como o conhecido Velvet-Strike[2], desenvolvido pela Opensorcery[3], a jogos criados a partir de livros infantis, como Veronica's Suitcase[4] e Stop Splat[5], passando por sucessos de tirar o sono, como o francês Good Night Mr. Snoozelberg.

Diante de tantos exemplos que oferecem alternativas aos produtos mais bem-sucedidos no mercado e, especialmente, das diferenças acentuadas entre eles, o foco do presente artigo é restrito aos games mais experimentais, ou seja, aqueles que procuram expandir as possibilidades do formato, muitas vezes, por meio de um questionamento metalingüístico da própria prática de jogar. São exemplos geralmente classificados como *game art*, termo para o qual não há uma definição muito clara – pelo menos, até onde esta breve

---

2 Em *Jogos de paz* (Beiguelman, 2005, p. 109), Velvet-Strike é descrito como um jogo que "se apropria do violento game Counter-Strike para questionar a um só tempo a cultura belicosa" em que surgem os jogos de computador "e a nada virtual invasão do Iraque". No website do projeto, Velvet-Strike é definido como uma coleção de tintas spray para serem usadas como grafite nos muros, telhados e no chão do popular jogo em estilo *shooter*, envolvendo terroristas, Counter-Strike. Velvet-Strike foi conceituado no início da guerra contra o terrorismo, comandada por Bush. Os criadores do jogo estimulam a inserção de pichações relacionadas com esse tema. (Website: http://www.opensorcery.net/velvet-strike/about.html. Acessado em 10 out. 2005).
3 Conforme e-mail publicado na lista *nettime*, Opensorcery.net é uma coletânea de textos e projetos de Anne-Marie Schleiner, relacionados com estratégias de hackers para a produção de arte em rede, módulos para desenvolvimento de jogos de computador por meio de software livre, modificação e *hacking* de games, cultura game, construção de *avatares* em jogos de gêneros, *skins* e *patches* feministas, e aliança de jogadoras de games. Ainda de acordo com essa mensagem, alguns dos textos disponíveis no website incluem uma versão expandida de Does Lara Croft Wear Fake Polygons?, reescrita para a revista *Leonardo*, e *Parasitic Interventions: Game Patches and Hacker Art*, um artigo que discute boa parte dos trabalhos reunidos na exposição on-line *Cracking the Maze: Game Plug-ins and Patches as Hacker Art*. Acesse: http://amsterdam.nettime.org/Lists-Archives/nettime-l-0008/msg00095.html, mensagem publicada em 15 de agosto de 2000 e acessada em 10 out. 2005.
4 Conforme a descrição no website: http://www.bumble.com.au/cgi-bin/directory.cgi?extendir=HoneyPot/Illustration/INTERACTIVE_SUITCASE_babel&level=entry&name=INTERACTIVE_SUITCASE_babel, de Veronica's Suitcase.
5 Conforme a descrição no website: http://www.bumble.com.au/cgi-bin/directory.cgi?extendir=HoneyPot/Illustration/INTERACTIVE_STOP_SPLAT_babel&level=entry&name=INTERACTIVE_STOP_SPLAT_babel, de Stop Splat!

pesquisa pôde ser desenvolvida. Uma busca na Internet revela que o termo é mais comum em websites que definem *game art* como *todo tipo de obra inspirada pelo universo dos jogos eletrônicos*. Um exemplo é Select Parks[6], que reúne games de artistas, sem se preocupar com definições e incluindo trabalhos dos mais diferentes tipos. Além disso, o termo é usado em artigos e entrevistas relacionados com a maioria dos trabalhos que serão analisados adiante, com uma exceção que será justificada oportunamente. Por último, a título de conclusão provisória, será feita uma breve tentativa de responder à pergunta sobre a pertinência ou não do uso do termo *game art*, conforme a sugestão no título do presente artigo, de que ele é insuficiente para descrever os trabalhos analisados.

## JODI contra as *interfáceis*

A dupla JODI é conhecida por fazer trabalhos que desafiam os formatos mais comuns na Web. As colaborações entre Joan Heemskerk e Dirk Paesmans procuram encontrar formas de explorar a programação como linguagem, desafiando a lógica de analogias entre a área de trabalho do computador e o mundo físico, comuns nas interfaces gráficas que auxiliam o usuário em suas tarefas diante do monitor. A aparente não funcionalidade resultante dessa estratégia é refutada pelo grupo em entrevista a Tilman Baumgartel, publicada na conhecida comunidade digital Rhizome. Nessa entrevista, fica clara a postura de explorar formas de o código binário gerar aplicativos que permitam outros tipos de acesso à linguagem digital, especialmente quando usam rotinas normalmente rotuladas como erros de programação. A JODI aceita com prazer a contribuição binária dos erros de programação, que eles incorporam como forma de questionar a cultura da eficiência e da otimização, em um contexto em que o culto ao eficiente e ao sonho de um computador perfeito sobrevive, apesar das idiossincrasias do Windows XP e apesar de o erro ser uma das características mais marcantes da cultura digital.

A dupla JODI começou a trabalhar com jogos por sentir-se cansada da superfície plana do desktop e por perceber como os jogos permitem ao usuário uma experiência tridimensional sofisticada. Mas sua aproximação

---

6  http://www.selectparks.net/.

com o universo dos games acontece de maneira bastante específica, na medida em que eles usam Wolfstein, Quake e outros games como ponto de
partida para desenvolver "abstrações do código existente, vestindo e des-
pindo esse código dos gráficos que expressam o que está por trás do pro-
gramado" (Baumgartel, 2001). São, por isso, *mods* conceituais, na medida
em que se apropriam dos *engines* de jogos conhecidos para desconstruí-los
e desmascarar o universo competitivo em que estão inseridos. Nos jogos
da JODI não é possível ganhar, nem mesmo competir. Dessa forma, eles
destoam da postura bélica implícita em boa parte dos games. Ouvir os sons
originais dos jogos utilizados em um contexto de jogabilidade diferente,
em que os controles não funcionam conforme esperado e os elementos visuais destoam do realismo comum em muitos jogos em 3D, produz um
efeito de estranhamento irônico.

Os jogos da JODI, segundo a própria dupla – e ainda de acordo com a
entrevista publicada no website Rhizome.org – têm por objetivo uma "exploração formalista da redução, abrindo janelas para visualizar os códigos
sob a superfície para compreender melhor o comportamento do jogador/
usuário. Gráficos são importantes, mas não deveriam se tornar repetitivos"
(Baumgartel, 2001). Um exemplo dessa postura é a versão em preto e branco do Quake. Nela, "subitamente surgiram retículas ao vivo, interferência
dos padrões de movimento, que foi algo não calculado". Segundo a JODI,
"isso acontece porque alguns gráficos com um pixel branco e um pixel preto
estavam escorregando um em cima do outro, mas a forma como o efeito
começa e os tipos de padrão que ele produz são acidentais". Mesmo assim, a
dupla opta por aproveitar o resultado obtido. Concentrando-se nesses fenômenos, começam "a desenhar os tamanhos do ambiente, em função desse
detalhe, tentando disparar esse 'erro' o maior número de vezes possível", em
um processo que os ocupa por meses (Baumgartel, 2001).

Tal postura remete ao entendimento de que o processo de comunicação completa-se igualmente em situações em que o uso do ruído é inten-
cional, a despeito do suposto prejuízo à compreensão aí implícito. Vários
pensadores discutiram como o entendimento de que o ruído prejudica a
comunicação é equivocado, na medida em que supõe uma transparência inexistente, não por ineficiência de quaisquer linguagens que sejam,
mas porque a relação entre linguagem e pensamento é sempre mediada e,

portanto, relativamente opaca. Um exemplo é Deleuze, quando descreve o caráter imperativo da comunicação. Deleuze acredita que a "relação entre o enunciado e o ato é interior, imanente, mas não existe identidade", e que, portanto, essa relação "é, antes, de redundância". Deleuze explica que os "jornais, as notícias, procedem por redundância, pelo fato de nos dizerem o que é 'necessário' pensar, reter, esperar, etc.". Para ele, "a linguagem não é informativa nem comunicativa, não é comunicação de informação, mas – o que é bastante diferente – transmissão de palavras de ordem"[7]. O mesmo que Deleuze afirma sobre os jornais pode ser dito sobre as interfaces digitais. Em ambos os casos, desconstruir os pressupostos estabelecidos implica abrir fendas nesse circuito, questionar as palavras de ordem.

Michel Serres desenvolve o mesmo tema quando critica a forma como o conceito de ruído aparece nas várias apropriações e releituras rígidas das teorias clássicas da comunicação, especialmente nos modelos formulados por teóricos vinculados a modelos informacionais e/ou cibernéticos da comunicação. Em *Radical artifice*, Marjorie Perloff afirma que Serres estudou o significado e a função do ruído, questionando a compreensão do termo como "conjunto de fenômenos de interferência que tornam-se obstáculos à comunicação". Perloff explica que, para Serres, a palavra *obstáculo* pode ser enganadora, já que o filósofo francês sustenta que o ruído não é somente incidental, mas essencial para a comunicação – seja no nível da escrita (por exemplo, manchas nas formas gráficas, falhas no desenho, erros de digitação, e assim por diante), da fala (gagueira, pronúncias incorretas, sotaques, disfonias e cacofonias) ou dos meios técnicos de comunicação (ruído de fundo, congestionamento, estática, cortes, várias interrupções).

Serres lembra que se, por exemplo, uma letra é escrita de maneira descuidada ou ilegível, há interferência no processo de leitura, o que implica dizer que o ruído torna a comunicação mais lenta. O cacógrafo e o epigrafista trocam de papel, lutando, como fazem, contra o ruído entendido como inimigo comum: manter um diálogo é supor um terceiro homem e tentar excluí-lo. Esse terceiro homem, diz Serres, é o demônio, a *prosopopéia do ruído*. Demônio porque, com exceção da matemática, o reino da comunica-

---

7 Veja, nesse sentido, os projetos: *content=no cache* e *Esc is for Escape*, de Giselle Beiguelman, no website: http://www.desvirtual.com.

ção quase-perfeita, o *terceiro homem* nunca é excluído com sucesso. De fato, para que o discurso *puro* da matemática seja possível, é necessário estancar o domínio empírico; é necessário fechar os olhos e ouvidos para a canção e a beleza das sereias. (Perloff, 1991, p. 15)

Ao defender a beleza dos mortíferos cantos de sereia, Michel Serres questiona o mito da comunicação transparente. Alinhado com a maioria dos pensadores que fizeram contribuições relevantes para os estudos contemporâneos da linguagem, o filósofo francês defende a importância de observar a beleza estranha dos signos imprevisíveis, de desvelar o sentido, seja ele esperado ou inesperado. Os jogos da JODI só podem ser compreendidos mediante o entendimento de que, na linguagem, não há desvio; de que o desvio é poesia, a forma de linguagem mais freqüentemente empenhada na busca pelo diferente.

## O jogo na literatura

No capítulo *Videogames como dispositivos literários*, Jim Andrews defende que o componente básico dos jogos é o acontecimento de "eventos em uma estrutura/mundo (geralmente imaginária)". Nessa estrutura/mundo, "gerada por meio de um mecanismo (jogar dados, por exemplo, ou mover)", os "eventos são interpretados e significativos dentro do mundo do jogo". Segundo Andrews, cada "evento introduz uma mudança no mundo do jogo" e a resposta do jogador a essa mudança "constitui o próximo evento", ou seja, ela prepara o contexto para a nova jogada. Ainda segundo Andrews, o processo de leitura de um poema ou de um livro, a observação de uma pintura ou a audição de uma peça musical, entre outras formas possíveis de fruição, "podem ser considerados processos em que eventos são gerados por algum mecanismo", que, posteriormente, é interpretado e torna-se significativo no contexto da obra de arte. O poeta canadense completa seu raciocínio defendendo a existência de um paralelo entre o processo de fruição estética e a atividade de jogar. Ele afirma que, quando "acontece a leitura de um poema, algo diferente se dá no/do/com o texto, na medida em que a leitura, assim como duas partidas diferentes de um jogo, não se repete. A cada turno da leitura, haverá respostas diferentes da mesma pessoa".

Essa proximidade entre jogo e fruição estética não pode ser entendida em termos absolutos, já que as duas experiências têm aspectos bastante diferentes que também precisam ser explorados, para aprofundar a relação entre ambos. Em todo caso, vale anotar a percepção recorrente de que os formatos que surgem na cultura digital potencializam os mecanismos de leitura, na medida em que estimulam processos mais abertos de produção de sentido. A cultura digital está impregnada de formatos em que a produção de sentido resulta da combinação de fragmentos e da operacionalização de regras. E, o que é mais importante, nos aplicativos digitais é o usuário quem estabelece as relações entre as partes e o desenrolar das regras. Por isso, a fruição dos mesmos depende de um leitor atuante.

Essa proximidade entre jogar e fruir é um dos fios condutores de "O lance secreto", texto digital criado por Philadelpho Menezes (Azevedo e Menezes, 1997/98), em *Interpoesia*. O lance secreto mistura deliberadamente ficção e realidade, em uma espécie de enciclopédia borgeana sobre a paixão de Marcel Duchamp pelo xadrez. Além disso, o texto é entrecortado de referências ao universo de Lewis Carroll, em *Alice no país das maravilhas*. Essa mistura de ficção e realidade tem por objetivo confundir o usuário, e funciona como uma crítica irônica ao formato enciclopédico comum na maioria dos primeiros CD-ROMs vendidos comercialmente. Nesse sentido, O lance secreto é uma espécie de xadrez estranho, em que o avanço do usuário não depende tanto de seus movimentos quanto do desejo de seguir em frente.

Um dos textos incluídos no CD-ROM de Philadelpho Menezes e Wilton Azevedo explica como "no xadrez, após um certo número de jogadas ou um certo tempo de partida, um dos jogadores pode interromper a disputa, para que ela seja continuada no dia seguinte. Para isso, ele deve fazer um lance secreto, que deposita em um envelope para ser aberto no dia seguinte, criando suspense para o adversário" (Azevedo e Menezes, *ibid*). O mesmo se dá neste poema digital, um aplicativo que pode ser interrompido em qualquer ponto da navegação, para ser retomado posteriormente. O lance secreto não é um game propriamente dito, mas dialoga com o universo dos jogos. Além disso, tematiza a relação entre arte e jogo, ao explorar a paixão de Marcel Duchamp pelo xadrez. Este trabalho é o mais contundente do CD-ROM *Interpoesia*, porque explora tanto a montagem entre signos, marca de sua poesia, quanto as possibilidades de navegação em ambientes digitais.

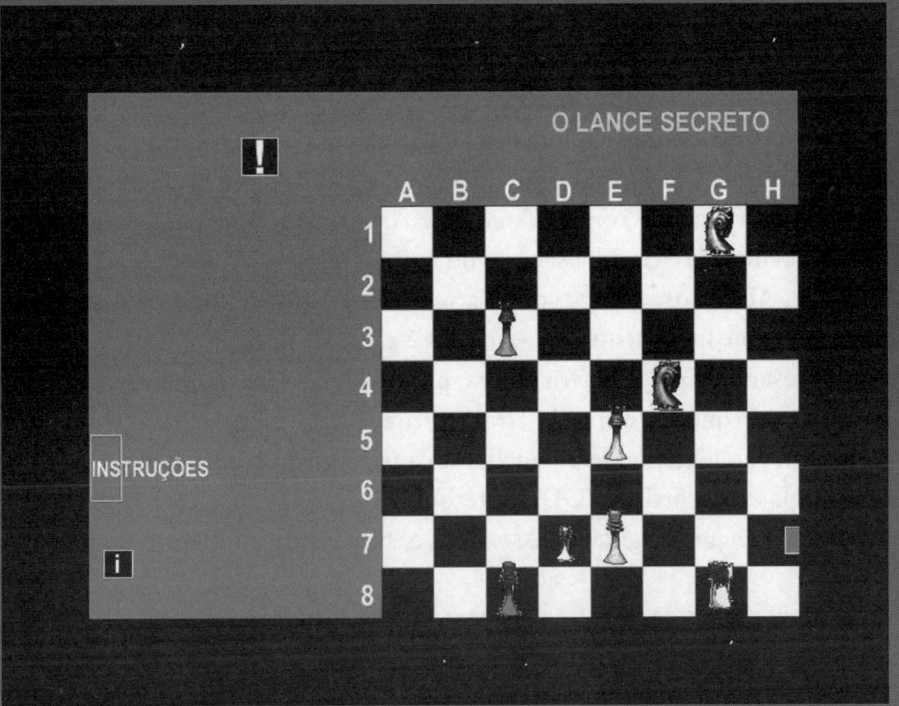

**Figura 2** Tela de O lance secreto, em que Philadelpho Menezes usa o jogo de xadrez como eixo condutor.

Segundo Janet Murray, a "capacidade de movimento por paisagens virtuais pode ser prazerosa por si só, independente do conteúdo desses espaços" (Murray, 1997). Como exemplo, Murray conta sobre um amigo dela, cujo filho é um ávido jogador de Nintendo, que, ao jogar, sente-se "incomodado por ter de lutar o tempo todo, já que o combate é uma distração não bem-vinda do prazer de mover entre os espaços que se desdobram como labirintos de encantamento"[8] (Murray, 1997, p. 129). O já citado poema digital,

8 O original *unfolding maze* contém uma complexidade semântica difícil de se recriar em português, na medida em que a palavra *maze* significa tanto *labirinto* quanto *encantamento*. Daí a tradução livre para "espaços que desdobram um labirinto de encantamento", forma que reconstrói em parte a idéia de navegação como o percurso por labirintos, conforme discutido por David Kolb em *Socrates in the Labyrinth* (Kolb, 1999).

O lance secreto, seria, nesse sentido, um jogo que explora um tipo de prazer não instrumental, pois concede ao jogador a oportunidade de fruir os ambientes que cria *em parceria com* e não *contra*, como na maioria dos jogos.

Outro trabalho que explora a relação entre jogo e literatura é Arteroids, de Jim Andrews. Conforme a descrição no website do poeta canadense[9], sua versão literária para o conhecido *shooter* Arteroids é "uma batalha da poesia contra ela mesma e contra as forças do tédio". Desenvolvido em Macromedia Director, Arteroids dialoga com a arte generativa. Inspirado no jogo Arteróides, o game literário de Jim Andrews é a luta de uma nave espacial solitária, representada pela palavra poesia, para destruir seus oponentes, também palavras que, quando atingidas, transformam-se em animações em que som e imagem vão lentamente preenchendo a tela. Assim como os jogos criados pela dupla de *net* artistas JODI, Arteroids é um *mod* conceitual; mas ele não modifica o *engine* original de Asteroids e, sim, recria o universo do jogo.

## Conclusão

Os trabalhos examinados anteriormente confirmam a hipótese de que o universo dos jogos de computador é mais amplo do que os games mais conhecidos fazem supor. De fato, como Janet Murray sugere, há um componente lúdico na forma como acontece o relacionamento entre homem e máquina – em que pese o fato de que, assim como não é possível entender o paralelo entre fruição estética e jogo, feito por Jim Andrews em termos absolutos, não é possível entender esse componente lúdico existente no relacionamento entre homem e máquina de maneira apressada. O fato de que, na cultura digital, predominam formatos em que é imprescindível o agenciamento, não implica generalizar toda e qualquer ação que o usuário performatiza sobre um aplicativo digital, pressupondo que ela seja de caráter lúdico. Todo encontro é, sempre, em certa medida, desencontro.

No entanto, são raros os jogos de computador que exploram de maneira complexa essa ausência intrínseca, que é um dos ingredientes importantes da inclinação para o divertimento e para o fazer desinteressado. Em Puppet Motel, Laurie Anderson explora elementos comuns nos jogos de compu-

---

9  Website: http://www.vispo.com.

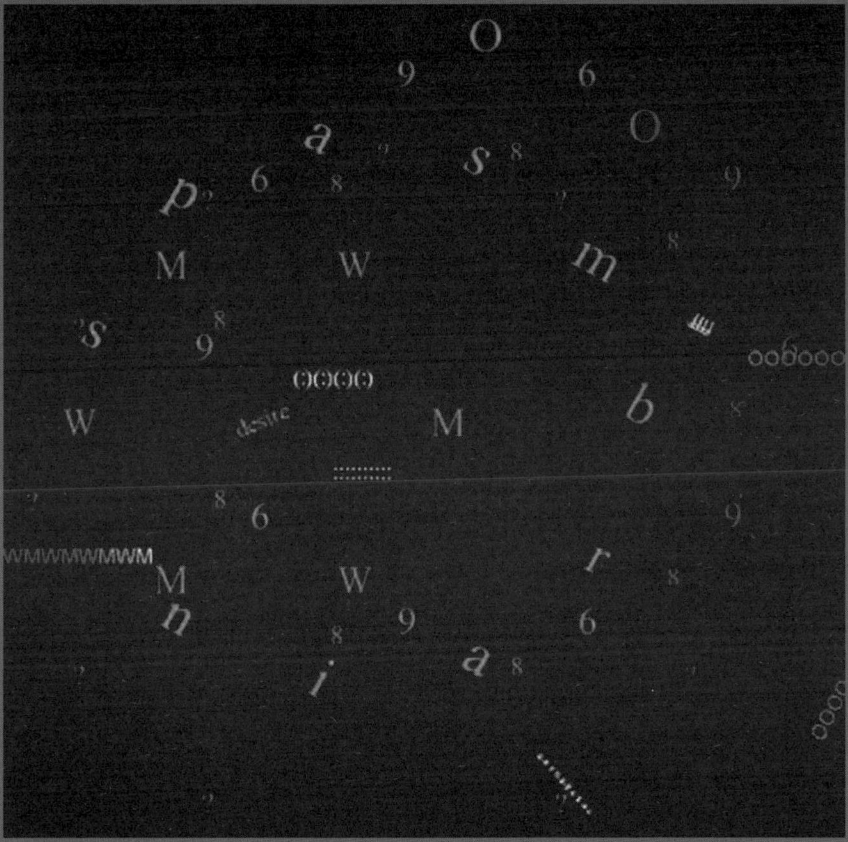

**Figura 3**  Tela de Arteroids, o jogo literário de Jim Andrews.

tador para construir um aplicativo em que o único objetivo explícito é a continuidade da navegação, pela descoberta de suas regras pouco evidentes e, muitas vezes, inúteis. Trata-se de um dos poucos trabalhos capazes de explorar a complexidade possível em ambientes tridimensionais controlados por regras, em um formato diferente dos tradicionais *sims* e *shooters*.

Por isso, uma das questões que merecem ser colocadas no contexto dessa breve pesquisa é que, apesar do lugar dominante ocupado pelos jogos de computador, a cultura digital não pode ser entendida como uma cultura do jogo. Outros aspectos, como a miniaturização, a customização e a ubiqüidade, para ficar apenas com os mais evidentes, são igualmente importantes, senão, mais contundentes em termos das mudanças que estimulam e da densidade com que foram problematizados no universo da experimentação com mídias digitais.

Trabalhos como Puppet Motel – e os demais exemplos analisados no decorrer do presente texto – revelam como o termo *game art* é redutor, já que é insuficiente para explicar esses formatos que, ao extrapolar os padrões mais conhecidos, tornam a ecologia dos jogos mais divergente. Os games não são conservadores só no conteúdo sexista, racista e violento, mas também no apego a fórmulas de design incapazes de revelar o que o código binário tem de mais contundente: a confirmação de que as linguagens não têm fronteiras ou hierarquia entre elas, por se tratarem de combinações lógicas em fluxo constante por *loci* temporários e mutantes. O uso de adjetivos definidores de gêneros ou suportes, como o clássico videoarte e os recentes *net art* e *software art*, mascara essa ausência de compartimentos. Dessa forma, fomenta o desejo de engavetar fenômenos plurais em que seria mais adequado reconhecer a diversidade.

Uma das principais características da cultura digital é a implosão de fronteiras entre as linguagens e os gêneros estabelecidos. Após o processo de convergência entre comunicação e artes, que leva da cultura das mídias à cibercultura (Santaella, 2003, 2005), torna-se necessário inventar novas categorias para a crítica cultural, por meio do uso de terminologia condizente com o momento de dispersão que se instala, conforme as mídias digitais tornam-se cada vez mais distribuídas e maleáveis.

## Referências

ANDREWS, J. *Videogames as literary devices*. Artigo inédito. (s/d).

AZEVEDO, W.; MENEZES, P. *Interpoesia*. São Paulo: EPE (PUC-SP) / Universidade Presbiteriana Mackenzie, 1997/98.

BATAILLE, G. *Eroticism:* death and sensuality. San Francisco: City Lights, 1986 /1962.

BAUMGARTEL, T. *Interview with JODI*, 2001. Disponível em: http://rhizome.org/thread.rhiz?thread=1770&page=1.

BEIGUELMAN, G. "Jogos de paz". In: *Link-se*. São Paulo: Peirópolis, 2005.

*FOLHA DE S.PAULO*. "Hollywood tenta conquistar ciberplatéia". *Caderno de Informática*. 24 ago. 2005. F-7.

JENKINS, H. "A arte emergente". In: *Mais! Folha de S.Paulo*, 14 jan. 2001.

KEHL, M. R. *Sobre ética e psicanálise*. São Paulo: Companhia das Letras, 2002.

KOLB, D. *Socrates in the labyrinth*: hypertext, argument, philosophy. Watertown: Eastgate Systems, 1994.

MACHADO, A. *A televisão levada a sério*. São Paulo: Senac, 2003.

MURRAY, J. *Hamlet on the Hollodeck*: the future of narrative in cybespace. Cambridge: MIT Press, 1997.

PERLOFF, M. *Radical artifice*: writing poetry in the age of media. Chicago e London: The University of Chicago Press, 1991.

REUTERS. Disponível em: http://go.reuters.co.uk/newsArticle.jhtml?&storyID=9316267.

RUSSO, M. "Agnes Hegëdus: dèfragmentation de la memóire". In: *Parachute*, n. 119, p. 199, out. 2005.

TURKLE, S. *Life on the screen*: identity on the age of Internet. Nova York: Touchstone, 1997.

SANTAELLA, L. *Culturas e artes do pós-humano*: da cultura das mídias à cibercultura. São Paulo: Paulus, 2003.

SANTAELLA, L. *Navegar no ciberespaço*. São Paulo: Paulus, 2005.

SANTAELLA, L. *Por que as comunicações e as artes estão convergindo?* São Paulo: Paulus, 2005.

SCHNEIDER, A.-M. *Opensorcery.net*. Mensagem enviada à lista de discussão: nettime, em 15 ago. 2000. Disponível em: http://amsterdam.nettime.org/Lists-Archives/nettime-l-0008/msg00095.html.

SELIGMANN-SILVA, M. "Arte, dor e *kátharsis*. Ou: variações sobre a arte de pintar o grito". In: *O local da diferença*: ensaios sobre memória, arte, literatura e tradução. São Paulo: Editora 34, 2005.

# O jogo do parangolé

Fabrizio Poltronieri

O objetivo deste capítulo é repensar a idéia do ser humano como sujeito inserido em um contexto cultural, que, neste início de século, é condicionado por mecanismos contemporâneos que cada vez mais flexibilizam processos de abertura à participação individual. Para um foco mais preciso, trataremos dos processos interativos que utilizam aparelhos tecnológicos digitais como canal de transmissão, por serem um convite ao pensamento multidisciplinar e representarem uma aposta no sentido de promover uma maior participação dos receptores nos processos comunicacionais. Dentre essas linguagens digitais, os games apresentam-se como experiências ímpares no campo da interatividade e das narrativas fragmentadas, não-lineares.

Para esta discussão, os *parangolés*, obras do artista brasileiro Hélio Oiticica (1937-1980), foram escolhidos como ponto de partida para uma aproximação com as interfaces digitais. Nossa hipótese é que os parangolés representam uma metodologia ímpar no que toca o desenvolvimento de linguagens interativas, podendo apontar caminhos que talvez apresentem respostas às constantes críticas contra os games comerciais; entre elas, as questões da violência e da alienação, que estariam no núcleo dos games de maior sucesso. A pesquisa sobre Oiticica e os parangolés vem atribuir um sentido de historicidade à discussão proposta e uma idéia de possíveis desdobramentos no campo dos sistemas interativos digitais, apontando para a necessidade de uma metodologia multidisciplinar para a produção desses sistemas.

Neste contexto, o universo aberto pelas mídias digitais revela-se inaugural por compatibilizar suportes (Santaella, 2001, p. 23) e, conseqüentemente, romper com barreiras impostas por meios da difusão de mensagens que utilizam suportes físicos, como o livro. Podemos dizer que, talvez, o grande papel das tecnologias digitais seja atuar como a ponte que possibilita ao homem realizar uma permeação constante entre as áreas do saber e entre os repertórios individuais, visto que os instrumentos existentes até então contribuíam para a propagação do processo de compartimentação. A tecnologia espelha o intelecto humano e expande potencialmente as capacidades cognitivas humanas, pois

ao lermos um texto impresso, apesar da sua linearidade, produzimos uma rede de imagens, nos dispersamos, interrompemos, voltamos, dizemos: voltei para "pegar o fio da meada", mas esse "fio" é, em grande parte, criação nossa, e não do autor. A partir desse ponto de vista, a não-linearidade se constitui na semiose essencial, constituinte do mundo, e não pode ser definida única e simplesmente pela tecnologia na qual estamos presos, porém, esta última pode delegar uma ontologia linear àquela (Bairon, 2004).

É neste panorama que pretendemos explorar zonas de interface entre a arte e as linguagens emergentes dos sistemas digitais, mais especificamente, relacionando a obra de Oiticica com as questões dos roteiros não-lineares e da inclusão de repertórios individuais ao grande oceano digital, por meio da interatividade, de uma aproximação com a linguagem dos games. É importante precisar a concepção de sistema interativo aqui adotada, visto que o termo *interatividade* abarca hoje uma grande quantidade de processos advindos de diversos níveis e envolvendo os mais variados sistemas de expressão. O conceito aqui utilizado diz respeito a uma concepção projetual favorecedora de uma lógica combinatória, não acabada, mas que contém elementos básicos constituintes e convenções de substituição e criação, definidas por meio de algoritmos projetados pelo enunciador, que passa a desempenhar um papel de animador de repertórios coletivos, em contraposição à concepção clássica de proporcionador de mensagens prontas.

A obra interativa transforma-se em um campo de possibilidades, por estar sempre em construção. Cada receptor irá atualizar parte dessas possibilidades em discursos únicos, e a composição da obra se dará nessa tensão entre as brechas do discurso proposto e o desafio da inclusão dos diversos repertórios provenientes dos receptores, que não mais simplesmente contemplam, mas agem de forma efetiva. No limiar desse processo, percebe-se que nesse tipo de abordagem o discurso somente torna-se significante com a participação realmente ativa do *alter*, que é convidado a incluir suas impressões nas brechas contidas na obra. Assim, o receptor realmente escreve o roteiro, "recupera (tal como nos primórdios da narrativa oral, transmitida boca a boca) o seu papel fundante como co-criador e contribui decididamente para realizar a obra" (Machado, 1997, p. 146).

A escolha da linguagem e do fazer artístico como elementos de aproximação entre o homem e os sistemas digitais se dá por uma série de razões. Oliveira (1997, p. 217) aponta para o teor transformador das manifestações artísticas. Nesse recorte, uma das possibilidades a ser explorada é a ação direta de uma alfabetização não-verbal dos receptores para a quebra da rigidez imposta pelos sistemas digitais atuais, uma busca por uma sintaxe que desperte o interesse real dos usuários em compartilhar experiências dentro de comunidades que lhe digam respeito. Além disso, a arte muitas vezes tem o poder de antecipar os desenvolvimentos tecnológicos bem antes de uma geração, e, particularmente com relação à interatividade, Oiticica se revela um radar, sinalizador de questões que estavam além de seu tempo, sendo um artista que levantou problemáticas embrionárias e essenciais aos sistemas interativos digitais que existem hoje.

A reflexão a ser feita será no sentido de conceituar algumas propostas e intervenções artísticas de Oiticica, buscando a possibilidade de apropriação de elementos da sintaxe libertadora da arte para o estabelecimento de interfaces com as emergentes linguagens utilizadas nos sistemas digitais para troca de experiências, em especial com a linguagem dos games, reaproximando a arte do cotidiano. A arte se contamina pela técnica, pela tecnologia. A questão aqui levantada é: por que a tecnologia não se deixa permear pelos conceitos da arte?

## Os parangolés de Hélio Oiticica

Atualmente, percebe-se uma grande especulação sobre os métodos de produção consciente de linguagens híbridas interativas. Como contraponto, tem-se uma parcela significativa da produção embrionária de experiências nesse campo revelando-se extremamente conformada, descontextualizada e inapta a apontar horizontes prospectivos para a constituição de novas sintaxes (Machado, 2001, p. 13). Uma retomada do olhar para a obra de Oiticica pode indicar novos rumos conceituais e fazeres desafiadores para a produção crítica de sistemas de linguagem que encontram no meio digital um suporte ímpar para seus arranjos de sinais.

Para Oiticica, a obra de arte só existia enquanto antiarte, já que, classicamente, a arte opera em um mundo descolado dos valores cotidianos, tidos como superficiais ou mundanos. Nos espaços/quadros/objetos/idéias criados por Oiticica, arte e cotidiano se fundem, criando um jogo com o participante. Oiticica foi um artista que não travou diálogos com o sistema de arte vigente, vivendo toda sua vida com recursos de sua família e de traduções que realizava. A antiarte, nesse sentido, não é a negação da arte, mas sim, uma oposição ao rotineiro e contra o sistema de arte, pois,

no momento em que não existe mais obra, apenas proposta, o objeto desaparece, e com sua ausência não se tem mais contemplação nem comércio de arte. O que o artista chamou de antiarte segue de perto a visão de Mário Pedrosa: para ambos, a arte possui uma natureza afetiva que aflora no exercício experimental da liberdade. O papel do artista passa a ser tão somente o de auxiliar o coletivo a viver este experimental, sem limites (Justino, 1998, p. 9).

As inquietações de Oiticica com relação aos procedimentos interativos começam a tomar forma durante os anos de 1961 a 1965, quando realiza uma ruptura com a pintura e estabelece novas possibilidades de linguagem para as artes visuais a partir de seus penetráveis, bólides e parangolés. Porém, metodologicamente, os princípios da construção de discursos interativos sempre estiveram presentes em suas reflexões, tendo em vista que não há muito sentido em estabelecer uma cronologia do conjunto de sua obra, já que o artista trabalhava com um processo de produção não-linear, algo próximo

a uma montagem/desmontagem cinematográfica. Como em um filme, podemos tomar algumas das últimas obras de Oiticica e refazê-las, numa espécie de montagem, recriando-as e adicionando-lhes outras significações, porque a própria proposição-processo permite isso. Precisamente por se tratar de um programa aberto, cada realização é uma nova obra (Justino, *ibid*, p. 6).

Dessas experiências, as mais pertinentes para o contexto aqui apresentado são, sem dúvida, os parangolés. O poeta Haroldo de Campos define o parangolé como "asa delta para o êxtase" (Salomão, 2003, p. 33), na medida em que, mais que um conjunto de obras, trata-se de um vôo para a liberdade, em que o artista persegue a participação livre, espontânea e aberta; o diálogo com a incerteza, com o indeterminado, em uma estrutura precária, no sentido da não-completude, a ser construída também pelo receptor e na qual o resultado transcenda, ou até mesmo contradiga, as intenções iniciais do artista. Tal caracterização tem uma relação direta com a configuração de uma linguagem interativa que contemple os sistemas digitais.

Formalmente e materialmente, a maioria dos parangolés apresenta-se como capas para vestir, de tecido ou plástico, servindo de suporte para elementos pictóricos ou verbais. O parangolé traz um espaço livre não institucionalizado, aberto à experimentação e fantasia e, portanto, próximo dos aspectos e heranças primitivas, em que o homem encontra o homem. É a partir da experiência de vestir o parangolé e desdobrar este ato em uma desprogramação intelectual e corporal que Oiticica propõe a experimentação de novas sensações. A construção da experiência e da própria obra, já que sem o participante não existe obra, dá-se com base no tripé constituído por três categorias básicas: a indeterminação, o transitório e o acaso. É nesse espaço que o sensório se une ao intelectual para a criação de uma experiência que não estava, e nem poderia estar, prevista pelo artista.

Oiticica posiciona-se como um propositor, catalisador de repertórios coletivos, já que os elementos que possibilitam a interatividade estão disponíveis – o samba, as capas, os valores pictóricos, os pigmentos, as pedras, a areia, as folhas –, porém, esses signos são organizados e só adquirem um sentido mais pleno "com a incorporação do elemento mais rico, o participante, que se torna corpo e obra" (Justino, 1998, p. 46). O que interessa é a apropriação: do espaço, do tempo, das experiências e sensações da coletividade. Por meio dessas apropriações, o parangolé realiza um intercâmbio entre linguagens, para dar origem a uma nova dimensão.

O parangolé atua como um facilitador da permutação entre linguagens sonoras, visuais e verbais. Porém, é importante observar que, apesar do aspecto material e tátil das capas, elas não se constituem como objetos, no sentido mais comum do termo, principalmente no que se refere ao objeto de arte. A capa é muito mais um ponto que emana possibilidades e concentra virtualidades do que uma escultura. Justino, muito apropriadamente, nomeia os parangolés de *núcleos energéticos*, a partir da constatação de que "a ausência do objeto dá lugar ao nascimento das possibilidades, mesmo porque o espectador foi abolido, dando lugar ao participante que, agora, equilibra-se na corda bamba da sensibilidade pura" (*ibid*, p. 46). Sendo experiências multimodais, os parangolés passam a incorporar a música das massas do Rio de Janeiro, o samba produzido no morro da Mangueira, e a dança. A música e a dança são entendidas por Oiticica como elementos que possibilitam uma comunhão com o ambiente. O parangolé passa a possibilitar a desprogramação dos ambientes herméticos ao estabelecer ligações entre dança, música, ambiente, experimentação e fantasia.

O espaço institucionalizado de uma galeria, como a Whitechapel Gallery de Londres – onde o artista expôs em 1969 –, por exemplo, ganha autonomia para o espectador na medida em que este percebe o parangolé como instrumento que possibilita trazer ao espaço justamente o que o espaço nega: o uso efetivo do espaço e do tempo – a participação –, em vez da simples contemplação. Estruturas de comportamento não previstas emergem através da interação com as capas. Para Oiticica, o ato de vestir o parangolé já instaura o novo no ambiente e no sensório, pois a contemplação é abolida a partir do contato físico, do panejamento da capa sobre o corpo.

O que os produtores e pesquisadores relacionados aos sistemas digitais podem aproveitar da experiência com os parangolés para a construção de linguagens para esses meios? Alguns confrontamentos nesse sentido passam a ser explorados nos desdobramentos a seguir.

## Canibalismo digital: descobrindo e incorporando o outro

Se para McLuhan (2002) o meio é a mensagem e Lévy indica que a comunicação através de meios digitais pode "modificar a antiqüíssima distribuição de cartas antropológicas que condena as grandes coletividades a formas de organização políticas muito afastadas dos coletivos inteligentes" (2001, p. 120), uma articulação dessas idéias indica que uma das mensagens principais dos meios digitais é a desarticulação da arquitetura que predominou no século XX, na qual a emissão de mensagens pela mídia de massa foi um fenômeno separado da recepção.

Partindo desse ponto e vislumbrando um cenário embrionário, com o computador ocupando o papel de grande mídia das mídias semióticas (Santaella, 2003, p. 20), chega-se a um dos elementos fundamentais para a articulação de uma nova arquitetura que privilegie a comunicação, e não somente a informação: a interatividade. Nesse paradigma, a mensagem é montada, desarticulada e rearticulada inúmeras vezes, não somente por quem a produz, mas também por seus receptores que, agora, teoricamente, possuem instrumentos tecnológicos que possibilitam essa assemblage em tempo real, desestruturando a idéia de núcleos centrais de produção e difusão de mensagens, instaurando a criação coletiva – em rede – de mensagens, abrindo brechas na relação linear mecanicista que separa produção e recepção, e criando uma nova relação tempo-espaço.

Oiticica mostra-se embrionário do cenário digital que constitui-se neste início de século, pois

a idéia de determinação, com sua carga de irreversibilidade, é afastada do trabalho de Oiticica. Com os parangolés, não sobra mais espaço para qualquer definição *a priori*: a obra é abertura radical. Não existe mais aquele fosso entre participante e objeto, na medida em que um torna-se o outro (Justino, 1998, p. 50).

O espaço digital constitui-se como local matricial, sendo um espaço privilegiado para a construção do conhecimento reversível, inacabado, abrindo horizontes para visões mais contextualizadas, formadas a partir de vários pontos de vista. O espaço digital em rede nega a contemplação como via de fato, sendo um enorme buraco negro que engole dados e os devolve reconfigurados.

Cada integrante dessa grande comunidade passa a absorver os conhecimentos de seus pares, incorporando-os ao seu repertório, constituindo uma espécie de *canibalismo digital*, fazendo analogia dos conceitos usados pelo antropólogo Darcy Ribeiro, quando coloca em uma perspectiva antropológica os rituais canibais praticados pelos índios brasileiros no início do processo de colonização. Para Ribeiro,

um guerreiro lutava, bravo, para fazer prisioneiros, pela glória de alcançar um novo nome e uma nova marca tatuada, cativando inimigos. Também servia para ofertá-lo numa festança em que centenas de pessoas o comeriam convertido em paçoca, num ato solene de comunhão, para absorver sua valentia, que nos seus corpos continuaria viva (1995, p. 47).

No caso dos espaços criados pelos sistemas digitais, a *valentia* transmuta-se em repertórios e imaginários individuais que se juntam em um grande caldeirão digital, para continuarem vivos em um coletivo maior.

Oiticica chamava suas obras de *espaços imantados* (Justino, 1998, p. 87), pontos de atração, transformação e vibração, possibilitando a criação de espaços em que a ordem, a organização dos signos, faz-se com o receptor. A obra só existe e se configura como tal com a presença ativa do participante, mesmo que essa atividade se configure pela não-participação, pois essa abordagem

traria uma nova estrutura, na qual o artista transforma-se em investigador da criação coletiva latente. A contribuição do artista vem a ser a de engendrar a ação na qual as significações emprestadas são possibilidades suscitadas pela obra, não previstas, incluindo a não-participação (Justino, *ibid*, p. 73).

O espaço imantado passa a se constituir como lugar, já que o lugar se diferencia do espaço pelo "fato ou acontecimento que o justifica e se caracteriza através da imagem, do signo que o representa. Portanto, o lugar é marcado pela sua manifestação semiótica" (Ferrara, 2002, p. 18). Tais espaços imantados aproximam-se da concepção de espaço digital na medida em que este exerce a função de lugar, já que nele caracterizam processos comunicacionais, de significação, estabelecendo-se ligações sociais no processo de composição em rede, o que significa que o outro – o *alter* – deve ser levado em conta, e o roteiro que forma as mensagens deve ser flexível o suficiente para possibilitar a inclusão repertorial dos receptores.

O princípio da interatividade reside neste ponto: deve ser aberta aos receptores a possibilidade de modificar os roteiros, que passam a incorporar elementos não-lineares à sua constituição, o que implica recortes no tecido da mensagem proposta, estabelecendo diálogos com a indeterminação, já que

o emissor não emite mais mensagens, mas constrói um sistema com rotas de navegação e conexões. A mensagem passa a ser um programa interativo que se define pela maneira como é consultado, de modo que a mensagem se modifica na medida em que atende às solicitações daquele que manipula o programa (Santaella, 2003a, p. 36).

Passam a existir espaços para os receptores preencherem, a mensagem não é mais fixa, mas forma-se na mobilidade de jogos que ocorrem simultaneamente, montados com unidades mínimas fornecidas por diversos participantes. Rompe-se com a idéia de linearidade, já que as relações entre os elementos constituintes são mutantes, dependem das relações estabelecidas, que podem ser alteradas por qualquer receptor/produtor. A mensagem deixa de ser simplesmente a somatória do conjunto de elementos que a constitui.

A interface com os parangolés de Oiticica é inevitável: em Oiticica, a obra só aparece pelo jogo criado na trindade artista-participante-ambiente. A maneira como o participante vive essa aventura – que vai desde a forma como ele veste as capas até o que ele pode inventar com o que encontra – é um roteiro traçado por ele mesmo (Justino, 1998, p. 86).

A interatividade revela-se como estratégia, e não como simples acaso na constituição do aparato midiático. O conceito de indeterminação não deve ser confundido com o acaso, já que a indeterminação surge de processos experimentais, que se revelam metodológicos, e não simplesmente frutos de relações causais deterministas. O experimentar acaba por romper o ciclo causa-efeito. A abertura ao experimento é essencial para a caracterização e produção de mensagens abertas, pois "experimentar não é mais preparar algo para um resultado acabado, mas já algo em si: um processar que se une mais ao comportamento do indivíduo do que à contemplação-prazer do acabado". (Oiticica *apud* Justino, *ibid*, p. 101).

O processo cíclico de constituição, significação e ressignificação das mensagens exige, como os parangolés de Oiticica, ser tratado como projeto, porém aberto, a favor de novos usos por parte dos receptores. Nessa perspectiva, a aproximação talvez se identifique ainda mais com o conceito de projeto, de Oiticica, "em que o conceito de obra acabada é trocado por estruturas germinativas, nas quais a participação do indivíduo é a sua própria criação, quer ocorra de forma direta, quer por meio de sua imaginação" (Oiticica *apud* Justino, *ibid*, p. 104). A função dos mecanismos interativos passa a ser a desinibição dos repertórios individuais para, com eles, formar um caldo comunicacional heterogêneo, metamorfoseando os receptores em produtores inventivos.

O espaço digital configura-se como virtualidade na medida em que abre diversas problemáticas novas e não as atualiza. Um dos grandes problemas abertos pela digitalização diz respeito ao que Oiticica chamou de "difícil tarefa de abrir o participante para si mesmo" (Justino, *ibid*, p. 100), ou seja, a criação de mecanismos que possibilitem a desautomatização dos padrões de comportamento estabelecidos, ao mesmo tempo em que incentivem o compartilhamento espontâneo dos repertórios. O receptor deve se sentir instigado a participar da experiência. Os arranjos sintáticos devem provocá-lo nesse sentido e, ao mesmo tempo, os aparelhos tecnológicos que servem como suporte a esses arranjos precisam oferecer métodos fáceis aos leigos em tecnologia para que eles possam partilhar seus saberes de forma transparente.

Surge a necessidade da produção de sistemas que contemplem e dêem conta dos processos de incorporação dos repertórios individuais na constituição das mensagens tratadas digitalmente, um território fértil para que processos desautomatizantes se desenvolvam.

## O modo de ser da obra de arte é o jogar

No núcleo do conceito de interatividade está o jogar, o jogo, conceito que também tem um papel fundamental para a construção do discurso da arte. Os parangolés, enquanto elementos interativos, só podem ser vivenciados a partir do momento em que quem os veste leva a experiência com seriedade e respeito pelo jogo proposto. O papel de descondicionador e de desinibidor repertorial e sensório do parangolé somente torna-se efetivo a partir da consciência de suas regras básicas, que partiram de Oiticica: a proposição, o estatuto de que o ato de jogar com o parangolé coloca quem o veste como co-autor da obra, em uma nova relação espaço-tempo.

Gadamer diz que "não é um objeto que se posta frente ao sujeito que é por si. A obra de arte tem, antes, o seu verdadeiro ser em se tornar uma experiência que irá transformar aquele que a experimenta" (2003, p. 175). Estabelecendo interfaces entre a arte e o jogo da interatividade mediada por aparelhos digitais, a qualidade do jogo e sua eficiência em tornar o jogador apto a desempenhar suas tarefas de modo lúdico está diretamente ligada à qualidade conceitual da proposta do jogo. Não é a inclusão de meros estandartes tecnológicos que torna os sistemas digitais interativos, mas sim o uso dessas tecnologias para a execução de conceitos nucleares para a existência do jogo. Quem propõe o ambiente digital deve fazê-lo com base em regras que permitam níveis taxionômicos de flexibilidade para que exista a troca e co-autoria.

A experiência do parangolé não necessita, como condição *sine qua non*, das capas específicas criadas por Oiticica. O que persevera aqui não é a execução técnica, mas a idéia de algo que se constrói junto a quem usa e de que este usar atende a determinados conceitos e proposições. O jogo do parangolé tem autonomia, tem um enredo que lhe garante a sobrevivência.

Os sistemas digitais precisam permear-se por propostas que considerem o jogador como ser atuante em um mundo em rápida transformação, que continua sendo físico, material, mas que passa a ser representado também por duplos virtuais, pois

as tecnologias de informação colaboram, é certo, para formar uma imagem do homem, mas por isso mesmo sempre são veículo, mais que de uma filosofia, de um projeto de construção do mundo, que precisa ser pensado em seu alcance não-tecnológico (Rüdiger, 2002, p. 20).

É interessante, portanto, que as propostas dos games estejam alinhadas com as questões contemporâneas, para que sua representação através do ato de jogar tenha atribuições reflexivas, como o parangolé, que atinge sua potencialidade e constitui-se como experiência realmente interativa por representar e possibilitar a construção de soluções para problemáticas que eram contemporâneas de Oiticica. A experiência extremamente rica do parangolé não existiria caso a intenção fosse simplesmente discutir, ou exibir, a habilidade de dança de cada um ou os aspectos físicos e materiais dos tecidos e plásticos utilizados.

## Games como parangolés digitais

Se a pesquisa de Oiticica, no campo da arte, aponta para caminhos bem definidos na criação de uma linguagem participativa, como os games podem se apoderar desses elementos para a constituição de uma linguagem mediadora adequada para o espaço digital? Como foi visto, uma premissa básica dos projetos interativos é a de que, embora a ambientação deva propor e estimular a multiplicidade de caminhos, é preciso que exista uma intenção inicial de quem estabeleceu, inaugurou ou criou o espaço. É necessário que haja um item germinal que dará espaço para o florescimento da construção coletiva. Não se trata da redução ao acaso, que se configuraria pela completa ausência de propósito. O que deve pautar o discurso interativo é um projeto que permita o diálogo com o indeterminado, com a incerteza. A interatividade mostra-se constituída por mecanismos reflexivos, já que a incorporação da incerteza é uma característica das sociedades reflexivas (Flecha e Tortajada, 2000, p. 26).

Torna-se possível, a partir dos dados reunidos, identificar alguns métodos possiveis para a interação digital. Partindo da concepção de Oiticica da obra como jogo entre artista e participante, as principais experiências bem-sucedidas no campo da interação digital ocorrem nos jogos de videogame e de computador. Os videogames são, por excelência, aparelhos que permitem a criação e a exploração de ambientes interativos, em que o receptor interfere diretamente na narrativa e na construção da história.

Os games trazem a possibilidade de experiências interativas reais ao grande mercado consumidor, com títulos que unem enredos não-lineares a ambientações multimodais cada vez mais elaboradas, criando ambientes abertos e inacabados com regras básicas que possibilitam o diálogo com a indeterminação, resgatando dos parangolés de Oiticica o conceito de "participação aberta, indeterminada, na qual a obra, agora elaborada também pelo participante, transcende as intenções do artista" (Justino, 1998, p. 48).

Leão (2002) lança caminhos no sentido de traçar um estudo tipológico dos games, já que nem todos os títulos possuem o mesmo grau de interatividade, pois classificam-se em diversas categorias, cada uma exigindo tipos de habilidades específicas. Alguns, baseados na solução de enigmas e labirintos, exigem raciocínio lógico, concentração, paciência, reflexão e perseverança, como os games da série Final Fantasy. Outros títulos possuem histórias fixas, nas quais o jogador é conduzido por diversos níveis, devendo tomar decisões que irão impactar na existência de seu personagem no jogo, porém sem nenhum enigma intelectual proposto, com a dinâmica do enredo se apoiando exclusivamente em cenários de ação. Nesse ambiente, o desafio se dá em outro plano, em que o racional não necessariamente predomina. Nessa categoria, estão os jogos de corrida, como Mario Kart, produzido pela Nintendo, e alguns títulos de aventura, como Oni, da Bungie Software.

Em outra categoria, estão títulos que apenas disponibilizam regras básicas – cenários e comportamento de itens específicos, como armas –, criando um espaço virtual completamente não-linear, no qual o jogador tem um amplo controle sobre o desenvolvimento do enredo. Nessa categoria estão os jogos de tiro em primeira pessoa, como Quake III Arena, da Id Software, e a série Unreal Tournament, produzida pela Epic Games. Essa categoria de jogos costuma exercer um grande fascínio sobre os jogadores, por permitir que, através do espaço virtual criado pelo jogo, eles possam contar suas próprias histórias e viver experiências únicas. A experiência de um jogador será sempre única, pessoal, repertorial; nunca será igual à de outro jogador.

A atmosfera criada a partir do game é envolvente. Quando o receptor é estimulado a participar efetivamente da construção do enredo/projeto, ele passa a ter um interesse maior, participando ativamente do desenvolvimento da narrativa, tornando-se, ao mesmo tempo, receptor e produtor, mesmo não tendo domínio pleno da tecnologia envolvida, o que também ocorre com os parangolés. O participante não precisa ser artista para participar da construção da obra. O que precisa existir é um processo de desinibição para que os repertórios individuais venham à tona.

## Os parangolés como proposta estética para os games

Tangenciando de forma crítica os games com os parangolés, percebemos que os primeiros já incorporam discursos interativos razoavelmente complexos, mas poucos mostram-se sensíveis com relação aos efeitos das narrativas propostas. Um processo de hibridização conceitual entre a tecnologia e a arte – aqui representada pelos parangolés – pode indicar novas propostas para os games.

A qualidade do parangolé enquanto sistema interativo está em seu núcleo conceitual, impregnado de valores estéticos que buscam o resgate da historicidade individual de cada *interator*. É importante que os sistemas tecnológicos passem a incorporar estruturas que permitam a recuperação da historicidade individual, para que as experiências constituam-se de modo prospectivo, em diálogo com o conhecimento humano adquirido pela experiência civilizatória. Propostas criativas, que ampliem o conjunto estrutural das sintaxes utilizadas nos sistemas digitais, precisam percorrer esse processo, passando a atender mais que às questões meramente comerciais encontradas em boa parte dos títulos de hoje. Dyson (2002, p. 40) alerta para o fato de que tecnologias que atendem somente a pulsões mercadológicas estão fadadas ao ostracismo ou à subutilização. Corremos o risco de utilizarmos sistemas potencialmente latentes, como os games, para a mera produção de ciclos redundantes, vendidos como novidades a receptores cada vez mais condicionados e sem capacidade crítica.

A arte possibilita um resgate histórico no sentido de devolver a técnica ao homem. Experiências como as de Oiticica mostram-se contextualizadas com a contemporaneidade, por trazerem essa dimensão. A crítica aos sistemas digitais não é apocalíptica. Os games não irão, por eles mesmos, contribuir para o aumento da alienação de parcelas significativas da população, já que as tecnologias são condicionantes, e não determinantes. Apresenta-se uma tentativa de provocar aberturas a discussões sobre os meios utilizados pelos desenvolvedores para a sedução dos jogadores, por meio de arranjos complexos de imagens, animações, textos e sons que não passam, muitas vezes, de *demo-tapes*, "inventários de possibilidades da máquina, para efeito de demonstração de suas virtudes" (Machado, 2001, p. 13), em que a salvação do homem encontra-se no próximo *chip*, mais rápido e, portanto, com capacidade de executar a demonstração de suas próprias virtudes com mais desenvoltura para uma platéia anestesiada, cujo repertório estreita-se cada vez mais na idéia de coletividade vendida pela indústria. Oiticica, com seus parangolés, propõe a migração para um estado de consciência crítica, que descondicione o homem de suas amarras sociais, culturais e ideológicas. Todo o esforço de Oiticica foi nesse sentido.

A apropriação das características conceituais dos parangolés pelos games pode impulsionar, de forma exponencial, a criação de mundos em que as narrativas fantásticas dos ambientes digitais possam servir como instrumentos para o descondicionamento do homem e para a sua reinserção de forma crítica na sociedade. É nesse sentido que os games precisam vestir o parangolé.

# Referências

BAIRON, S. *A rede e o jogo*. Disponível em: www.usuarios.iponet.es/casinada/25rede. htm. Acessado em 25 set. 2005.

DYSON, F. *Mundo imaginado*. São Paulo: Companhia das Letras, 2002.

FERRARA, L. D. *Design em espaços*. São Paulo: Rosari, 2002.

FLECHA, R.; TORTAJADA, I. "Desafios e saídas educativas na entrada do século". In: *A educação no século XXI*: os desafios do futuro imediato. Porto Alegre: Artmed, 2000.

GADAMER, H. "A ontologia da obra de arte e seu significado hermenêutico". In: *Verdade e método*. São Paulo: Vozes, 2003.

JUSTINO, M. J. *Seja marginal, seja herói*: modernidade e pós-modernidade em Hélio Oiticica. Curitiba: Editora da UFPR, 1998.

LEÃO, L. *A estética do labirinto*. São Paulo: Anhembi Morumbi, 2002.

LÉVY, P. *O que é o virtual?* São Paulo: Editora 34, 2001.

MACHADO, A. "Hipermídia: o labirinto como metáfora". In: DOMINGUES, D. (org.). *A arte no Século XXI*: a humanização das tecnologias. São Paulo: Editora Unesp, 1997.

MACHADO, A. *Máquina e imaginário*: o desafio das poéticas tecnológicas. São Paulo: Edusp, 2001.

McLUHAN, M. *Os meios de comunicação como extensões do homem*. São Paulo: Cultrix, 2002.

OLIVEIRA, A. C. Arte e tecnologia, uma nova relação? In: DOMINGUES, D. (org.). *A arte no Século XXI*: a humanização das tecnologias. São Paulo: Editora Unesp, 1997.

RIBEIRO, D. *O povo brasileiro*: a formação e o sentido do Brasil. São Paulo: Companhia das Letras, 1995.

RÜDIGER, F. *Elementos para a crítica da cibercultura*. São Paulo: Hacker, 2002.

SALOMÃO, W. *Hélio Oiticica*: qual é o parangolé? e outros escritos. Rio de Janeiro: Rocco, 2003.

SANTAELLA, L. *Matrizes da linguagem e pensamento*: Sonora Visual Verbal. São Paulo: Iluminuras, 2001.

SANTAELLA, L.   A heterologia da interação no ciberespaço. In: LEÃO, L. (org.) *Cibercultura 2.0.* São Paulo: Nojosa Edições, 2003a.

SANTAELLA, L.   *Culturas e artes do pós-humano.* São Paulo: Paulus, 2003b.

# Uma estética do jogo:
## ou, como apreciar o divertimento interativo

Tobey Crockett

Tradução: Lucia Santaella

Para compreender a intersecção da história da arte com o digital e a experiência do divertimento, começo com alguns pressupostos; o primeiro é que aquilo que faz o digital distinto de tudo que veio antes dele é a sua interatividade. Não a interatividade em um sentido geral, mas somente em alguns aspectos particulares – pois não creio que a interação humana com a interface computacional em e por si mesma constitui os aspectos mais interessantes da interatividade. Nesta rejeição da interface humano-computador – IHC, discordo de muitos teóricos do virtual, pois estou interessada no modo como as pessoas usam a interatividade para interagir umas com as outras.

Para fazer isso, estabeleci uma pequena e aparentemente inconseqüente área de exploração interativa, que são as estruturas de formas livres, não narrativas dos mundos virtuais em 3D. Do meu exame desses mundos, cheguei a algumas conclusões que creio serem de interesse para o estudo da interatividade em geral, com implicações mais vastas para algumas outras áreas, e para a história da arte em particular. Proponho que uma estética do jogo e da empatia pode nos habilitar a avaliar os méritos dos trabalhos interativos com novos olhos, permitindo-nos discernir o que é único sobre as mídias digitais, revendo quais antecedentes da história da arte deveríamos recuperar para aprofundar nosso entendimento da cultura emergente[1]. Inerente a essas posições estéticas encontra-se um reconhecimento da natureza mutante da subjetividade em um contexto virtual.

Localizados nos cruzamentos herméticos da cultura global, trabalhos interativos requerem uma abordagem combinatória, mesclando uma apreciação para a história da arte em termos históricos, com a manutenção de um espaço para a experiência da arte em termos estéticos[2]. Muitos pressupostos-chave que caracterizaram tipicamente a história da arte ocidental passam por uma transformação radical quando encontram os reinos embusteiros do virtual e do interativo. Os principais entre eles são o sentido mutante de autoria e audiência, noções de originalidade e inviolabilidade de uma obra única, e tensões relativas à linha divisória entre o popular e o raro.

Improvisação, colagem, apropriação, imitação, pastiche, *hacking*, decodificação, cortar e colar; todos parecem ser primos-irmãos, cuja avaliação precisa na relação de um para com o outro está em um fluxo dependente do momento histórico. Os desafios à originalidade e maestria, que esses termos carregam consigo em um contexto virtual, estão diretamente ligados ao conceito de autor, um sujeito cuja autoridade está inteiramente sendo roubada não apenas filosófica, mas também pragmaticamente. Enquanto os argumentos relativos à falibilidade do autor contemporâneo, extraídos de Foucault e Barthes, são bem ensaiados, as pistas do sujeito virtual estão ainda sendo recortadas.

## Uma nova compreensão de sujeito

Gostaria de sugerir que há uma razão fundacional para que uma nova compreensão do sujeito seja requerida no virtual. Em espaços virtuais 3D, isto é, aqueles espaços que tendem a ser o receptáculo para a noção do *interativo*, a noção mesma de espaço é fundamentalmente deslocada do vácuo para o cálculo. Técnicas de efeitos especiais e CGI (Computation Generated

---

1 CROCKETT, T. Building a bridge to the aesthetic experience: artistic virtual environments and other interactive digital art. *Intelligent agent*. v. 5, n. 1, 2, p. 1-4, Verão de 2005: http://www.intelligentagent.com/archive/Vol5_N°1 ave_crockett.htm.

2  Para uma visão mais ampla do que Hermes, o perene herói grego, tem a ver com o interativo, não se pode encontrar uma melhor exortação do deus ladrão do comércio, comunicações e inventividade, do que no livro de Erik Davis (1998).

Imagery – imagem gerada por computador), tal como o efeito especial de *bullet time*, em The Matrix, entre muitos outros filmes, demonstram que cada ponto no espaço é agora literalmente capaz de se reportar a um ponto de vista, trazendo-nos informação relevante sobre sua posição de raiz. Não existe mais algo como um ponto não calculado. Conseqüentemente, a todo ponto é dada uma voz e agenciamento – chamo isso de *camera*, como fenômeno de câmera: o espaço (*camera*) torna-se uma zona acumulada de autoria e agenciamento, e o sujeito tradicional desaparece com isso.

"... Conceitos de espaço e conceitos de eu espelham-se", diz Margaret Wertheim no seu maravilhoso livro *The pearly gates of cyberspace: a history of space from Dante to the Internet* (1999, p. 308). Nós somos, como ela diz, "os produtos dos nossos esquemas espaciais". A autora traça uma história intelectual do espaço que nos permite ver os altos e baixos da matéria e do vácuo, à medida que se transformam ao longo das eras. Enquanto na época de Aristóteles não havia algo como o vazio, no final do século XX quase não havia, em termos matemáticos, algo como a matéria atual – tudo era espaço. Agora, o ciberespaço desafiou isso de modos profundos.

O POV (ponto de vista) que vemos na tela é muito menos um olho flutuante que abre seu caminho – como um objeto estranho cortando a água ou um explorador em busca de novos caminhos – do que uma tocha olímpica que é passada à frente de ponto a ponto, distribuindo luz enquanto avança passivamente de pixel a pixel. Esta é uma noção bem diferente do aparato de força, da câmera fálica penetrando e possuindo o espaço como uma extensão cartesiana da mente ocidental; ao contrário, a perspectiva compartilhada de uma autoridade comunitária integrada é distribuída por um *input* único que é valorizado em cada ponto pelo *insight* especial, mas momentâneo, que a colaboração oferece. Esse movimento de pixels no espaço festeja a multiplicidade, oferecendo um modelo muito distinto de ver, ocupar o espaço e compartilhar o poder.

Dado que a fundação do espaço se transforma tão profundamente em um contexto virtual, torna-se claro por que o sujeito e a subseqüente noção de autor também devem mudar. As concepções tradicionais de autor/artista como um solitário independente cedem seu lugar na medida em que um novo tipo de autoria emerge; em tais circunstâncias, a autoria agora tende para a improvisação e para o carnavalesco. Há uma estética do jogo, uma postura ativa na qual o bastão do agenciamento é jogado entre os participantes, colaboradores interativos e testemunhas, cuja alternância de papéis é tão fluida de modo a confundir termos prévios, tais como audiência ou observador, palavras que não são apropriadas para descrever prazeres interativos.

A força estética do jogo foi subestimada ao longo da história da arte, na tradição ocidental, perdida em questões em torno de decoração, cânone, qualidade, e a ênfase romântica no gênio, originalidade e o choque do que é novo. Cargas residuais das conseqüências do desmantelamento do Iluminismo, essas questões ainda estão de pé devido aos tipos de forças econômicas governando o mercado das artes plásticas. De qualquer modo, nosso modelo cultural está mudando e requer pensamento novo sobre o que está em jogo em termos de propriedade intelectual, valores estéticos, a autorização da permissão para aqueles que querem se expressar, o alimento de vozes disparatadas e a distribuição global de uma massa de comunicações individuais em contraste com mensagens padronizadas, impostas via *broadcast* a partir de cima. Divertimento deveria ser uma parte importante desse novo pensamento.

## Divertimento nos mundos virtuais

Vejo pistas para o *divertimento* nos mundos virtuais em 3D. Talvez, uma das razões da dificuldade de alguns teóricos em apreciar a forma livre dos mundos virtuais esteja na crítica sempre repetida de que tais espaços são entediantes, desestimulantes, sub-habitados ou simplesmente de que não parecem ser muita coisa. Para citar Gertrude Stein, "there is no there there" (lá não tem lá)[3]. Essas questões de qualidade estão parcialmente baseadas em uma fixação no realismo como um fator determinante na persuasão da representação visual, mesmo em um contexto virtual. Na história da arte, tais posições estão alinhadas com um impulso para o realismo que está em dívida com a era da pintura acadêmica, com um fortalecimento da representação visual e com o *cânone* imediatamente anterior ao Impressionismo, Modernismo e outras formas de abstração. Se quisermos entender o diver-

---

3  STEIN, G. *Everybody's autobiography*. Berkeley: Exact Change, 1993. A mais famosa passagem de Stein sobre seu lugar de nascimento é "O problema com Oakland é que, quando você chega lá, lá não tem lá".

timento interativo, precisamos encontrar o elemento progressivo, imaginativo e criativo do virtual, e ele não se prende ao realismo[4].

Para complicar ainda mais o problema do *divertimento*, até anos recentes, relatos subjetivos do prazer eram cortados dos objetivos intelectuais ditos sérios. Contudo, vários ramos da teoria crítica, incluindo o feminismo, pós-colonialismo e desconstrutivismo, reabilitaram uma conversação que gira em torno da área do prazer subjetivo. Por exemplo, Donna Haraway (1992, p. 295-337) oferece ferramentas para apreciar os conhecimentos situados do indivíduo, enquanto Carol Gilligan (2002) traça o trajeto do amor na história da psicanálise, sugerindo um reenlaçamento do prazer como um antídoto ao patriarcado. Esses e outros tópicos da teoria crítica podem fazer muito para abrir a porta do divertimento.

Retomando a camera como condições da câmera para a voz e o agenciamento distribuídos, seria útil ter modelos de subjetividade, distintos daqueles da tradição ocidental, com os quais engajar os objetivos artísticos lúdicos já emergindo em sujeitos que enfrentam o assentamento e a corporificação em um contexto inteiramente novo. Há tantas opções a serem extraídas de uma diversidade de culturas e períodos de tempo, que aqui só serei capaz de apontar para algumas delas, mas o problema é interessante para a história da arte, e a questão deveria provocar uma riqueza de idéias para o tópico da estética experimental recém-lançada no reino do virtual e interativo.

Por exemplo, nas tradições indianas em torno dos termos multivalentes *rasa* e *lila*, podemos encontrar novos modos de pensar o divertimento interativo: *rasa* produz uma forma de êxtase estético experimentado pelos participantes da performance ritual, enquanto *lila* é o jogo divino que inspira o sentimento do *rasa* (Tripurari, 1998, p. 20-25). Nos textos sagrados védicos, a intersecção de *rasa* e *lila* não poderia ser mais profunda. Podemos assim tomar essa relação especial da experiência e do jogo como uma metáfora para o engajamento que ocorre em um contexto similar em um outro tipo de mundo, isto é, nos mundos virtuais fora do espaço e do tempo, habitados por *avatares*, e cujo autor é um construtor de mundo, seja agindo como um time ou como um indivíduo. Corporificação, enraizamento, a natureza

---

4 Crockett. Refuto a necessidade de realismo nos mundos virtuais, citando as experiências do *CyberForum*.

da realidade e o papel da consciência estão conceitualmente disponíveis na metáfora do *rasa-lila*. Há uma pletora de tradições não-ocidentais que têm muito a nos oferecer quando buscamos um novo contexto estético para os trabalhos interativos.

## A panóplia da história da arte

Para ver que momentos na panóplia da história da arte podem nos servir para compreender o *divertimento* interativo, é certamente necessário acenar para o que queremos significar com o termo divertimento. Antes de tudo, divertimento não pode ser reducionisticamente concebido como sendo a mesma coisa para todos os usuários: esforços para essencializar, universalizar ou totalizar o divertimento e o jogo devem ser evitados. Deve-se considerar, entretanto, se vale a pena buscar uma base cognitiva, psicológica ou fisiológica para o divertimento. De fato, pistas podem ser encontradas nos trabalhos de Abraham Maslow e Mihalyi Csikszentmihalyi, psicólogos que descrevem um estado de fusão entre a autoconsciência dos sujeitos e suas experiências. Seus conceitos, picos de experiências e fluxos, respectivamente, apontam para certos estados psicológicos positivos que certamente se qualificam como ligados ao divertimento.

Maslow (1968, p. 116) descreve experiências de pico como caracterizadoras de certos momentos altos na vida de indivíduos maduros, conscientes, engajados em comportamentos temporários, como estar apaixonado, estar em sintonia com a natureza, atingir estados místicos, oceânicos, orgásmicos, e certas formas de plenitude atlética, intelectual, criativa ou estética. Essas experiências estimulam "uma maior criatividade, espontaneidade, expressividade e idiossincrasia". O autor diz que uma pessoa no pico da experiência obtém uma forma mais alta de cognição, a qual se caracteriza por um senso maior de integração e harmonia com o ambiente circundante do que se tem em outros momentos. Nos momentos de pico, os sujeitos ficam "menos divididos entre um eu que experimenta e um eu que observa". Experiências de pico, conforme observadas por Maslow, funcionam como um tipo de antídoto à fragmentação e evocam um sentido de integração transpessoal, uma descrição que certamente parece aplicável à *camera* como o sujeito *camera* que proponho.

Csikszentmihalyi descreve suas agora famosas idéias sobre *fluxo* no seu livro, de 1975, *Beyond boredom and anxiety:* experiencing flow in work and play. O fluxo é um estado no qual as coisas vão bem para o indivíduo, há um estado de total envolvimento, ausência de tédio ou ansiedade – as habilidades do sujeito estão perfeitamente ajustadas aos desafios que se apresentam. Jogo, criatividade e solução de problemas são, todos, candidatos para as experiências excepcionais do fluxo.

O autor reconhece que as experiências de pico de Maslow estão relacionadas com o fluxo, embora ele as considere mais próximas da transcendência ou espiritualidade do que o fluxo. Este também não está prioritariamente focado em resultados, mas mais em um sentido de plenitude e processo. Csikszentmihalyi diz que "o signo mais claro do fluxo está na mescla da ação e do alerta. A pessoa em fluxo não tem uma perspectiva dualista: ela está consciente das suas ações, mas não da consciência em si mesma". Do mesmo modo que no trabalho de Maslow, a fusão do eu e da circunstância tem alguma relevância para o sujeito virtual emergente em geral, mas especialmente para um sujeito virtual imerso em um contexto virtual, como acontece com os jogadores de games, com os visitantes de mundos virtuais, com os usuários de salas de *chat* e de arquivos compartilhados, só para citar alguns exemplos[5].

Além da subjetividade compartilhada, ambos os pesquisadores descrevem um elemento de resolução criativa de um problema como sendo característico de estados especiais de pico e fluxo que nos dizem algo sobre uma noção básica de divertimento. As atividades de resolução de problemas e de se detectar padrões são centrais ao modo de divertimento interativo de *cortar e colar*, que reconheço como operativo em um contexto virtual. Um dos aspectos-chave da habilidade para ser digitalmente autor de textos está na nossa capacidade recém-encontrada de misturar, combinar, plagiar ou reencenar textos, sons e imagens com um padrão de valores de produção que, de longe, eclipsam esforços precedentes de simular formas de arte profissionais. Enquanto a crítica/celebração simultânea, inerente à imitação das mídias de massa não é nova (pode-se até pensar em Andy Warhol), os meios de distribuição e o profissionalismo relativo dos resultados o são.

---

5  Entre parênteses, quero adicionar que essas descrições do sujeito inserido em um contexto, que informa sobre sua subjetividade, nos lembram de um tópico similar levantado pela inteligência artificial. Penso mais particularmente no trabalho de Varela, Thompson e Rosch (1991).

Tal imitação ou simulação depende da habilidade de se reproduzir acuradamente os padrões, normas e marcas das formas midiáticas existentes, mas o aspecto criativo que faz essas produções irem além da mera imitação para novas formas de criatividade requer uma facilidade com regras e ruptura de regras, improvisação e divertimento. O que é divertimento, aqui, revela-se como um processo de escolha cognitiva que não é por coincidência de interesse também aos campos de inteligência artificial, teoria do game, cibernética e ciência cognitiva. Habilitar os usuários a serem auto-expressivos, ao lhes oferecer módulos de conteúdo e ferramentas para combinar, é o começo do entendimento do que vem a ser divertimento interativo. Áreas que atraíram minha atenção incluem colchas de retalhos, tecnologias de tecelagem de seda, relatos autobiográficos e livros de receitas, artesanato, colagem, remixagem, *sampling*, *rap*, *hip hop*, e também produções de fãs de todos os tipos.

Em muitas dessas artes, quase marginalizadas, a reproposição de elementos dados – sejam eles materiais ou ferramentas – é um passo crítico na formação de novas produções culturais. Exemplos incluem codificações têxteis africanas na diáspora da pré-guerra sulina e a evolução do *rap* e do *hip hop*, a ascensão da cromolitografia e livros de recortes vitorianos, e os mundos virtuais atuais como os Sims, com seu mercado on-line de objetos domésticos e mobiliário virtual à venda na ágora eletrônica[6]. O que une essas produções é seu papel de exemplos de artesanatos habilidosos num cenário doméstico, mais freqüentemente femininos e, via de regra, utilizando elementos modulares que são recombinados em produções complexas. Tais produções ignoradas tendem a se esconder nas frestas das novas tecnologias.

A maneira complexa como os valores de produção influenciam nas produções culturais comuns por meio de usuários leigos – esforços que, por seu lado, influenciam os padrões mutáveis da produção de valores em produtos intencionados para uma distribuição de massa –, certamente, manifesta-se nos fenômenos dos DJs, *sampling*, remixagem, *blogging*, *vlogging* e *podcasting*. Em outras palavras, a arte imitando a vida imitando a arte torna-se uma fita de Moebius da produção cultural, agora amplamente disponível

---

6  Will Wright fala sempre e eloqüentemente sobre a importância do conteúdo gerado pelo jogador e as produções de fãs. Veja a entrevista de Celia Pearce (2002), http://www.gamestudies.org/0102/pearce/.

em uma mídia que é uma massa de produtores midiáticos individuais; isto se opõe ao antigo modo de difusão unidirecional que está sendo simultaneamente celebrado e criticado nas produções contemporâneas. Os historiadores da arte sabem que não é necessariamente o caso de que o esforço da imitação seja consciente, pois freqüentemente o *Zeitgeist* aparece para dominar, e uma corrida repentina para um tropo torna-se lugar-comum.

Um exemplo fascinante disso pode ser encontrado na comparação entre o trabalho de Mike Kelley e itens do chamado artesanato *primitivo* de artistas não-profissionais no eBay. Mike Kelley (1999) critica o mundo da arte ao introduzir uma estética do *artesanal* e uma biografia fictícia para acompanhá-la[7]. Ao mesmo tempo, influências de Marta Stewart, uma grande nostalgia dos tempos simples, uma ascensão no acesso à Internet e um decréscimo na economia produz um movimento em direção a um aumento do artesanato em geral e, eventualmente, uma aparentemente forte economia artesanal no eBay.

Observando-se objetos descritos por seus autores como *primitivos/ grungy* na categoria artesanal, a associação com Kelly e outros, cujos trabalhos estão centrados no abjeto, é inescapável. Se é certo que mulheres, que vêm seu trabalho como um ato amoroso e criativo, ficariam estarrecidas com tal comparação, o aumento do gosto pela estética do *grungy/encardido* que elas abraçam é certamente influenciado pela emergência de uma crítica do abjeto no mundo das artes plásticas. Pelo menos, em contradição a Horkheimer e Adorno (2002), algumas mulheres parecem estar fazendo caminhos suficientes de incursões numa economia artesanal no eBay para talvez encontrar um lugar fora de suas circunstâncias usuais[8].

Objetos cotidianos feitos por mulheres, utilizando elementos modulares, que são recombinados em produções complexas, são comumente descartados e subvalorizados – basta pensar na famosa injunção contra a decoração,

---

7  Estou especialmente interessada na peça *Lumpenprole*, de 1991, na qual Kelley coloca uma grade de animais empalhados sob uma almofada afegã, p. 127. Por coincidência, isso recorda significativamente a *camera* como a noção de câmera de sujeitos/objetos combinados em um campo unificado.

8  Reconheço que Horkheimer e Adorno provavelmente veriam os artesãos do eBay como exemplos de uma imitação compulsiva dos consumidores, vítimas da cultura industrial, mas é difícil dizer como exatamente se deveria aplicar seus textos em uma economia baseada nas redes. Ainda devem existir sinais de esperança no horizonte.

"O ornamento é um crime" (Loos, 1997). No entanto, essas produções parecem ser parte de uma onda avançada de resistência e co-opção por ferramentas tais como as descritas por Michel de Certeau em seu livro *The practice of everyday life* (1984)[9]. Nas suas observações da resistência cotidiana em mãos de pessoas comuns, ele discute estratos de produção que são a reprodução inicial de uma imagem e a produção secundária de sua manipulação, refletida em termos e usos como *bricolage* e uma arte da combinação, que chama minha atenção como muito digital nas suas aplicações potenciais, hoje.

Isso permite um paralelo interessante com os cinqüenta anos da era vitoriana que vão da invenção da cromolitografia em 1838 e a subseqüente abertura da primeira agência de propaganda em 1841, em uma ponta, ao tratamento explícito da mulher norte-americana como uma consumidora, em 1891, na outra[10]. É interessante para os estudantes do divertimento que as noções de brincadeiras infantis e a subseqüente comercialização da meninice também surgiu nessa época (Formanek-Brunnel, 1998). Ligado ao aparecimento da impressão barata em quatro cores, o artesanato vitoriano explodiu na cena, acomodando a primeira onda de publicidade e imagens consumistas que constituem uma nova espécie de cultura popular.

## Uma nova cultura popular

Há uma onda similar nas produções diletantes de mídia nas técnicas digitais de hoje e nas ferramentas em mãos de pessoas comuns, leigas, recém-habilitadas para criar com um nível de especialidade técnica antes reservada ao profissional. As produções exóticas e sempre obsessivas de colchas feitas com sedas de propaganda, da decupagem, recortes de livros, porcelana pintada à mão, cozinhas elaboradamente decoradas e chapéus extraordinários que caracterizaram as produções culturais altamente feminilizadas que fizeram a ponte entre as eras vitoriana e progressiva, estão sendo hoje repropostas na era digital, quase *verbatim*.

Atualmente é fácil ver como uma colcha de retalhos pode ser uma metáfora das tecnologias digitais: feita de peças de outras produções, humilde em

---

9  Certeau apresenta um antídoto à amargura de Horkheimer e Adorno.
10  A primeira agência de publicidade foi estabelecida por Volney Palmer, na Filadélfia, em 1841.

sua origem, menosprezada e, ao mesmo tempo, altamente funcional, assim como amada; uma abordagem de cortar e colar ou de *assemblage*, que é abundante no fazer do objeto e nas apresentações de mídias. Uma referência casual e uma fotografia de colchas de retalhos afro-americanas deu início à minha exploração desse meio. As colchas de retalhos muito proximamente se assemelham ao tecido *kente* africano, que é tecido em um pequeno tear manual em faixas estreitas, que são então costuradas para formar um pedaço mais largo de tecido. Tocando nos meus ouvidos como uma descrição da *assemblage* digital, fiquei curiosa se uma conexão histórica poderia e deveria ser feita entre essas formas de fabricação e os tropos digitais de hoje.

De fato, parece que a natureza fragmentária, desconectada da *assemblage* digital pode ter parte de sua raiz histórica nas várias técnicas de fabricação de amuletos usados por grupos regionalmente identificados na África, que contribuem para a rica tradição têxtil afro-americana. As estruturas atadas dos tecidos africanos e as formas relacionadas do *patchwork* das colchas tendem a caracterizar muitas produções culturais diversas que são agora definidamente digitais na sua articulação, incluindo a virtuosidade verbal e a repetição presente no *rap*, *hip hop* e em muitas re-mixagens de DJs.

Um dos principais papéis no jogo imaginativo é nos permitir discernir nossa posição auto-gerada em relação à realidade que percebemos ao nosso redor[11]. É nas auto-expressões artísticas, resolução de problemas e descoberta de padrões que estamos mais inclinados a explorar essas operações. Um modo de fazer isso é imitando ou nos apropriando de formas midiáticas de massa pelas quais estamos insistentemente sendo inundados nessa cultura voltada para a mídia e a publicidade, e, portanto, o uso último das tecnologias do cortar e colar me parece estar presente na chamada produção de *fãs*.

As produções dos fãs são sempre descartadas, quando na realidade elas são cruciais na economia do jogo que caracteriza os espaços interativos, e conduzem sempre à próxima geração dos produtos culturalmente aclamados que sustentam a indústria cultural. Uma aderência a uma estética rígida e a preocupações estritamente formais pode impedir que se vejam os méritos

---

11  Veja WINNICOTT, D. W. (1982) para obter uma boa visão da construção de realidade que ocorre durante a brincadeira no desenvolvimento da criança.

de uma tal produção de fãs, vendo-a apenas como mera imitação. Permitir uma definição mais ampla de autoria nos permite abraçar a criatividade e a subversão potencial do *status quo* que essas produções de fãs sugerem.

Tais produções deram voz aos elementos mais resistentes e subversivos da cultura popular contemporânea. Em uma reversão das expectativas elitistas e comerciais, as culturas materiais desprezadas das donas-de-casa e a emparelhada propriedade intelectual "pirateada" das produções de fãs são precisamente os lugares nos quais uma nova estética emergente relacionada com a interatividade pode ser mais bem discernida. Vejo os mundos virtuais como espaços artísticos plásticos nos quais os usuários podem auto-expressar seus interesses, compartilhar arquivos e customizar seus ambientes virtuais e suas *personas* do mesmo modo que o fazem no contexto dos livros de recortes, artesanato, livros alterados, cartões de artistas, no noticiar, no contar histórias, *blogging, vlogging, podcasting,* e em uma vasta quantidade de fenômenos de fãs, tais como *fanzines,* filmes de fãs e as novas formas de edições de fãs.

Acredito que as tecnologias digitais nos dão permissão para criar e nos expressar como nunca antes, e espero que as pessoas continuem a fazer isso cada vez mais. A expressividade merece reconhecimento e não deveria ser castigada para o benefício de exigências de qualidade ultrapassadas. Capacitar os usuários e serem auto-expressivos, ao lhes oferecer módulos de conteúdo e ferramentas para a *assemblage,* é uma chave. Gostaria de sugerir que é possível apreciar a propriedade intelectual não por seu único aspecto de possessão de um só usuário, mas, antes, por sua utilidade para uma cultura inteira. Essa é a fundação das abordagens comuns ao conteúdo e merece algum engajamento crítico[12]. O espaço não nos permite oferecer um panorama global desta conjuntura, basta dizer que muitas culturas assumem essa abordagem e que os historiadores da arte engajados nos materiais interativos estariam bem servidos pela exploração desses valores.

*Manter o espaço,* um termo derivado do ritual do êxtase e transe na dança, assume um novo significado quando o espaço está cheio de uma nova

---

12  Escrevi sobre a importância dos comuns no ensaio de fechamento do projeto Hirsch Farm. Hirsch Farm Project Future. Hirsch Foundation *et al. The Complete Hirsch Farm Project.* Northbrook, IL, 1998. Também remeto os leitores à organização sem fins lucrativos *Creative Commons,* fundada por Laurence Lessig e colegas. Seu trabalho excepcional pode ser apreciado em: http://creativecommons.org/.

*camera* como a câmera subjetiva possibilitada pela tecnologia[13]. Ao juntar o tecnológico com o múltiplo, vale a pena recordar que é a ausência de um sujeito ocidentalizado que ancora a perspectiva crucialmente distinta em muitas tradições não ocidentais. Talvez possamos encontrar um papel para a *camera*, como câmera subjetiva que não essencialize, exclua ou ventriloque, mas que, ao contrário, mantenha o espaço para novas vozes emergentes. Cada um dos pontos novos da camera como o paradigma da câmera tem uma história a contar. É o ato de facilitar e ouvir essas histórias que abre o caminho para o divertimento interativo.

## Referências

CERTEAU, M. *The practice of everyday life*. (v. 1). Berkeley: University of California Press, 1984.

CROCKETT, T. Hirsch Farm Project Future. In: HIRSCH FOUNDATION *et al*. *The complete Hirsch Farm Project*. Northbrook, 1998.

CROCKETT, T. Building a bridge to the aesthetic experience: artistic virtual envi-ronments and other interactive digital art. *Intelligent agent*, v. 5, p. 1-2, 2005.

CSIKSZENTMIHALYI, M. *Beyond boredom and anxiety*: experiencing flow in work and play. San Francisco: Jossey-Bass Publishers, 1975.

DAVIS, E. *Techgnosis*: myth, magic and mysticism in the age of information. Nova York: Random House, 1998.

FORMANEK-BRUNNEL, M. *Made to play house*: dolls and the commercialization of american girlhood, 1830-1930. The Johns Hopkins University Press, 1998.

GILLIGAN, C. *The birth of pleasure*. New York: Alfred Knopf, 2002.

HARAWAY, D. "The promise of monsters: a regenerative politics for inappropriated others". In: GROSSBERG, L. *et al*. *Cultural studies*, Nova York: Routledge, 1992.

---

13 A noção de *manutenção do espaço* é desenvolvida aqui a partir de minha experiência pessoal com vários professores de movimentos de dança transformacional e de êxtase. Para obter mais informações sobre essa prática, sugiro aos leitores que explorem os trabalhos de Roth, tais como seus livros *Maps to ecstasy* ou *sweat your prayers*. Um artigo on-line *Dancing is dreaming with your body*, da dançarina e terapeuta Eva Vigran, pode ser encontrado nos arquivos *on-line* da *Berkeley's Open Exchange* < http://www.openexchange.org/archives/AMJ04/vigran.html.

HORKHEIMER, M.; ADORNO, T. W. *Dialectic of enlightenment:* philosophical fragments. Stanford: Stanford University Press, 2002.

KELLEY, M.; WELCHMAN J. C.; GRAW I.; VIDLER A. *Mike Kelley*. London: Phaidon, 1999.

LOOS, A. "Ornament is a crime". In: *Ornament and crime:* selected essays. Ariadne Press: 1997.

MASLOW, A. *Toward a psychology of being*. Nova York: John Wiley & Sons, 1968.

PEARCE, C. Sims, BattleBots, Cellular Automata God and *Go. Games Studies*, p. 2.1, 2002.

ROTH, G. *Maps to ecstasy:* teachings of an urban shaman. Mill Valley: Nataraj Press, 1989.

ROTH, G. *Sweat your prayers*. Nova York: Jeremy P. Tarcher, 1998.

STEIN, G. *Everybody's autobiography*. Berkeley: Exact Change, 1993.

THOMPSON, R. F. *Flash of the spirit*. New York: Vintage Books, 1984.

TRIPURARI, S. B. V. *Aesthetic vedanta:* the sacred path of passionate love. Eugene: Mandala Publishing Group, 1998.

VARELA, F. J.; THOMPSON, E. T.; ROSCH, E. *The embodied mind:* cognitive science and human experience. Cambridge: MIT Press, 1991.

VIGRAN, E. Dancing is dreaming with your body. *Open Exchange Archives*, http://www.openexchange.org/archives/AMJ04/vigran.html.

WERTHEIM, M. *The pearly gates of cyberspace:* a history of space from Dante to the Internet. Nova York: W. W. Norton & Co., 1999.

WINNICOTT, D. W. *Playing and reality*. Oxford: Routledge Books, 1982.

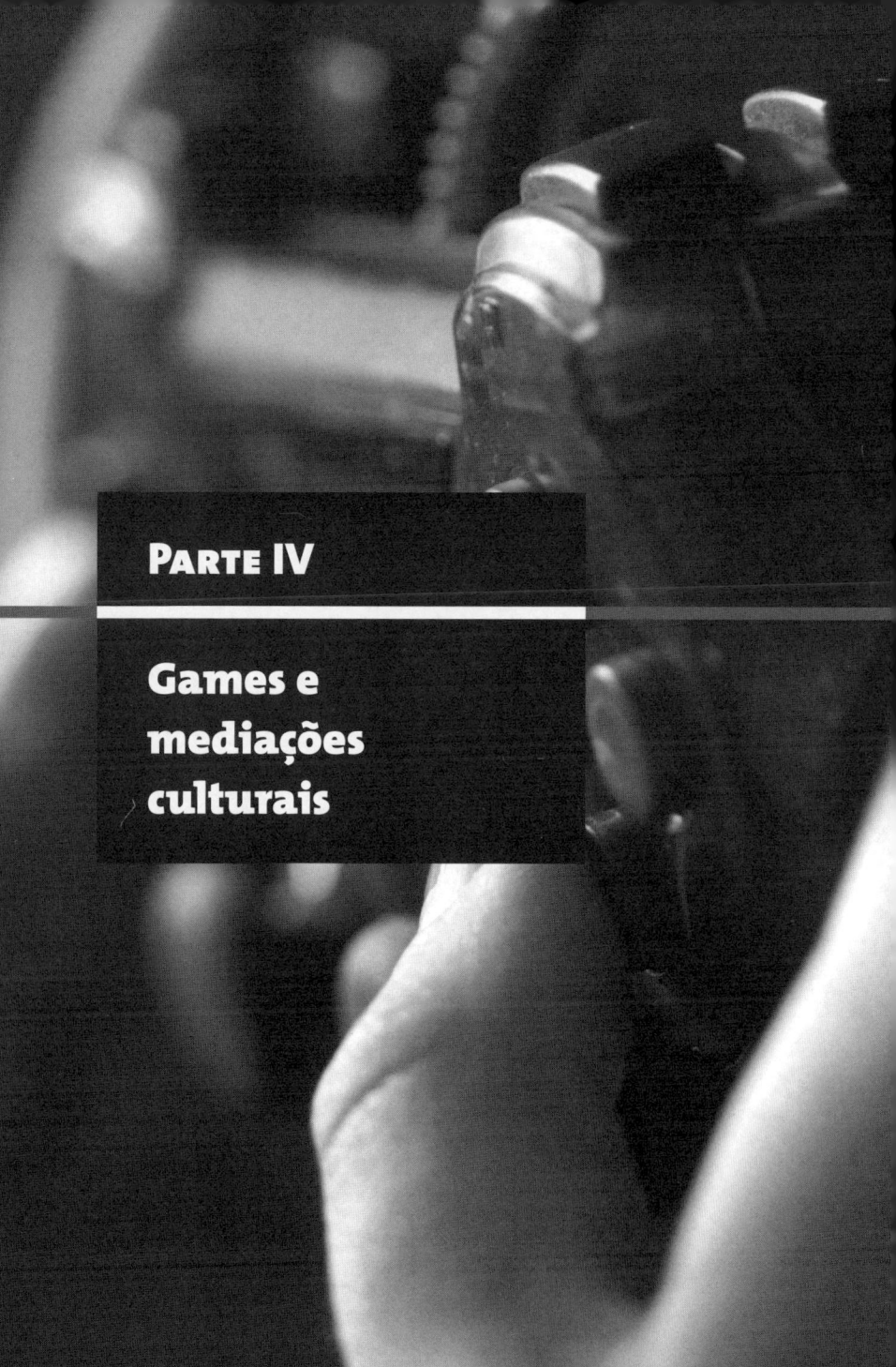

# PARTE IV

# Games e mediações culturais

# Videogames e conexões na semiosfera:
## uma visão ecológica da comunicação

Mirna Feitoza Pereira

Este capítulo apresenta uma visão ecológica da comunicação, tendo como desafio compreender a participação da máquina computacional no contexto da comunicação infantil com jogos eletrônicos. Nesta perspectiva, enquanto o jogo é jogado pela criança, na máquina computacional conforma-se uma ecologia da comunicação mediada por signos que colocam três sistemas heterogêneos em conectividade: sistema biológico humano (jogador), sistema tecnológico (mídias) e sistema do entretenimento (jogos). Como se verá, a conectividade é estabelecida por relações semióticas entre os sistemas, que podem ser observadas no plano macrossemiótico, apontando para a imersão da referida ecologia na semiosfera, e no plano microssemiótico, que enfoca os processos sígnicos como eles ocorrem no interior dos sistemas, colaborando para a conectividade entre os sistemas no ambiente externo. O presente artigo enfoca uma pequena parte do plano microssemiótico, o trabalho da CPU, e tenta demonstrar a conexão entre as operações desta, desempenhadas no nível mais baixo do sistema tecnológico dos videogames, e a dinâmica do espaço semiótico da cultura, a semiosfera, uma vez que seus processos são fundamentais para a existência e o funcionamento dos textos culturais suportados em computadores.

O problema que levou ao desenvolvimento dessa formulação surgiu de observações de campo realizadas anteriormente (Pereira, 2005) com crianças de até 12 anos que utilizam jogos eletrônicos, desenhos animados, sites na Internet, entre outros textos da cultura suportados em meios eletrônicos e computacionais. Notou-se que o uso das linguagens observadas, sobretudo na comunicação com videogames e desenhos animados, envolvia não apenas a interpretação de seus códigos, mas também o domínio dos suportes, isto é, dos aparelhos de TV, DVD, videocassete, computadores, celulares, controles remotos, joysticks, e até mesmo fitas de vídeo, discos de DVD, CD, entre tantos outros aparatos.

A necessidade do domínio dos suportes se tornou mais evidente nas observações com as crianças de 1 a 5 anos, entre as quais foram notadas demonstrações espontâneas, lúdicas e, muitas vezes, repetitivas do conhecimento das funções dos aparelhos, tais como pressionar o botão para ligar e desligar a televisão; direcionar o controle remoto para a TV, sem acionar nenhuma de suas teclas, manipulando-a ludicamente a distância; abrir e fechar a gaveta do DVD, pressionando a tecla que executa essa ação, assim como colocar o disco na bandeja do equipamento, fechando-a e testando aleatoriamente o botão que aciona a saída das imagens; ou ainda retirando o disco do DVD da caixa, pressionando o dedão contra o centro do suporte, puxando-o com uma das mãos, assim como um adulto faz.

Para as crianças pequenas já familiarizadas com videogames, ainda que sem saber comandar o jogo, é imprescindível ficar com o joystick nas mãos durante o jogo, mesmo que o dispositivo permaneça desconectado. Por isso mesmo, é comum que jogadores maiores, quando acompanhados por crianças pequenas, cedam à pressão destas, deixando-as participar da brincadeira com o joystick desconectado. Ainda assim, há aquelas que chegam a friccionar os dedos sobre os botões do dispositivo, como se os acionassem, conforme foi observado com um bebê de nove meses enquanto o irmão maior jogava com o pai e os primos. Com uma criança de três anos, que gosta de jogar, notou-se sua destreza com os cabos do console: o próprio menino os conectava à TV, acionando o canal de saída das imagens para iniciar o jogo. Uma observação em especial tornou-se emblemática do domínio das crianças pequenas com os suportes: ao apresentar sua coleção de DVDs de desenhos animados, exibindo as caixas de seus filmes e personagens prediletos, um menino de quatro anos foi convidado a mostrar a *fita* do desenho de que mais gostava, ao que replicou enfaticamente: "Não é fita; é DVD".

Chamar a mídia de um filme em DVD de *fita* ainda é um equívoco corriqueiro entre adultos que adquiriram a cultura de assistir a filmes em casa manipulando fitas de VHS; para uma criança que assiste a filmes nos dois suportes, tal erro não é admitido. A clara diferenciação que fazem, ao que parece, também passa pelo contato com as mídias, que inclui até mesmo o manuseio das fitas de VHS, dos discos de DVD e dos CDs de videogames: ao inserir a mídia no equipamento, a criança percebe a diferença até mesmo pelas formas do suporte. A percepção da diferença, contudo, é mais refinada, pois a própria experiência de assistir a um filme em videocassete é diferente da de ver o mesmo filme em DVD, em razão dos recursos que essas mídias oferecem ao usuário e das narrativas que suportam: "*Voltar* um filme no videocassete é mais engraçado do que em DVD", disse uma menina de nove anos, referindo-se à utilização do recurso *rewind* no aparelho de videocassete, enquanto sua irmã, de quatro anos, divertia-se ao assistir ao filme, em *rewind*, da observação de campo feita com elas.

Com essas observações de campo, notou-se que os conhecimentos adquiridos pelas crianças na utilização das linguagens eletrônico-digitais não diziam respeito somente à interpretação dos códigos com os quais lidavam. Referiam-se também ao domínio do funcionamento do próprio suporte. Com isso, constatou-se que a comunicação infantil com jogos eletrônicos e desenhos animados envolvia um terceiro sistema, além de crianças (sistemas biológicos) e jogos (sistemas do entretenimento): os suportes (sistemas tecnológicos).

Quando iniciamos a busca por uma compreensão ecológica da comunicação, tendo como objeto a inteligência desenvolvida pela criança a partir de sua comunicação com os videogames, os sistemas tecnológicos não integravam a ecologia (veja Pereira, 2002). Se desde o início era evidente a participação de crianças e linguagens, o envolvimento de um terceiro sistema na ecologia da comunicação estudada somente foi notado nas observações de campo. O aparecimento de mais um sistema aumentou sobremaneira a complexidade das interações compreendidas no ambiente estudado, direcionando decisivamente a investigação para o contexto das máquinas semióticas.

## Segredos do joystick: hipóteses e conceitos

Para saber como os suportes tecnológicos participam da ecologia da comunicação examinada, foi desenvolvido, em 2005, o projeto de pesquisa *Segredos do joystick*, em interação acadêmica entre o Programa de Pós-Graduação em Comunicação e Semiótica da PUC-SP e o Laboratório de Sistemas Integráveis (LSI) da Escola Politécnica da USP, com orientação de Roseli de Deus Lopes e Irene Machado. O objetivo inicial do projeto era realizar um estudo de caso acerca do funcionamento do joystick, do ponto de vista da engenharia, investigando como os acionamentos aplicados no dispositivo se comunicam com o jogo, permitindo que o jogador participe da ação.

Apresentou-se a hipótese de que os conhecimentos tecnológicos codificados nos suportes poderiam ser tomados como signos tecnológicos implementados, entendendo *signo* como representação de conhecimento, tomando como base a definição mais geral de signo de Charles Sanders Peirce, segundo a qual o signo envolve uma mediação genuína, uma ação inteligente interpretadora na qual três elementos encontram-se relacionados no conhecimento de um objeto, promovendo um quarto elemento igualmente relacionado com o mesmo objeto, *ad infinitum* (CP. 2.92), sendo esta ação denominada por ele *semiose*. Semiose é o conceito mais elementar da perspectiva teórica apresentada. É ela que possibilita falar em relação, conectividade, interação entre os sistemas de comunicação, colocando-os para atuar no plano das relações micro e macrossemióticas da ecologia.

Tomando como base a hipótese de que signos estão implementados nos suportes tecnológicos, supôs-se que os interpretantes gerados a partir da comunicação infantil com os videogames (veja Pereira, 2005 e 2006), pelo menos em alguma medida, deveriam estar relacionados aos signos codificados nos sistemas tecnológicos, uma vez que a tendência de todo signo é gerar outro signo. Com isso, propôs-se: i) investigar os conhecimentos implementados no joystick; ii) conhecer como estes estão codificados no suporte; e iii) compreender de que modo os comandos aplicados no joystick interferem na ação do jogo.

Contudo, logo ficou constatado que seria necessário rever o recorte do objeto. Se, de um ponto de vista mais amplo, buscava-se compreender como as mídias participam da dinâmica semiótica da ecologia da comunicação estudada, não se poderia isolar uma mídia do ecossistema para analisar seu funcionamento interno, tendo em vista que a atuação semiótica dos sistemas depende de suas conexões com os demais sistemas, deles não podendo prescindir. Por outro lado, se o objetivo era entender como os comandos aplicados no joystick se comunicam com o jogo, permitindo que o jogador participe da ação, recortar o objeto em torno deste dispositivo não seria uma estratégia eficiente, uma vez que este funciona apenas como dispositivo periférico do sistema computacional, assim como o monitor de vídeo, a impressora, o mouse, o teclado e outros.

Optou-se, então, por compreender as operações realizadas pelo sistema computacional no momento em que o jogo é jogado, com foco no trabalho da CPU (Central Processing Unit), descendo drasticamente do nível do discurso a que se tem acesso na superfície da ecologia para o mecanismo que executa o mesmo discurso em seu nível mais baixo e abstrato, quando comparado ao discurso da superfície. Esta passou a ser a estratégia para atingir os níveis microssemióticos da ecologia semiótica da comunicação em exame.

Se a conectividade entre o plano micro e macrossemiótico pôde ser entendida tomando como base as relações semióticas implícitas no conceito de semiose, o conceito de semiosfera de Iúri Mikhailovich Lotman[1] corroborou a compreensão de que os sistemas da ecologia da comunicação e, portanto, da própria ecologia, encontravam-se inteiramente mergulhados na semiosfera, dela dependendo para agir. Vejamos.

Lotman formulou o conceito de semiosfera por analogia ao conceito de biosfera, de Vladimir Ivanovich Vernadsky, segundo o qual a biosfera é um mecanismo cósmico que ocupa um determinado lugar estrutural na unidade planetária. Disposta como uma película sobre a superfície da Terra, envolvendo o conjunto de toda a matéria viva, a biosfera transforma a energia do Sol em energia química e física, que se dirige, por sua vez, à transformação da conservadora matéria inerte do planeta. Nela, todas as formas de vida estão ligadas entre si, uma dependendo da outra para existir. Assim, a biosfera é um espaço completamente ocupado pelo conjunto dos organismos vivos.

---

1 O nome do semioticista russo está escrito no corpo do artigo em sua forma aportuguesada. Nas referências, a grafia está de acordo com as edições utilizadas.

Ao conceber o conceito de semiosfera, Lotman a definiu como um *continuum* semiótico, argumentando que os sistemas de signos da cultura não existem por si sós, de modo isolado, preciso, tampouco funcionam de maneira unívoca. Segundo ele, a separação dos sistemas só seria válida se estivesse condicionada a uma necessidade heurística, uma vez que nenhum sistema é capaz de trabalhar de modo separado. Por isso, os sistemas de signos só funcionam quando submersos em um *continuun* semiótico completamente tomado por formações semióticas de diversos tipos e que se encontram em diversos níveis de organização na semiosfera (Lotman, 1996, p. 22). Vale dizer que o semioticista russo concebeu a semiosfera como uma hierarquia complexa formada por estruturas nucleares; com mais freqüência, várias, e estruturas periféricas que se movem dinamicamente em seus diversos níveis de organização, promovendo transformações no espaço cultural.

Uma vez que explora a diversidade semiótica da cultura, propondo-a como processo que deriva do encontro de linguagens diferentes, o conceito de semiosfera constitui, na verdade, um domínio teórico para a investigação das complexas relações, interações, tensões e conexões entre signos e sistemas de signos diferentes como agentes transformadores do espaço cultural (veja Machado, 2007).

Para os limites deste capítulo, um aspecto do conceito se torna fundamental: a semiosfera como o espaço semiótico fora do qual não pode haver comunicação nem linguagem (Lotman, 1990, p. 124). Nem mesmo a semiose é possível fora do ambiente da semiosfera (Lotman, 1996, p. 24). Já no texto inaugural do conceito, publicado em 1984, o autor define que apenas dentro do espaço semiótico da cultura os processos de comunicação e a produção de novas informações são possíveis (Lotman, 1996, p. 23). Tomando essas afirmações como verdadeiras, se a semiosfera é o espaço semiótico necessário à existência e ao funcionamento das linguagens, da comunicação e da própria semiose, sendo a condição para a produção de novas informações no espaço cultural, disso deve decorrer que a ecologia da comunicação em exame está imersa na semiosfera, sendo esta a condição de possibilidade para o funcionamento de seus sistemas na comunicação.

Tal entendimento dá margem a algumas conseqüências que serão apenas mencionadas: ao menos no momento em que o jogo é jogado, ou seja, no momento em que os três sistemas da ecologia encontram-se em plena conectividade semiótica, crianças e mídias também estão mergulhados na semiosfera. Outra implicação: a semiosfera não apenas é análoga à biosfera como esta, representada na ecologia em exame pela criança, mas encontra-se pelo menos parcialmente mergulhada na semiosfera. Do mesmo modo, os sistemas tecnológicos que suportam os textos culturais eletrônicos e computacionais também são imprescindíveis ao funcionamento da semiosfera, especialmente no atual estágio da cibercultura. É isso que nos faz definir criança e mídias como sistemas semióticos, uma vez que ambos tanto operam como são operados pelas linguagens que atuam na semiosfera. Por isso mesmo, a ecologia da comunicação examinada é igualmente um ecossistema cultural. Nesse ambiente, as linguagens fazem a mediação entre cultura e natureza, colocando-as em uma continuidade semiótica realizada no interior da semiosfera.

Avanços nesse sentido dependem de investigações capazes de demonstrar a conectividade entre o ambiente interno e externo dos sistemas da comunicação. De nossa parte, propomos um exame das relações semióticas que colocam os sistemas participantes da comunicação em continuidade semiótica, em seus planos macro e microssemióticos, com o primeiro apontando para a conexão e a imersão dos sistemas da comunicação na semiosfera, e o segundo, para as relações que permitem, no ambiente interno dos sistemas, a continuidade semiótica entre eles.

Conforme nossa conceituação, os níveis macro e microssemióticos compreendem um ao outro, não representando, de modo algum, camadas antagônicas ou repartidas. Sugerem, isto sim, dois modos de observar as redes constituídas pela semiose. Por isso mesmo, a compreensão de como os sistemas interagem no nível macro depende do exame de como os sistemas trabalham internamente, no nível micro. Destarte, os dois planos só podem ser examinados em separado por meio de um corte epistemológico que considere a organização interna dos sistemas enquanto eles operam para estabelecer a conexão entre si.

Se, por um lado, a busca por alcançar tais níveis tende a revelar toda a riqueza da cadeia semiótica que conforma a ecologia em exame, por outro, exige um esforço de pesquisa que alcance a complexidade das relações semióticas tecidas no ambiente interno e externo dos sistemas, conectando-os. Isso porque, ao focar no trabalho interno dos sistemas, a tendência é encontrar outros sistemas em relação, de modo que qualquer tentativa de delimitar um objeto constituído por cadeias sígnicas estará diante de outras cadeias sígnicas. Não foi diferente com o projeto *Segredos do joystick*, que iniciou tendo um dispositivo periférico do sistema computacional como objeto de estudo e culminou drasticamente nas operações da CPU, na tentativa de compreender as relações semióticas internas que colocam o sistema tecnológico em plena conexão com seu ambiente externo, onde atuam os demais sistemas.

O nome do projeto foi inspirado na expressão usada por um menino de sete anos ao fazer um drible com seu *avatar*, que impressionou o amigo que brincava com ele. Orgulhoso de seu feito, ele disse ao amigo que não lhe revelaria o *segredo*, referindo-se ao código aplicado no joystick. A palavra "segredo" empregada no sentido de "código" chamou nossa atenção em razão de sua importância no contexto dos estudos semióticos. Vale mencionar que o termo "código" é vastamente utilizado pelos jogadores para se referir aos comandos aplicados nos jogos por meio dos joysticks. Ao chegar à hipótese de que os suportes das mídias, inseridos na dinâmica da ecologia da comunicação examinada, também funcionam como sistemas semióticos, veio à mente a observação de campo mencionada, e o joystick tornou-se a porta de entrada para conhecer os *segredos* que colocam os suportes para funcionar; em outras palavras, suas relações sígnicas internas conectadas com as externas. Passemos, então, a ver o jogo "pelo avesso".

## O jogo das máquinas semióticas

Antes de tudo, devemos dizer que um sistema computacional envolve sistemas de hardware e software operando de modo integrado. Hardware são os componentes físicos: processador, memória e unidades de entrada e saída (E/S). Estas são: terminal de vídeo, impressora, mouses, joystick, teclado, caixas de som, fitas e discos magnéticos etc. As unidades de entrada disponibilizam ao computador informações do mundo externo, enquanto as de saída fazem o caminho inverso, enviando o resultado do trabalho da máquina para o mundo exterior. Softwares são recursos lógicos e são divididos em software de sistema e software de aplicação.

Software de sistema é o conjunto de programas que ajuda o usuário a desenvolver e/ou executar aplicações: sistema operacional, tais como Linux,

Windows, DOS e todos os utilitários que capacitam o funcionamento do computador. Esses programas definem como os componentes do hardware devem operar, facilitando a vida do usuário e do programador. Sem software de sistema, o usuário seria responsável pelo controle de todas as operações executadas pelo hardware, e o trabalho dos programadores de aplicativos seria muito maior: os programas teriam de ser escritos diretamente em linguagem de máquina; não seria simples utilizar as unidades de entrada e de saída de dados, pois seria preciso conhecer as particularidades de cada um dos dispositivos; haveria a necessidade de gerenciar o uso da memória para garantir a execução de um programa, entre outras tarefas. Software de aplicação são programas voltados à resolução de problemas específicos; são programas de usuários, adquiridos ou desenvolvidos por eles próprios. Jogos para PCs e para consoles são exemplos de software de aplicação. (Daltrini *et al.*, 1999, p. 16-17, 184, 216).

Em face dessas definições, os sistemas computacionais compreendem uma diversidade de recursos tecnológicos, físicos e lógicos, trabalhando em relação de interdependência, constituindo, pode-se dizer, uma ecologia de mídias. Nesse contexto, a CPU controla todas as operações realizadas pela máquina. Por isso mesmo, ela é amplamente chamada de *cérebro* do computador. Com sua performance, ela tanto explicita como software e hardware (se quisermos, texto e suporte) operam de modo indissociável, como se revela um mecanismo semiótico imprescindível à dinâmica dos sistemas computacionais, bem como da ecologia da comunicação analisada. Ao processar dados, a CPU traduz sistemas de signos. Vale dizer que não será descrito todo o funcionamento da CPU, mas apenas aquele que consideramos importante para a leitura desta como mecanismo semiótico. Vejamos.

O trabalho da CPU consiste em buscar, decodificar e executar as instruções do programa armazenadas na memória do computador. A partir disso, ela informa aos demais módulos do computador o que eles devem fazer, controlando todas as operações do sistema. O trabalho é dividido em dois de seus módulos, a Unidade Lógica e Aritmética (ULA) e a Unidade de Controle (UC). A ULA é responsável pela execução de todas as operações lógicas e aritméticas envolvidas no funcionamento da CPU, armazenando, em diversos registradores, os dados sobre os quais as operações são realizadas. A UC controla as operações efetuadas pela ULA e as de todos os demais módulos da máquina. A UC busca, uma a uma, as instruções do programa armazenadas na memória do computador, decodificando os códigos de operação e informando a ULA sobre as operações que ela deve realizar. Posteriormente, ela transfere o resultado do trabalho da ULA para um local apropriado da memória. A partir desse trabalho, ela interpreta o que deve fazer e gera os sinais de controle para todos os módulos da máquina envolvidos na execução das instruções previstas no programa, controlando, assim, a operação do sistema como um todo (Daltrini *et al.*, 1999. p. 38-39, 46, 50).

As instruções que a CPU manipula estão codificadas em linguagem de máquina, a representação binária em zeros e uns que o hardware do computador de fato entende, na qual *1* corresponde a ligado, e *0*, a desligado. Uma vez que *fala* o código da máquina, recebe este nome. Nesse sistema, cada letra corresponde a um conjunto de zeros e uns, os chamados bits de informação. A letra *A*, por exemplo, tem a seguinte codificação: *1000001*; a letra *B*, *1000010*[2]. É a partir da leitura dessa lógica binária em zeros e uns que a CPU *sabe* para que circuitos da máquina ela deve enviar os sinais elétricos gerados por ela a partir da leitura dos bits, colocando-a para executar o que estava previsto na programação. Trata-se de uma linguagem extremamente abstrata em relação à linguagem verbal, que demanda um trabalho árduo de programação, em razão do nível de descrição que exige. Para a sorte dos programadores, hoje em dia os aplicativos são escritos com as linguagens de programação, sendo posteriormente convertidos em linguagem de máquina pelos *tradutores*, programas que fazem parte do software de sistema. São linguagens de programação: linguagem simbólica (*assembly*); linguagem de alto nível (Fortran, Pascal, C, Lisp) e linguagens voltadas à aplicação (linguagem do DBase, linguagem de comandos do DOS); o tradutor da linguagem simbólica se chama *montador* ou *assembler*; o tradutor de linguagens de alto nível se chama *compilador* ou *interpretador* (Daltrini *et al.*, 1999. p. 17-19).

Essa breve descrição do trabalho da CPU induz a uma compreensão importante acerca de como se dão as relações semióticas no ambiente interno

---

2 Exemplos retirados de *O homem da caixa preta*, DVD sobre o funcionamento do microchip realizado em 2001 pelo LSI e pela TV USP, com orientação de Roseli de Deus Lopes.

**Sistema semiótico tecnológico**

(plano microssemiótico – CPU como interpretadora de signos)

**Figura 1** Diagrama do ambiente interno dos jogos de computador e de videogames, desenvolvido por Fabrizio Augusto Poltronieri (FAP).[3]

dos videogames e outras máquinas computacionais no momento em que
o jogo é jogado. Ao manipular as instruções estabelecidas pelo programa,
efetuando as operações aritméticas e lógicas que lhe permitem *saber* o que
fazer, a CPU da máquina que roda o jogo age como uma interpretadora de
signos, um mecanismo que age na tradução intersemiótica entre sistemas
de signos, uma vez que gera, a partir da leitura das instruções codificadas
no programa, os sinais de controle que colocam os circuitos da máquina

---

3  Este diagrama tem uma versão animada, também desenvolvida por FAP e ainda inédita.

para funcionar, dando forma ao jogo a que temos acesso na superfície por meio das unidades de saída (Figura 1).

Nesse contexto, as instruções funcionam como textos, sendo a lógica binária articulada em zeros e uns o sistema de signos nuclear desses textos, conduzindo o trabalho dos demais suportes computacionais na execução dos códigos sonoros, visuais e verbais que dão forma ao jogo. Dizemos que a lógica binária da linguagem de máquina é o sistema nuclear que confere às instruções o caráter de texto, uma vez que as linguagens de programação usadas na projeção das instruções também participam da modelização desse texto, assim como os programas que fazem a tradução destas para a linguagem de máquina e outros sistemas que não estão em exame no momento.

Esta compreensão induz a algumas conseqüências: se o que temos na ecologia da comunicação em análise é uma continuidade semiótica entre os três sistemas que dela participam, os sinais elétricos que correm nos circuitos da máquina apresentam-se como parte dessa continuidade, uma vez que eles trabalham para dar forma ao jogo que se desenvolve na superfície da ecologia. Se tomarmos a ação que se desenvolve na superfície, colocando em comunicação criança e máquina como um discurso narrativo, os sinais elétricos que correm nos circuitos da máquina no momento em que o jogo é jogado constituem a forma mais abstrata desse discurso. Isto, quando tomamos como parâmetro as linguagens entendidas pelos humanos, pois, do ponto de vista da máquina, o discurso mais abstrato é aquele da superfície. Temos, então, um mecanismo semiótico que atua numa região fronteiriça de linguagens: se de um lado a CPU está capacitada a entender os textos codificados em linguagem de máquina, por outro, seu trabalho é imprescindível à produção de um discurso que se comunica, dessa vez, com humanos – no caso dos games, com humanos que dominam os códigos dessa linguagem. Isso nos faz perceber a CPU não apenas como um mecanismo semiótico computacional, mas como um mecanismo semiótico da cultura, pois seu trabalho diz respeito ao funcionamento dos textos culturais baseados no código binário, o que corresponde a toda a esfera de textos baseados em sistemas computacionais.

Ora, se a CPU trabalha na interpretação de instruções codificadas em sistemas de signos, traduzindo-as em sinais elétricos que conduzem à execução do discurso a que os jogadores têm acesso na superfície da ecologia, um problema se coloca de modo imperativo: quem age na enunciação desse discurso? A questão é desconcertante não apenas por admitir a enunciação de formas discursivas para além da esfera da linguagem verbal; a desorientação que ela provoca é apontar, a partir das análises feitas até aqui, a hipótese de que é a própria máquina a agente da enunciação, uma vez que o jogador só tem acesso ao discurso do jogo por meio do trabalho da máquina, que esta torna disponível por intermédio de suas unidades de saída. No desenvolvimento do discurso, jogador e máquina estão em plena relação dialógica: o primeiro fala por meio dos comandos que aplica no joystick ou no teclado, e a segunda responde atualizando a ação que se desenvolve na superfície. Quando o joystick também funciona como dispositivo de saída, vibrando nas mãos do jogador, o diálogo torna-se ainda mais intenso, aumentando a imersão do jogador no discurso. Mesmo que a narrativa do jogo esteja previamente construída no programa, ela só se atualiza a partir da participação do jogador, ainda que a própria máquina desempenhe o papel do jogador. O avanço nessa direção, contudo, extrapola os limites deste artigo. Com isso, suponho que é chegado o momento de passar aos horizontes suscitados pelo projeto por esta discussão.

## Encaminhamentos finais

A abordagem do plano microssemiótico da ecologia da comunicação estudada levou a caminhos inesperados. Propôs-se primeiramente um estudo de caso em torno do funcionamento do joystick, do ponto de vista da engenharia, recorte que se revelou insuficiente. Adotou-se, então, a CPU como alternativa para desvendar os segredos semióticos dos sistemas computacionais, investigando-se o funcionamento semiótico interno da máquina computacional a partir da atuação do sistema em seu ambiente externo, isto é, a partir do jogo como ele é jogado na superfície da ecologia. Neste sentido, pode-se dizer que o estudo oferece um ponto de vista alternativo para a definição das máquinas computacionais como semióticas, partindo não da discussão da capacidade de raciocínio abdutivo que ela ainda não tem (veja Nöth, 2001), mas da plena conexão de seu trabalho interno com a dinâmica semiótica da cultura. Desta perspectiva, é possível enxergá-las como semióticas, pois do trabalho delas dependem os textos culturais e a enunciação dos discursos baseados nos sistemas computacionais.

Nesse contexto, o encaminhamento mais inesperado revela o papel dos suportes das linguagens eletrônico-digitais na enunciação do discurso. O estudo da CPU e de sua participação no funcionamento da máquina como um todo mostra que, no âmbito da ecologia examinada, sistemas semióticos tecnológicos são todos os dispositivos que trabalham na enunciação das formas discursivas dos games na ocasião em que o jogo é jogado – do joystick ao aplicativo do jogo que roda na máquina, colocando-a para funcionar; da máquina computacional que processa o jogo ao monitor de TV, que age como dispositivo de saída, bem como as possíveis caixas de som conectadas ao sistema. Com relação aos desenhos animados, temos igualmente a TV e o controle remoto como sistemas semióticos tecnológicos; se o desenho assistido está em DVD, colaboram ainda para a enunciação do discurso o aparelho de DVD, o disco em que está o filme e o próprio controle remoto, quando este é acionado. Estamos, então, diante de formas discursivas cuja enunciação depende inteiramente do trabalho das máquinas.

Isto não implica dizer que a mediação é feita pelos suportes eles mesmos: o computador, o monitor, a TV, o joystick, o controle remoto, o teclado, o mouse ou qualquer suporte que seja. Do ponto de vista semiótico, a mediação é conduzida pelos sistemas de signos, pelas linguagens. No entanto, para entrar em contato com as linguagens, a criança é levada a descobrir como os suportes funcionam. Diante dos resultados a que chegamos até aqui, os conhecimentos que a criança adquire com os suportes das mídias eletrônico-digitais dizem respeito ao modo como estes agem para permitir a enunciação do discurso. Com isso, a experiência com os suportes também colabora para os conhecimentos adquiridos com as linguagens do entretenimento (veja Pereira, 2007).

Outro encaminhamento importante se refere à relação do texto com o suporte. Não que o primeiro fique preso, colado ao segundo. É que os suportes trabalham, operam, colaboram para o funcionamento do texto. Mais do que qualquer outra linguagem eletrônico-digital, os games tornam evidente a relação de dependência entre texto e suporte: os jogos são desenvolvidos para mídias específicas, de modo que um jogo inicialmente projetado para a plataforma de um console não roda em outra, a não ser que sofra adaptações à mídia, isto é, que o jogo seja compilado. Do mesmo modo, jogos para PC exigem da máquina requisitos mínimos, assim como uma TV ou um monitor de alta definição potencializa os gráficos projetados para os jogos. Isto se a máquina que roda o jogo for dotada de uma placa de vídeo que suporte essas demandas. Com isso, é o próprio conceito de suporte e de mídias que pede uma revisão (veja Machado, 2003; 2004a; 2004b; Santaella, 2003). A partir dos resultados a que chegamos, nossa sugestão é que eles também sejam considerados como sistemas semióticos.

Entre todos os caminhos vislumbrados, contudo, o mais revelador foi a constatação de que não é apenas a máquina que o jogo põe para funcionar. No momento em que se constitui a ecologia examinada, os games colocam suportes e crianças para agir na comunicação. Com isso, foi possível verificar como a dinâmica das linguagens e da comunicação dependem inteiramente da mediação dos sistemas de signos.

## Referências

BURKS, A. *Collected papers of Charles Sanders Peirce.* v. VII-VIII. Cambridge, Harvard University Press, 1958. Citado como CP [número do volume], [número do parágrafo].

DALTRINI, B. M.; JINO, M.; MAGALHÃES, L. P. *Introdução a sistemas de computação digital.* São Paulo: Makron Books, 1999.

HARTSHORNE, C.; WEISS, P. *Collected papers of Charles Sanders Peirce.* v. II. Cambridge: Harvard University Press, 1931. Citado como CP [número do volume], [número do parágrafo].

LOTMAN, I. M. *La semiosfera I:* semiótica de la cultura y del texto. Seleção e tradução do russo: Desiderio Navarro. Madri: Frónesis Cátedra Universitat de València, 1996.

LOTMAN, I. M. *Universe of the mind:* a semiotic theory of culture. Traduzido do Russo: Ann Shukman. Bloomington e Indianapolis: Indiana University Press, 1990.

MACHADO, I. (org.) *Semiótica da cultura e semiosfera.* São Paulo: Annablume/ Fapesp, 2007.

MACHADO, I. As mídias e seus precursores: emergência das mediações como campo de idéias científicas. *Significação. Revista Brasileira de Semiótica*, 2003. Curitiba: Universidade Tuiuti do Paraná; São Paulo: Anablume, n. 20, p. 9-29.

MACHADO, I. *Gestões semióticas do conhecimento*. Trabalho apresentado no I Congresso Internacional de História das Mídias. "Mídia: multiplicação e convergências". São Paulo: Senac, 2004.

MACHADO, I. *Ah! Se não fosse McLuhan...* Trabalho apresentado no XXVII Congresso Brasileiro de Ciências da Comunicação. "Comunicação, acontecimento e memória". Porto Alegre: Sociedade Brasileira de Estudos Interdisciplinares da Comunicação, 2004.

NÖTH, W. Máquinas semióticas. *Galáxia/Programa de Estudos Pós-Graduados em Comunicação e Semiótica da PUC-SP*. São Paulo: Educ, n. 1, p. 51-73, 2001.

PEREIRA, M. F. *As linguagens do entretenimento*. Anais do III Congresso Internacional da Associação Brasileira de Estudos Semióticos. Vitória: CDPOINT, 2007.

PEREIRA, M. F. *Games e aquisição de linguagens*: novas formas de sentir, pensar, conhecer. I Congresso Internacional de Estéticas Tecnológicas. São Paulo: Programa de Pós-Graduação em Tecnologias da Inteligência e Design Digital. Paper em mesa redonda, 2006.

PEREIRA, M. F. *Porcarias, inteligência, cultura*: semioses da ecologia da comunicação da criança com as linguagens do entretenimento, com ênfase nos games e nos desenhos animados. Programa de Pós-Graduação em Comunicação e Semiótica da PUC-SP. Tese de Doutorado, 2005.

PEREIRA, M. F. *Ecologia comunicacional da relação da criança com o entretenimento*. XXV Congresso Brasileiro de Ciências da Comunicação. Salvador: Intercom/ UNEB. (CD-ROM dos Anais), 2002.

SANTAELLA, L. "Da cultura das mídias à cibercultura: o advento do pós-humano". In: *Revista Famecos/Programa de Pós-Graduação em Comunicação Social da Faculdade de Comunicação Social da PUC-RS*. Porto Alegre, n. 22, p. 23-32, dezembro.

# Mundos virtuais dos MMOGs como disseminadores de cultura

Théo Azevedo

"Logo no início de sua jornada, Iori Yagami coloca a conversa em dia com seus companheiros e procura resolver a maior quantidade possível de problemas – algo natural quando se é líder de uma equipe. Em seguida, checa o mercado e, diante da flutuação de preços, vê oportunidades ideais para obter boas ofertas. Depois de algumas horas superando desafios e vivenciando novas experiências, Iori relaxa em um *happy hour* com os amigos."

O relato acima poderia muito bem descrever um dia comum na rotina de um profissional da indústria financeira. Mas na verdade, Iori é o *avatar* (representação gráfica do jogador no mundo virtual do MMOG) do jornalista Eric Araki, 24 anos, um dos mais de 500 mil brasileiros que já passaram por Rune-Midgard, mundo mitológico onde é ambientado o jogo Ragnarök Online, um MMORPG (fusão de *jogo multijogador massivo*, o MMOG, com *jogo de interpretação de papéis*, o RPG), gênero jogado somente pela Internet e na companhia de centenas ou até mesmo milhares de jogadores.

Em todo o mundo, especialmente na China, Coréia do Sul e nos Estados Unidos, o número de pessoas que joga MMOGs ultrapassa facilmente a casa dos milhões. Mas afinal, o que estes games têm que os torna tão especiais e peculiares?

Se pudéssemos responder em apenas uma palavra, diríamos: socialização. Durante o dia, Araki exerce as atividades inerentes à sua profissão, de jornalista, mas nas horas vagas, lidera exércitos, conquista castelos e enfrenta criaturas grotescas para conquistar fama e experiência em Rune-Midgard. Tudo, entretanto, não seria tão interessante se ele não fizesse isso na companhia de diversas pessoas (amigos ou não) de carne e osso, cada uma na sua respectiva residência. Como em qualquer sociedade organizada que se preze, Rune-Midgard tem suas próprias regras e convenções sociais, econômicas e culturais. Cada integrante desse mundo virtual deve respeitá-las, sob o risco de ser banido do game ou então desprezado pelos demais jogadores – o que talvez seja pior.

## Do *MUD* ao *MMOG*

Para compreender os MMORPGs, é preciso voltar ao final da década de 1970. A origem do gênero se confunde com a da própria Internet: em 1978, Roy Trubshaw e Richard Bartle, estudantes da Universidade de Essex, na Inglaterra, completaram o desenvolvimento do MUD (Multi-Users Dungeon), uma mistura de *chat* e RPG, exibida em um computador PDP-10. Na época, Roy Trubshaw, estudante do primeiro ano de Ciências da Computação, e alguns amigos estavam fascinados por jogos de textos, como os clássicos Zork e Adventure. Enquanto consertavam o DEC SYSTEM 10 da Universidade, descobriram uma forma de utilizar a memória compartilhada entre múltiplos programas. De repente, diversos usuários podiam usar a mesma base de dados e, conseqüentemente, jogar um mesmo game.

Graças a um trabalho extra durante o verão, Trubshaw foi agraciado com ilimitadas horas em frente ao computador da Universidade, além do acesso ao *mainframe* (computador principal) a qualquer momento. Trubshaw aproveitou para criar uma representação virtual da primeira casa que seus pais compraram, reproduzindo os cômodos e até o jardim da área externa. Tudo em texto, naturalmente. Os jogadores acessavam o programa e se movimentavam pela *casa de Trubshaw*, digitando versos simples. Pronto: estava criado o conceito de aventura no estilo multijogador. Tempos depois, Trubshaw conheceu Richard Bartle, um fã de Dungeons & Dragons, que tinha uma grande vontade de criar jogos. Não demorou muito para Bartle transformar a base de dados compartilhada de Trubshaw em uma aventura com armas e monstros, a primeira versão de MUD (Multi-Users Dungeon).

Em 1980, a Universidade de Essex conectou-se a JANET, a rede acadêmica britânica, e a ARPA, precursora da Internet. A partir de então, o MUD pôde ser acessado de outros lugares do mundo por diversos jogadores simultaneamente. A popularidade dos MUDs aumentou nas décadas de 1980 e 1990, o suficiente para despertar o interesse das empresas de desenvolvimento de games. A partir de então, várias delas começaram a explorar a idéia de combinar a experiência do MUD com gráficos avançados e recursos multimídia. Meridian 59, da 3DO Software, em 1996, foi o primeiro a incorporar elementos como o suporte a um grande número de jogadores dentro de um ambiente persistente. Trip Hawkins, proprietário da 3DO e co-fundador da Electronic Arts, estabeleceu a 3DO com a intenção de explorar a tecnologia no entretenimento eletrônico, tanto que a empresa criou o videogame 3DO, posteriormente licenciado para Panasonic, Goldstar e outras fabricantes.

Com Sony, Sega e Nintendo dominando o mercado de consoles, Hawkins decidiu voltar sua atenção para novos paradigmas. Enquanto buscava uma maneira de trazer o jogo Might & Magic para a Internet, Hawkins desenvolveu e lançou Meridian 59. O termo *massively multiplayer* foi usado pela primeira vez em Meridian 59: quando Hawkins explicava o jogo à imprensa, citou os termos *massively multiplayer* e *3D persistent world*. No ano seguinte, a Origin Systems lançou Ultima Online, fruto do brilhante Richard Garriot. Pioneiro dos RPGs, Garriot criou a série Ultima e, em 1997, a levou para a Internet, aproveitando a tecnologia utilizada no jogo Ultima VI. Lançado em 26 de setembro daquele ano, Ultima Online foi um sucesso imediato, parte disso graças ao seu nome, bastante conhecido na época – mais de cinco milhões de pessoas jogaram os games da série Ultima.

Ainda em 1996, enquanto a 3DO lançava Meridian 59, a sul-coreana Nexxon disponibilizava Kingdom of the Winds, primeiro jogo do designer Jake Song. O título foi tão bem-sucedido que seus criadores resolveram experimentá-lo on-line, em formato de jogo massivo para múltiplos jogadores. A Coréia do Sul encontrava-se em um ótimo momento para receber os MMOGs, por causa dos grandes investimentos do governo local em serviços de banda larga e telefonia. O mesmo governo proibira a importação de consoles do Japão, atitude que baniu os videogames do país. Some-se a tudo isso a alta densidade populacional da Coréia – metade dos habitantes está em Seul – e o cenário para a explosão dos MMOGs era perfeito, tanto que Kingdom of the Winds atraiu mais de um milhão de assinantes. Em 1998, a NCsoft lançou Lineage, o novo projeto de Song, que se tornou um sucesso, com aproximadamente quatro milhões de jogadores, mais da metade deles na Coréia.

Enquanto Lineage arrebatava multidões pelo Oriente, a Sony Online Entertainment, em 1999, contra-atacava com EverQuest, primeiro MMORPG totalmente tridimensional, com gráficos avançados que não prejudicavam o desempenho do jogo. Entretanto, em alguns aspectos, EverQuest era menos ambicioso que Ultima Online – os sistemas econômico e social, por exemplo, eram bem mais básicos. O foco de EverQuest estava nos combates, na exploração dos cenários e no desenvolvimento do personagem. O lançamento de EverQuest atraiu a atenção da imprensa para os MMOGs, graças à rápida popularização e ao fato de que alguns jogadores começaram a vender itens virtuais por dinheiro real no eBay, website norte-americano de leilões. O EverQuest ultrapassou a marca de 500 mil usuários, abrindo as portas para dúzias de novos MMORPGs.

## Sociedades virtuais

À medida que os MMOGs foram se tornando populares, passaram a despertar a atenção de estudiosos. O antropólogo Hermano Vianna (2004) se arriscou a dizer que os pontos de encontros imaginários das novas gerações serão fornecidos pelas paisagens dos videogames. Tomando o game EverQuest como exemplo, Vianna explica que Norrath, mundo virtual onde o MMORPG é ambientado, "foi desenhado, talvez, como nosso mundo real, para incentivar a interação social e a comunicação entre os vários participantes, que formam clãs e outros grupos políticos de tendências bem mais surpreendentes" (Vianna, 2004). O jogador constrói uma espécie de *segunda vida*, que corre paralela à real, afinal, por mais que a maioria destes jogos seja ambientada em mundos de fantasia, as semelhanças com a nossa sociedade são inevitáveis: os participantes têm residência, profissão, objetivos de carreira, e até mesmo se casam.

Mas afinal, qual é a razão dessa busca por vivenciar na realidade virtual certas rotinas que já são parte da nossa realidade? Uma das hipóteses é a de que é muito mais fácil causar mudanças efetivas no terreno virtual – ser um herói e salvar o mundo, por exemplo –, com a enorme vantagem de não sofrer sérias sanções ao cometer determinadas transgressões – como *matar* um companheiro. O estado amorfo dos MMOGs dá origem ao que Vianna chama de *paradoxo do Deus-católico*: são os designers que criam o game, mas é impossível prever o que os jogadores farão no mundo virtual: "Quem lança o jogo é o dono do mundo, mas deu livre-arbítrio aos seus habitantes" (Vianna, 2004).

A Ignis Games, empresa brasileira responsável por Erinia, primeiro MMORPG totalmente desenvolvido no país, reforça a idéia de que o que os jogadores mais apreciam no gênero são as possibilidades de relacionamento pessoal. "É engraçado, pois o elemento que mais agrada os jogadores no Erinia é produzido por eles mesmos, e não pela Ignis", conforme explicou César Augusto Barbado, diretor-presidente da empresa, em entrevista que nos concedeu.

Por sinal, um dos estereótipos que sempre perseguiu os jogos eletrônicos é o de que eles supostamente privariam o jogador, em especial crianças e adolescentes, do convívio social, dada a suposta capacidade do game de introvertê-los e isolá-los da sociedade. Tendo como base os MMOGs, é possível afirmar que tal pensamento é, no mínimo, equivocado (para não dizer reducionista), uma vez que a característica mais atraente do gênero é justamente seu potencial socializador, como já dissemos anteriormente. Os MMOGs também podem ser definidos como espaços de geração e circulação de informações. De acordo com Lévy (1999, p. 62), em mundos virtuais como os dos MMOGs, a informação é o espaço-contínuo: ou o explorador ou seu representante estão imersos no espaço. Em um MMOG, todos os jogadores compartilham e convivem no mesmo espaço, e suas ações afetam não somente a si próprios, mas também ao ambiente como um todo. Até mesmo o sistema de bate-papo (*chat*) é global, ou seja, todos lêem o que todos digitam, a não ser que se opte pelo sistema de mensagens privadas. Segundo Lévy, nos mundos virtuais dos MMOGs "a mensagem é um espaço de interação por proximidade, dentro do qual o explorador pode controlar diretamente um representante de si mesmo". Lévy (1999, p. 75) ainda afirma que "um mundo virtual, no sentido amplo, é um universo de possibilidades calculáveis a partir de um modelo digital. Ao interagir com o mundo virtual, os usuários o exploram e o atualizam simultaneamente. Quando as interações podem enriquecer ou modificar o modelo, o mundo virtual torna-se um vetor de inteligência e criação coletivas".

As guildas (ou clãs) são elementos de fundamental importância nos MMOGs. Para Ferrara (1993, p. 203), as guildas da Idade Média, que inspiraram as virtuais, foram uma expressão econômica da população rural da cidade medieval, que se capacitava socialmente e se associava para encontrar um novo modo de ganhar a vida, baseado em uma nova relação social: a ajuda mútua. Essa relação social também é o principal elemento de atração das guildas formadas nos MMOGs: jogadores donos de personagens distintos, mas com objetivos em comum (uma identidade), unem-se para cumprir missões especiais, guerrear com outros clãs e, conseqüentemente, socializarem-se em meio a um contexto virtual, outra prova cabal de que a necessidade de o homem viver em sociedade também se reflete no ciberespaço.

A maioria dos MMOGs é inspirada na mitologia medieval européia, e os Estados Unidos, por sua vez, são um dos países que mais apreciam o gênero – na verdade, são o maior mercado para os jogos eletrônicos. Umberto Eco (1984, p. 43) narra uma de suas viagens aos Estados Unidos, quando visitou museus, monumentos e pontos turísticos, e diz que "há um quê de desarmado nessa busca da glória através do exercício de um amor não correspondido pelo passado europeu", afirmando que a história não pode ser imitada, nem pelo melhor arquiteto que o dinheiro pode pagar. Sob este ponto de vista, ele classifica os Estados Unidos como um país com muito futuro, mas nenhuma reminiscência histórica.

São alguns indícios que apontam o fascínio exercido pelo folclore europeu e pela Idade Média nos Estados Unidos, cuja cultura se desenvolveu em meio ao sistema individualista do capitalismo. Com isso, embora as comunidades medievais e as comunidades formadas em MMOGs sejam bastante diferentes, as guildas virtuais, delimitadas pelos *limites geográficos* dos jogos eletrônicos, também podem ser encaradas como uma espécie de resgate de valores, como companheirismo, equação de forças etc.

## Real *versus* virtual: qual o limite?

Comparar o mundo virtual dos MMOGs ao mundo real parece ser mesmo inevitável: Edward Castronova, professor associado de telecomunicações da Universidade de Indiana, nos Estados Unidos, conduziu uma pesquisa que mediu a produtividade econômica de cada jogador de EverQuest, chegando à conclusão de que o mundo virtual de EverQuest, Norrath, gera mais PIB (Produto Interno Bruto) do que a Namíbia, país do sul da África.

Na China, Wang of Chongqing e Ye se conheceram on-line, jogando Legend of Mir 2 e, quatro semanas depois, casaram-se. O casal continuou jogando e *evoluindo* seus personagens no MMORPG, até que decidiram se separar. Agora, travam uma verdadeira guerra na justiça chinesa pela posse das contas e dos itens adquiridos no jogo – dos quais nenhum dos dois quer abrir mão. Destino mais feliz estão tendo Rafael de Agostini Ferreira, 26 anos, redator de um website, e a estudante Natalie Hidemi Seki, 18 anos, que se conheceram jogando Ragnarök Online. No mundo virtual do jogo, seus personagens – o cavaleiro Leafar e a caçadora Aislinn – encontraram-se, e ele passou a ajudá-la a treinar. Quando perceberam, estavam apaixonados e iniciaram um *namoro real*, depois de começarem a namorar no game.

Os Estados Unidos, por sua vez, já contam com uma organização de apoio a viciados em jogos on-line, a On Line Gamers Anonymous (www.olganon. org), enquanto a China abriu uma clínica para viciados em jogos on-line.

Tamanha semelhança com o mundo vivido fora do jogo faz dos MMOGs os jogos eletrônicos com maior nível de interatividade possível, pelo menos até os dias atuais. Em uma época em que as indústrias do entretenimento eletrônico e a do cinema se aproximam cada vez mais, nos MMOGs, os limites entre filme, jogo e realidade chegam a ficar confusos: franquias hollywoodianas populares, tais como Star Wars (Guerra nas Estrelas) e The Matrix, já inspiraram a criação de MMORPGs próprios, enquanto Star Trek (Jornada nas Estrelas) e The Lord of the Rings (O Senhor dos Anéis) seguem por um caminho semelhante. A questão é muito simples: quem não gostaria de fazer parte de um mundo que adora e sempre viu impassível pela televisão ou na tela do cinema, sem poder participar daquela realidade ou nela realizar modificações?

Certamente, é a experiência mais interativa que um fã pode experimentar: Star Wars Galaxies, por exemplo, permite ao jogador assumir a pele de um ser de raças conhecidas da saga de George Lucas, desde humanos até *wookiees*. Após muitas horas de jogo e bastante esforço, é possível até se tornar um Jedi ou ter a sua própria nave para locomover-se mais rapidamente pelos diferentes planetas.

## Conclusão

Diante das coordenadas já expostas no presente artigo, é possível delimitar algumas das características que são exclusivas dos MMOGs:

- Funcionam apenas on-line, ou seja, somente se o jogador estiver conectado à Internet.
- São ambientados em mundos persistentes, ou seja, que continuam a existir mesmo que usuário não esteja conectado a eles.
- Suportam milhares de jogadores simultâneos em um mesmo mundo virtual.
- Assemelham-se ao *mundo real*, embora sejam baseados em temáticas fictícias ou fantasiosas. Neles, o jogador assume um personagem (ou *avatar*), que vive em grupo, tem casa, trabalha, aprende novas habilidades etc. Por isso, fala-se nos MMOGs como uma *segunda vida*, uma vida alternativa etc.
- São *amorfos*; não têm um final definido e podem ser atualizados a qualquer instante com novas aventuras, missões e personagens.
- Com exceção dos gratuitos, a maioria exige o pagamento de uma mensalidade (em alguns casos, não é necessário comprar o jogo, bastando baixá-lo gratuitamente da Internet). Costuma existir um período gratuito de experiência, normalmente de algumas semanas e, ao seu final, para continuar jogando é preciso pagar.
- Não têm um fim ou objetivo principal definido; em jogos do gênero, o mais importante é a socialização dos jogadores, inclusive, por meio da formação de clãs.
- Seus mundos virtuais têm economia, moeda, regras sociais e culturais próprias, e os jogadores neles inseridos devem respeitá-las, sob pena de banimento.

Realidade paralela, os MMOGs interferem cada vez mais na vida real dos jogadores, mostrando-se como espaço para comunicação, disseminação de cultura e, principalmente, de socialização. Enfim, um fenômeno da cibercultura e um campo de estudos bastante promissor. Não são somente um jogo, mas uma segunda vida.

## Referências

AZEVEDO, T. *Mídia e jogo eletrônico:* Erinia, uma experiência brasileira. Monografia de conclusão de curso de Jornalismo na Universidade do Sagrado Coração, Bauru, 2004.

CASTELLS, M. *A sociedade em rede.* 3. ed. São Paulo: Paz e Terra, 1999.

CEBRIÁN, J. L. *A rede:* como nossas vidas serão transformadas pelos novos meios de comunicação. São Paulo: Summus, 1999. *Coleção Novas Buscas de Comunicação.*

ECO, U. *Viagem na irrealidade cotidiana.* 6. ed. Rio de Janeiro: Nova Fronteira, 1984.

FERRARA, L. D. *Olhar periférico.* São Paulo: Edusp, 1993.

GAMESPOT. *Faturamento da indústria de games em 2004.* Disponível em: www.gamespot.com/ps2/action/gta4/news_6116499.html. Acessado em 10 abr. 2005.

HUIZINGA, J. *Homo Ludens:* o jogo como elemento da cultura. São Paulo: Perspectiva, 1996.

JOHNSON, S. *Cultura da interface:* como o computador transforma a nossa maneira de criar e comunicar. Rio de Janeiro: Jorge Zahar, 2001.

KERCKHOVE, D. *A pele da cultura:* uma investigação sobre a nova realidade eletrônica. Relógio D'Água Editores, 1997.

LÉVY, P. *Cibercultura.* São Paulo: Editora 34, 1994.

MAGNET. *Economia do jogo EverQuest é maior que a da Namíbia.* Disponível em: www.magnet.com.br/bits/games/2004/08/0019. Acessado em: 10 abr. 2005.

MURRAY, J. H. *Hamlet no Holodeck:* o futuro da narrativa no ciberespaço. São Paulo: Itaú Cultural/Unesp, 2003.

POOLE, S. *Trigger happy:* videogames and the entertainment revolution. New York: Árcade, 2000.

SANTAELLA, L. *O que é semiótica.* São Paulo: Brasiliense, 1983.

SANTAELLA, L. *Cultura das mídias*. São Paulo: Experimento, 1996.

SANTAELLA, L. *Comunicação & pesquisa:* projetos para mestrado e doutorado. São Paulo: Hacker, 2001.

SANTAELLA, L. *Culturas e artes do pós-humano*: da cultura das mídias à cibercultura. São Paulo: Paulus, 2003.

SCHOLDER, A. *Replay*: game design and game culture. Nova York: Peter Lang, 2003. *New Literacies and Digital Epistomologies*, v. 18.

VIANNA, H. Jogo da vida. *Folha de S. Paulo. Mais!* 18 jan. 2004. Disponível em: www.gamenetpr.com.br/artigos.php?data=18/01/2004%20&%20titulo=Jogo%20da%20vida.

WARDRIP-FRUIN, N. *First person*: new media as story, performance, and game. Cambridge: MIT, 2004.

# PARTE V

## Games e educação

# Videogames:
## ensino superior de jogos no Brasil

Delmar Galisi

A sociedade acordou para a importância do videogame, não só pelo viés industrial, mas também como fenômeno cultural. Mais que simplesmente uma outra forma de entretenimento, os jogos eletrônicos passaram a propiciar novas formas de interação e comunicação entre indivíduos, não só porque há videogames que podem ser jogados simultaneamente em rede mundial, mas porque junto deles começa a surgir uma rede de serviços, grupos e comunidades que ajudam a alimentar os videogames como uma nova experiência social. Por exemplo, em alguns fins de semana, grupos de adolescentes se encontram em verdadeiros festivais organizados para jogar games, trocar e comprar quadrinhos e revistas da área, vestem-se como personagens para jogar RPG etc.

Do ponto de vista mercadológico, o público consumidor de videogames não se contenta apenas com um jogo bem-acabado, visualmente atraente, mas que não apresente desafios para o usuário. Por outro lado, este mesmo consumidor não quer que um jogo seja somente divertido, que contenha muitas variações e diversas formas de interação; ele almeja também participar de um jogo que contenha belos gráficos e animações interessantes. Ou seja, o jogador de videogame exige que o produto contenha um resultado muito mais refinado do que aquele dos primórdios dos jogos eletrônicos.

Conseqüentemente, os videogames, cada vez mais, apresentam desafios enormes de criação e implementação. É preciso que um videogame contenha uma boa jogabilidade, belos gráficos e ainda apresente uma performance satisfatória. Enfim, hoje, o videogame é um produto extremamente complexo.

Em função desta escala e importância, é possível, natural e mais que necessário falar em ensino para a área de videogames. A profissionalização é necessária não só porque o seu público exige um produto bem feito, mas porque a sociedade, tendo a mídia como porta-voz, preocupa-se com as conseqüências desse novo meio no dia-a-dia das pessoas: a questão da violência dos jogos, de quantas horas um adolescente perde na frente de um console etc.

Infelizmente, há um pouco de incompreensão e desconfiança por parte de muitos estudiosos e formadores de opinião, com a idéia de se criar um curso voltado para a área de jogos eletrônicos, pois eles não acreditam na seriedade dos videogames como objeto de estudo: no senso comum, os jogos eletrônicos são vistos como brincadeira de adolescentes. Diz-se que os videogames atrapalham os estudos, provocam sedentarismo, viciam, e até podem matar[1]. Para alguns, há uma incoerência elementar entre ensino e videogames, e seria até mesmo uma irresponsabilidade planejar um curso que ensine a desenvolvê-los. Minha tese é justamente o contrário: talvez, falte um fórum de discussão mais sério, que evite esses exageros. E a universidade pode cumprir muito bem esse papel, por meio de pesquisas e de um trabalho educativo e de conscientização junto aos futuros profissionais. No fundo desta questão, existe o fato de muitos críticos não enxergarem os videogames como elemento de nossa sociedade. Como já dizia Huizinga (2001, p. 3), "o jogo é mais antigo do que a própria cultura". Condenar um meio, em vez de refletir sobre os seus problemas, é algo que já demonstrou ser temerário em nossa história. Basta se lembrar das ações de regimes autoritários, que queimavam livros, censuravam obras e calavam seus articu-

---

1   Na Coréia do Sul, um homem de 28 anos morreu após passar quase 50 horas jogando no computador em um cybercafé. Foi identificado apenas como Lee. Começou a jogar em uma quarta-feira, e nos três dias seguintes, parou apenas para ir ao banheiro e tirar rápidos cochilos. O coração de Lee não agüentou – ele teria morrido de exaustão, segundo a polícia. Pouco antes da maratona fatal, ele havia deixado o emprego para se dedicar mais aos jogos eletrônicos. Notícia da Reuters, 09/08 BBI.

listas. Ironicamente, os jogos tradicionais – os de tabuleiro principalmente – têm sido vistos como uma ferramenta preciosa de ensino/aprendizagem. Por que então os jogos eletrônicos não podem ser utilizados do mesmo modo, afinal, ambos são construídos praticamente com os mesmos elementos estruturais: cenários (os correspondentes aos tabuleiros), personagens (os peões), regras, objetivos etc.?

Nesse sentido, o videogame não deixa de ser um jogo. Por outro lado, os games têm uma trajetória própria, apresentam características particulares e surgiram a partir de um percurso próprio. Hoje, podem ser vistos como uma nova área de conhecimento. Seria importante, portanto, observar em que contexto foram criados.

## Emergência de uma nova área de conhecimento e de produção

Uma das características marcantes do século XX foi o crescimento gradativo das horas reservadas para o lazer. Costuma-se creditar este fato a uma conquista social do cidadão, e que, de certa forma, reforça a oposição usual que se faz entre descanso e trabalho. Nas últimas décadas, no entanto, além de ser um direito trabalhista, a utilização de um tempo para o usufruto pessoal tornou-se uma necessidade. À medida que o mercado de trabalho foi se tornando mais competitivo, começaram a surgir problemas de saúde, antes inexistentes, como o estresse; e conceitos como entretenimento, relaxamento, *happy hour*, qualidade de vida passaram a fazer parte de nossas ambições pessoais. Paralelamente, fatores de ordem macroeconômica contribuíram para a redução da jornada de trabalho.

> A redução gradativa do tempo de trabalho parece uma realidade. Com tal redução (semanas de 35 horas de trabalho já são uma meta factível na Europa), quer por uma redistribuição mais justa de renda, quer em virtude do que se chama de desemprego estrutural do capitalismo, a questão da ocupação do tempo livre torna-se crucial. (Coelho, 1999, p. 229)

Evidentemente, o trabalhador pode ocupar o seu tempo livre como desejar; ele pode até mesmo não fazer coisa alguma. No entanto, quer por uma necessidade natural de substituir setores que vêm dispensando mão-de-obra, como o setor secundário, quer simplesmente por perceber um nicho de mercado, a chamada indústria de entretenimento está em franca expansão. Prova disso é o crescimento do setor de turismo, o que pode ser atestado, entre outros fatores, pelo aumento significativo do número de parques temáticos nos últimos anos. Mas o poderio do mercado de entretenimento pode ser visto também em concertos de rock, nos eventos esportivos de grande porte, em passeios coletivos, na ampliação do número de canais de televisão, na expansão do setor hoteleiro, na oferta de bares e restaurantes, nos recordes de bilheteira nos cinemas, e nas muitas outras atividades que têm como objetivo preencher as horas de ócio dos trabalhadores e, obviamente, gerar receita.

A indústria de jogos eletrônicos é mais um item deste rol. Evidentemente, cada forma de lazer tem as suas características e os seus valores. Há o momento certo para ir ao cinema ou para tomar um chopinho no fim da tarde. Porém, em certos aspectos, os videogames levam algumas vantagens sobre outras formas de diversão. Em primeiro lugar, eles são produtos relativamente baratos[2]. Os jogos eletrônicos podem ser comprados, em média, pelo preço de um livro: um valor baixo, se levarmos em conta o número de vezes que um consumidor pode usufruir deste produto. Podemos comparar estes valores com a entrada para um show – há espetáculos baratos, mas alguns chegam a preços bem altos – ou mesmo com uma entrada de cinema. Estas formas de lazer duram em média duas horas. Mas por quanto tempo um jogador pode desfrutar de um videogame?

Outra vantagem é que o jogo eletrônico é uma forma de diversão que pode ser usufruída dentro de casa. Nos dias atuais, isso conta muito. Hoje, sair de casa nem sempre é uma atividade convidativa, tendo em vista o trânsito, o cansaço de um dia intenso de trabalho e a violência das cidades grandes. Além disso, o jogo propicia uma atividade interativa, e, se bem desenvolvida, é educativa e estimuladora das capacidades criativas e lógicas. Pesquisas científicas indicam que quem joga videogames apresenta avanços em leituras e em matemática, melhora a percepção visual e desenvolve o pensamento lógico e estratégico. O especialista em mídia do MIT (Massachusetts Institute of Technology), Henry Jenkins, defende que os videoga-

---

2  Um game como o FIFA 06 (para computador), da Electronic Arts, é vendido em média por R$ 100,00. O jogo Madagascar, também para computador, é vendido em média por R$ 70,00.

mes propiciam uma experiência estética única e, por meio deles, os jovens estão exercitando a sua criatividade (HAAG, 2000, p. 16). Alguns jogos, como Age of Mythology e The Sims, foram apontados como fontes valiosas de aprendizado.[3]

A prova de como este nicho, o mercado de jogos eletrônicos, é realmente levado a sério pode ser observado nos Estados Unidos. Neste país, a indústria de videogames já superou o setor cinematográfico em volume de negócios – se considerarmos somente os bilhetes na boca do caixa (não é à toa que o cinema norte-americano vem buscando inspiração nos jogos eletrônicos para criar alguns de seus filmes, como Tomb Raider, Final Fantasy). Em 2000, os norte-americanos compraram mais de 215 milhões de jogos de computador. Também nos Estados Unidos, há inúmeras publicações e sites dedicados ao assunto, bem como um canal de TV, o G4, exclusivamente dedicado a videogames. Em 2005, a E3, feira norte-americana de periodicidade anual dedicada somente aos videogames, reuniu profissionais de 80 países (e a feira nem é destinada ao público consumidor).

Na esfera de desenvolvimento, softwares e linguagens já começam a adaptar seus códigos, no sentido de facilitar o desenvolvimento de videogames. (Vale a pena lembrar que, historicamente, os jogos sempre serviram para alavancar a indústria de hardware na informática, devido à utilização de recursos avançados de processamento e memória). Fora dos Estados Unidos, principalmente na Europa e na Ásia, o mercado de videogames já é uma realidade, além de ter também sua própria feira, a ECTS (European Computer Trade Show). Enfim, para se ter uma idéia do tamanho do setor, a previsão de receita mundial com videogames para 2004 era de 21,6 bilhões de dólares (*InfoExame*, abr. 2002, p. 46), e para 2006, a receita presumida para games on-line era de 5,2 bilhões de dólares (*InfoExame*, 2004, p. 24).

No Brasil, os números são bem mais discretos, mas já merecem respeito. Estima-se que haja 10 milhões de consumidores de jogos eletrônicos no país. Os videogames já ultrapassaram a TV a cabo como forma de diversão nas residências brasileiras em número de usuários (*InfoExame*, out. 2002, p. 44). Previsões mais pessimistas indicam a venda de pelo menos 7 milhões de consoles (PCs, Nintendo, PlayStation, Sega, XBOX). É signi-

---

3 Fonte: *Folha de S.Paulo,* Caderno Folhateen, 16 de junho de 2003, p. 6-8.

ficativo também o número de publicações sobre essa área no Brasil. Revistas especializadas, websites, livros, e até mesmo programas televisivos, já fazem parte de nosso cotidiano. Estima-se que o número de lan[4] houses no Brasil – lojas que alugam microcomputadores ligados em rede para jogos – já tinha ultrapassado a casa dos 3 milhões, em 2003 (*InfoExame*, 2003, p. 32). Começa também a aparecer no Brasil uma nova forma de atividade social e cultural, que, embora restrita, alerta para a realidade do setor: as *lan parties*, grupos que se unem, às vezes, em suas próprias casas, para jogar em rede, principalmente nos finais de semana. No entanto, na esfera da produção, foi só após a virada do século que o país começou a dar os primeiros sinais de estruturação. Hoje, já existe uma série de empresas que se dedicam exclusivamente à produção de jogos eletrônicos e também uma associação que representa o setor: a Abragames (Associação das Desenvolvedoras de Jogos Eletrônicos do Brasil).

O primeiro jogo desenvolvido no Brasil foi lançado em 1983: o Amazônia, da Tilt, de autoria de Renato Degiovani, considerado o precursor da área no país. Na década de 1990, outras iniciativas isoladas geraram novas produções[5]. Mas somente na primeira década do século XXI, a produção nacional gerou um volume de títulos a ponto de podermos considerar a existência efetiva de uma indústria desenvolvedora. Segundo a Abragames, em 1999, houve um recorde de fundação de empresas de games no Brasil. Hoje, há o registro de 55 empresas de desenvolvimento em atividade. Os locais que mais abrigam essas empresas são Paraná (33%) e São Paulo (30%). O número médio de funcionários nessas empresas é de aproximadamente 15 pessoas. Um ponto importante, segundo a mesma Associação, é que a proporção de programadores/designers no Brasil é diferente da dos mercados mais consolidados, como Estados Unidos ou Inglaterra. Nesses países, a proporção é de 2 para 1 a favor dos designers, ao contrário do que ocorre no Brasil, com o predomínio de programadores (Abragames, 2005). Estes dados sugerem a necessidade do fortalecimento de cursos mais voltados a artes e design de jogos. No entanto, apesar deste esforço, os jogos utilizados no Brasil vêm basicamente do mercado externo. Em resumo, no Brasil, no

---

4  LAN é a sigla para Local Area Network, ou rede local de computadores.

5  A esse respeito, sugiro consultar *Gamebrasilis*, um catálogo de jogos eletrônicos brasileiros, editado pelo Senac, São Paulo, 2004.

ano de 2008, o cenário é o seguinte em relação à área de jogos eletrônicos: um respeitável público consumidor – o chamado *gamer*, ou seja, o usuário – exigente e consolidado, e um mercado de desenvolvimento incipiente. Temos poucos profissionais específicos para essa área.

A questão fundamental é como reverter esse quadro. Uma série de ações seria necessária, como um maior incentivo por parte dos agentes governamentais (a redução de impostos, políticas de incentivo, combate à pirataria etc.); a valorização do jogo como meio cultural e educativo, e não somente como meio de entretenimento; a promoção de eventos na área; a realização de concursos e festivais etc. A criação de cursos relacionados à área de produção de jogos eletrônicos seria mais uma dessas ações, talvez das mais significativas, pois viria suprir a demanda de profissionais e, conseqüentemente, alavancar a produção local.

## O ensino de games pelo mundo afora: o caso norte-americano

Evidentemente, essa equação não é tão simples. Cursos não podem ser criados simplesmente para atender à demanda do mercado. Eles devem viabilizar a formação de um profissional preparado para os desafios que terá de encarar no seu futuro profissional. Ou seja, devem garantir uma formação básica e proporcionar um conhecimento específico e crítico dentro de sua área de atuação. Este hiato de conhecimentos deve ser suprido por cursos de graduação, de especialização, tecnológicos, cursos livres etc. Há espaço para todos – aliás, como já ocorre no Brasil –, mas, fundamentalmente, é necessário que haja cursos superiores. São eles que conseguem formalizar, de maneira mais competente, uma ponte entre a teoria e a prática e que permitem desencadear um conjunto de fatores necessários à legitimação de um determinado setor de conhecimento. Para se ter uma pequena idéia da veracidade desta informação, os países mais comprometidos com a área de jogos, hoje, como Estados Unidos, Japão, Coréia e Inglaterra, possuem cursos de graduação na área de jogos já há algum tempo.

Nos Estados Unidos, por exemplo, há cursos de graduação desde 1994. A Digipen Institute of Technology é considerada a pioneira no ensino de jogos eletrônicos. Fundada em 1988 como uma companhia de animação e simulação por computador, decidiu oferecer treinamento para animação em 3D. Em 1991, por meio de articulações com a Nintendo norte-americana, iniciou-se uma discussão ao redor da idéia de oferecer treinamento para a área de videogames. Em 1994, oficialmente, a instituição iniciou a sua primeira turma com o caráter de curso superior. A Digipen não esconde o fato de optar por um programa que atenda à necessidade da indústria, e a influência da Nintendo é evidente. A instituição, nesse sentido, optou por um currículo bastante abrangente, priorizando a área de Exatas e de programação, sem deixar de lado as disciplinas de design e animação. Em um cenário ainda escasso de formação, a idéia era formar o profissional completo. Ainda hoje, a Digipen mantém esta estratégia, mas novos cursos surgiram, com outras abordagens.

Destaco, por exemplo, o The Art Institute of California, que oferece o curso de bacharel em *Game Art* & Design. A ênfase, evidentemente, está no design. O currículo inclui disciplinas da área de projetos de jogos, roteiro, desenho e animação, mas também Teoria da Cor e Tipografia, que são típicas de cursos de Design, não importa qual seja a habilitação. O programa está centrado na esfera da criação, não necessariamente na implementação do jogo.

Já a Fuil Sail, localizada na University Boulevard, Winter Park, na Flórida, oferece o curso de bacharelado em Game Design and Development. Apesar do nome, o forte do currículo é a tecnologia, particularmente a área de programação. No entanto, a proposta do curso é que o estudante possa conhecer todas as etapas da produção de um jogo, incluindo projeto e concepção.

Evidentemente, os cursos da área de jogos eletrônicos não se resumem a essas instituições. Muitas outras universidades norte-americanas oferecem cadeiras específicas que abordam a produção de jogos, seja em cursos de Design ou naqueles voltados à Computação. Outras oferecem programas em pós-graduação. É o caso, por exemplo, da The Art Institutes, uma universidade que tem diversos *campi* espalhados pelos Estados Unidos e no Canadá. Esta instituição, por sinal, nos ajuda a compreender o quanto a sociedade norte-americana já vê com relativa normalidade a oferta de cursos na área de jogos eletrônicos. O curso de *Game Art* & Design pode ser cumprido em diversos dos seus *campi*, como Atlanta, San Diego, Chicago, Toronto, dentre outros. No total, são dezessete cidades, além de um curso on-line.

Além disso, há diversas pesquisas nesse setor, algo que pode ser comprovado na Conferência Internacional de Desenvolvedores de Jogos, a GDC[6] (Game Developers Conference), que acontece há mais de uma década nos Estados Unidos; a cada ano, em uma cidade. Em 2008, a Conferência aconteceu de 18 a 22 de fevereiro, em San Francisco. Este pode ser considerado o principal fórum de discussão na área, pois atrai pesquisadores da área de design, programação, arte, áudio, animação, dentre outros assuntos relevantes ao universo de produção e pesquisa de jogos eletrônicos. O público da última edição, em 2008, ultrapassou a casa dos dez mil participantes.

## Cursos de games no Brasil

No Brasil, os cursos são bem mais recentes. E não poderia ser diferente, diante de um mercado ainda em formação. O caminho que levou ao surgimento dos cursos de jogos no Brasil coincidiu em dois fatores: ocorreu em universidades particulares, mais ágeis na criação de novos cursos, e foi mantida uma certa tradição destas mesmas universidades na oferta de cursos em áreas correlatas ao universo dos videogames.

O pioneiro no Brasil foi um curso de especialização, ou seja, um curso de pós-graduação, com duração de 18 meses, criado em 2002: Desenvolvimento de Jogos para Computador, da Unicenp, do Paraná. Até então, o país se limitava a cursos livres e rápidos. Não é por acaso, aliás, que esse pioneirismo tenha vindo do Sul do Brasil. Em março de 2001, por iniciativa do Governo do Paraná, por meio da SETI – Secretaria da Ciência, Tecnologia e Ensino Superior, foi criada a GameNet (Rede Paranaense de Empresas de Jogos de Entretenimento). O objetivo do programa era incentivar o surgimento de empresas paranaenses na área de jogos eletrônicos. Muitas empresas foram criadas a partir dessa iniciativa, dentre elas, a Continuum, empresa responsável pelo Outlive – jogo lançado inclusive no mercado externo, e a Ignis Games, empresa que, em 2004, foi transferida para o Rio de Janeiro, onde produziu Erinia, o primeiro MMORPG (Massively Multiplayer Online Role-Playing Game) produzido no País.

O currículo do curso da Unicenp era voltado principalmente para a área de computação e programação. No entanto, disciplinas de empreendedo-

---

6  O website oficial da GDC é www.gdconf.com.

rismo e design de games complementavam o programa. A preocupação em incluir estas cadeiras era pertinente, pois, em grande parte, o que moveu os primeiros alunos foi a paixão pela área, já que o mercado, na época, era ainda mais difícil. Além do mais, o perfil do público era bem diversificado: havia matemáticos, mas também administradores (Villiegas, 2002, p. 46).

No ano seguinte, em 2003, surgiu de fato o primeiro curso superior de graduação: o bacharelado em Design e Planejamento de Games, da Universidade Anhembi Morumbi, em São Paulo, com duração de quatro anos. Embora tenha sido lançado nesse ano, a idéia do curso era anterior; a proposta vinha amadurecendo desde o início de 2001. Parte dos professores do curso de Design Digital da mesma universidade já tinha se envolvido profissionalmente com a área de jogos eletrônicos e queria aproveitar esse *know-how* por meio de um curso de jogos. O grupo de professores destacava ainda o fato de a universidade estar localizada em uma capital que necessitava suprir um mercado de trabalho diversificado e em sintonia com as inovações técnicas e produtivas, e também a idéia de que o profissional de design é, antes de tudo, uma necessidade determinante ou fundamental nos nossos dias. Isso abriu as portas também para novas formações que atendem a demandas específicas. Esses fatos apontaram para a reflexão sobre a necessidade da formação de um profissional – design – capacitado para a área de games.

A ênfase do curso era no design. Ou seja, o foco principal do curso é o desenvolver projetual. No entanto, na ausência de formação em diversas áreas, o primeiro currículo era bastante abrangente, espelhando-se, em parte, no currículo da Digipen. Nesse sentido, além das disciplinas de projeto, fundamentos e história do design, desenho, modelagem e animação, roteiro, áudio e marketing, o curso incluiu também disciplinas da área de programação e computação, além de cadeiras de formação geral, como Psicologia, Ciências Sociais, que também são fundamentais para a compreensão do comportamento dos personagens dos jogos e das sociedades em que esses personagens estão inseridos. A proposta do curso, ainda hoje, é que em todos os semestres o aluno desenvolva um jogo ou uma animação, a partir de um tema definido pelos professores. Existe uma orientação para este trabalho, e no final do semestre, o aluno (e o seu grupo) apresenta o resultado para uma banca de professores. Em 2005, a partir da constatação com empresas da área de que a formação específica em programação de jogos já estava bem atendida, o curso passou a adotar um currículo mais voltado ao design propriamente dito – ainda assim, o currículo não eliminou completamente as disciplinas de computação.

Também em 2003, a PUC-RJ criou o curso de extensão em Desenvolvimento e Design de Jogos em 3D, com uma carga horária próxima de 200 horas. Uma das inovações que o curso da PUC introduziu foi a estruturação do curso com duas ênfases: uma em Desenvolvimento, com um currículo mais voltado à programação e computação; e outra, em Artes e Design, com disciplinas como Direção de Arte e Modelagens de Cenários, por exemplo. O conteúdo programático comum, quando as duas ênfases se bifurcam, está mais voltado para projetos, desde a metodologia, concepção e documentação, passando pela criação do roteiro, além de disciplinas como História dos Jogos e Estudos do Mercado. É importante lembrar também que, desde 2001, a Graduação em Engenharia da Computação e a de Desenho Industrial procuram fornecer uma ênfase em entretenimento digital. Nesse caso, o aluno deve fazer algumas disciplinas de graduação voltadas para o tema. Isso atesta para o fato de os cursos oferecidos pela instituição abarcarem, antes de tudo, a área de entretenimento digital, que é um pouco mais ampla do que a de videogames. Estão incluídos aqui conhecimentos voltados para a computação gráfica, animação, TV digital, efeitos especiais, *mobiles* etc.

Mas um dos interesses estratégicos da PUC-RJ é a área de simulação. Foi isso também que levou a universidade a se aproximar dos jogos eletrônicos. De mais a mais, a PUC-RJ já tinha um bom corpo de doutores e pesquisadores voltados a temas relacionados e necessários à área de videogames.

A partir da consolidação dos cursos mencionados anteriormente, muitos outros começaram a ser criados em diversos locais do Brasil, sejam eles bacharelados, extensões, especializações ou cursos livres. No nível de Graduação, foram criados os cursos de Desenvolvimento de Jogos e Entretenimento Digital, da Unisinos-RS, o de Design de Jogos Digitais, da Unicsul-SP, e o de Jogos Digitais da PUC-SP. Algumas instituições criaram programas *stricto sensu* mais voltados para o tema dos jogos, como, por exemplo, a própria PUC-RJ – desde 2004, esta instituição oferece Mestrado e Doutorado em Computação, com ênfase em entretenimento digital. Outras instituições, como a Escola Politécnica e a Escola de Comunicações e Artes, ambas, da USP; a Semiótica da PUC-SP, dentro de suas respectivas segmentações, também começaram a aceitar teses de doutorado ou dissertações de mestrado tendo o videogame como objeto de pesquisa.

A Universidade Federal de Pernambuco merece destaque, nesse sentido, não só por ter gerado pesquisas na área de programação de jogos, mas também porque ajudou a coordenar o CESAR (Centro de Estudos e Sistemas Avançados do Recife)[7], uma *incubadora* criada em 1996 para a formação de empresas. Através do seu programa de pré-incubação, chamado Recife Beat, surgiram algumas empresas de jogos, como a Jynx Playware, desenvolvedora do FutSim, um jogo de gerenciamento de jogadores de futebol.

Para completar, é importante lembrar que, desde 2002, é realizado no Brasil o WJogos, congresso destinado aos pesquisadores de jogos, voltados para a aplicação de conceitos de computação na área de videogames. A partir de 2004, o Congresso se amplificou, passando a incorporar também o Arte & Design, um workshop de artes e design de jogos; a trilha Indústria, braço mercadológico da área de jogos, que discute as alternativas para o segmento da indústria; e o Festival de Jogos Independentes. Em 2007 surgiu uma nova trilha, Jogos & Cultura, que dicute as conseqüências dos games na sociedade. O congresso como um todo passou a se chamar SBGames[8] – Simpósio Brasileiro de Jogos para Computador e Entretenimento Digital.

O que podemos constatar a partir disso é que, no Brasil, na área de videogames, há uma forte integração entre a universidade e o mercado. Empresas foram criadas a partir da universidade, o principal simpósio da área, o SBGames, tem laços fortes com as empresas, e, como veremos adiante, profissionais de games passaram a lecionar nas universidades.

## Os desafios do ensino de games no Brasil

Inicialmente, um dos grandes problemas para a criação de cursos de jogos no Brasil, no nível superior, é a falta de exemplos de cursos na área no país e de outras fontes de referência, tanto na esfera do ensino como na da produção.

---

7  A esse respeito, consulte: www.cesar.org.br.
8  As trilhas tiveram várias denominações. Em 2004 eram chamadas WJogos, GameArt e In2Games. Em 2006 foram alteradas para Computing, Art & Design Industry. Em 2007, além da introdução da trilha Jogos e Cultura, as trilhas passaram a ter as denominações vigentes: Computação, Arte & Design e Indústria.

Para se ter uma idéia, a maior parte da bibliografia da área ainda não está escrita em português. Como apontamos anteriormente, na área de ensino e pesquisas, é tudo muito recente, e na área de desenvolvimento, somente agora o Brasil está dando os seus primeiros passos. Isso se agrava à medida que a esfera produtiva de jogos tem importância significativa no apoio à produção de conhecimento na área. Quando falamos de determinados objetos de estudo – e este é o caso dos jogos eletrônicos –, a prática é essencial. Estamos falando daqueles cursos que são destinados à formação de profissionais para o setor de serviços ou para a produção de objetos. Poderia citar como exemplos os cursos superiores de Administração de Empresas, Turismo, Enfermagem, Arquitetura e Design. Em parte, o que esses cursos fazem é sistematizar um conjunto de conhecimentos que provêm de uma prática.

Portanto, para atender a determinadas disciplinas, um curso pioneiro e inovador – como é o caso de um curso de games – terá ainda de contar com professores de áreas afins ou profissionais da área, ainda que escassos. Os primeiros cursos de videogames do Brasil tiveram de adotar essa estratégia. O grande problema é que um profissional da área nem sempre tem tempo e didática suficientes para ser um professor. E um professor de uma área afim – como design da Web ou Ciências da Computação – não tem o seu conhecimento centrado no objeto de estudo em questão – o videogame.

Um curso de Design de Jogos no Brasil, por exemplo, em um primeiro momento, sofreria forte influência das áreas congêneres, particularmente o design gráfico e, principalmente, o design da Web – áreas já fortes e consolidadas no país. Isso pode ser visto com uma certa naturalidade à medida que na construção de um curso, assim como tudo em nossa sociedade, em primeira mão, buscam-se as referências mais próximas. Além disso, uma das tendências atuais é a convergência de mídias, o que pode ser atestado pelos games on-line e jogos para celulares.

De qualquer maneira, com o tempo, os cursos voltados aos jogos eletrônicos devem atrelar o seu currículo a conhecimentos mais específicos, algo que deverá ocorrer com o amadurecimento da produção local e com o incremento da pesquisa na área. Isso vale não somente para a área de criação, como também para a área de tecnologia: os programadores de videogames poderiam começar a se formar em cursos de programação de jogos, e não somente em cursos de Ciências da Computação, que são mais voltados ao desenvolvimento de sistemas e de aplicativos comerciais, como ocorre atualmente. (Aliás, diga-se de passagem, hoje em dia, boa parte dos profissionais de jogos no Brasil provém da área de Ciências da Computação).

Portanto, a existência de um conjunto de cursos voltados à área de jogos vai justamente ao encontro desta idéia: um jogo é um objeto que se assemelha a muitos outros, mas possui as suas especificidades; sendo assim, tem a sua própria metodologia de desenvolvimento. Ele se assemelha a um website, pelo fato de possuir uma interface digital e visual, mas um website não tem elementos fundamentais para o sucesso de um videogame, como regras e estratégias de jogos; é similar a um filme, pois, em muitos casos, apresenta cenário, personagens e roteiro, mas, até que se prove o contrário, o cinema é um meio cuja estrutura (quadro a quadro) é linear e cuja interação é pouco participativa, no que diz respeito à construção da narrativa por parte do usuário. Desenvolver um jogo é, muitas vezes, parecido com construir um software aplicativo, mas este é uma ferramenta, e o jogo é um produto de entretenimento e cultura.

Desse modo, a profissionalização e a conseqüente especialização é um caminho natural: já ocorreu nos Estados Unidos e vem ocorrendo também em outros países. Especialização esta que inclui o animador, o roteirista, o profissional de áudio e, fundamentalmente, o programador e o designer, já que o videogame também é uma linguagem (em ambos os sentidos, pensando nesse conceito como uma linguagem de computador e também por advir de uma mídia específica).

O designer de jogos, por exemplo, é o profissional que precisa pensar na forma como vai ser apresentada a interface, mas também na funcionalidade do videogame. Precisa se preocupar em fazer um produto divertido, mas também em fazer com que ele funcione na plataforma designada e que atenda a um determinado público. Do mesmo modo, não adianta projetar um jogo extremamente sofisticado se depois ele não *roda* na máquina da maioria dos usuários. O programador de jogos, portanto, também tem desafios próprios, pois um videogame utiliza recursos computacionais que têm suas especificidades.

Por outro lado, uma das dificuldades de um curso voltado a jogos eletrônicos é o caráter interdisciplinar desse objeto. A produção de um jogo envolve conhecimentos de diversas áreas, todas elas relevantes, sejam para o profissional da criação, como para o designer de jogos ou para o programador.

Por exemplo, o designer deve saber que determinada ação de marketing ou a escolha de determinada plataforma e ferramenta de programação implicará projetar o jogo de uma maneira específica e diferente; deve saber refletir sobre as implicações de projetar um jogo que aborde determinadas temáticas, como a violência etc. O programador, por outro lado, precisa saber quais as conseqüências no seu trabalho se um designer projetar um jogo em 2D ou 3D; precisa entender qual é o comportamento de um personagem, pois isso implica determinado algoritmo de inteligência artificial etc. De certa maneira, tanto um curso voltado para a tecnologia quanto para a criação precisam ter disciplinas das outras áreas. A diferença, evidentemente, será na ênfase do curso. Por outro lado, como vimos, atualmente, os cursos do Brasil tentam contemplar, de alguma forma, um currículo um pouco mais generalista – ou seja, numa determinada praça, se só houver um curso de programação de jogos, este tem se preocupado em incluir também disciplinas de design.

Nesse complexo conjunto de informações e conhecimentos que existe na área de jogos – modelagem e animação de cenários e personagens, arte, narrativas, psicologia, ferramentas de programação, lógica de programação, inteligência artificial, banco de dados, marketing, física e matemática, ciências sociais etc. –, o que se pretende com um curso, portanto, é que ele propicie maior objetividade e sistematização dos processos, e que demonstre, diante de sua complexidade, que o videogame merece ser planejado e concebido com metodologia.

A proposta de cursos voltados ao projeto e ao desenvolvimento de jogos eletrônicos no Brasil é, desse modo, necessária e inovadora, já que tem a intenção de formar um profissional que supra um vácuo de formação, ao mesmo tempo em que atenda à demanda por um produto que esteja mais ao gosto do público brasileiro. Este, aliás, é um ponto digno de atenção especial, já que os jogos vendidos no país também merecem temáticas relacionadas ao nosso universo cultural – e não são os produtores estrangeiros que vão fazer isso. O ensino superior é um espaço preparado para tratar dessa discussão, partindo do princípio de que a universidade relaciona cultura, pesquisa e tecnologia.

É muito importante, portanto, formar uma mão-de-obra qualificada, criativa, que tenha metodologia e que seja capacitada a criar jogos como fonte de divisas para o país. Aqueles que criticam esta abordagem – a de enxergar seriamente a possibilidade de existir cursos específicos voltados à área de videogames – deveriam lembrar do sucesso comercial do Show do Milhão: por muitas semanas, esse jogo brasileiro chegou a ser o videogame mais vendido no Brasil. De mais a mais, como vimos, já existem no país empresas dedicadas somente ao desenvolvimento de videogames. Algumas delas já produzem para o mercado externo. É o exemplo da SouthLogic, empresa gaúcha fundada em 1996, que lançou Deer Hunter, um jogo de caça, para o mercado norte-americano.

Desse modo, formar um profissional especializado para o desenvolvimento de jogos deve atender a dois objetivos: suprir a falta de pessoal capacitado, algo que já se sente no setor, incentivando um mercado que já é real, mas que ainda pode crescer significativamente; e colocar de vez os jogos eletrônicos dentro de um rol de objetos que fazem parte de nossa cultura – não só atendendo ao mundo do entretenimento e do lazer, mas também como meio para outras formas de relação humana.

## Referências

ABRAGAMES. *A indústria de desenvolvimento de jogos no Brasil.* Disponível em: http://www.abragames.com.br. Acessado em 30 set. 2005.

COELHO, T. *Dicionário crítico de política cultural.* São Paulo: Iluminuras, 1999.

GAMEBRASILIS. *Catálogo de jogos eletrônicos brasileiros.* São Paulo: Senac, 2004.

HUIZINGA, J. *Homo Ludens:* o jogo como elemento de cultura. São Paulo: Perspectiva, 2001.

HAAG, C. A oitava arte. *Valor,* São Paulo, 10, 11 e 12 de nov. 2000, p. 14-16, 2000.

*INFOEXAME,* n. 194, abr. 2002.

*INFOEXAME,* n. 190, out. 2002.

*INFOEXAME,* n. 213, dez. 2002.

*INFOEXAME,* n. 221, ago. 2004.

MUNARI, B. *Das coisas nascem coisas.* São Paulo: Martins Fontes, 2002.

NIEMEYER, L. *Design no Brasil.* Rio de Janeiro: 2AB Editora, 1997.

VILLIEGAS, R. Todos para a aula. *EGM BRASIL,* São Paulo, n. 44, p. 44-49, jun. 2002.

# Fundamentos de game design para educadores e não especialistas

Uma das perguntas mais comuns, ao se falar com educadores sobre a utilização de jogos digitais em salas de aula, relaciona-se ao processo da capacitação destes para que se utilize tal recurso de maneira apropriada. Embora não seja possível se resolver assunto tão complexo em apenas um capítulo, este trabalho procura colaborar com o esclarecimento de um dos conceitos essenciais para tal capacitação: o game design.

Embora o game design seja muitas vezes visto apenas como parte do desenvolvimento de um game e, na maior parte das vezes, tenha seu significado mal entendido ou mesmo confundido com outros conceitos e funções utilizados na elaboração de jogos digitais, neste trabalho, o game design será tratado como uma ferramenta de análise e avaliação das principais características de um jogo digital.

## Esclarecendo o game design

Definir game design para o público não especializado é tão difícil quanto definir qualquer uma das áreas que se imbricaram na ubiqüidade do design, como design gráfico, design de produtos e centenas de outros. Muitas vezes, reduzido apenas à parte visual do processo de concepção de um produto ou serviço, a amplitude desse termo fica bastante mal-entendida.

Para se compreender melhor o game design, para que posteriormente possamos visualizá-lo como uma ferramenta de avaliação de softwares, costumo trabalhar com o *workflow* (linha de produção) de uma empresa média de games, adaptada de Rolling e Morris (2004, p. 246). Antes que se critique a utilização dessa tabela em solo brasileiro, em um mercado emergente, no qual a maioria dos profissionais se engalfinha em diversas funções, devo frisar que tal apropriação, mesmo que baseada em um dos livros-chave de game design, serve apenas para o entendimento desse conceito, e não para discutir as competências envolvidas entre mercados desenvolvidos e emergentes. Além do mais, foi adaptada para este capítulo:

**Tabela 1** Estrutura de um desenvolvimento baseado em projeto, modificada a partir de Rollings e Morris (2004, p. 246)

| (A) GERENCIAMENTO E DESIGN |
| --- |
| *Game Designer*<br>*Level Designer* (*Designer* de níveis ou fases)<br>*Character Designer* (*Designer* de Personagens)<br>Gerente de Projeto<br>Gerente de Software |
| **(B) PROGRAMAÇÃO** |
| *Lead Programmer* (Programador Condutor)<br>Programadores |
| **(C) ARTE VISUAL** |
| *Lead Artist* (Artista Condutor)<br>Artistas visuais (modeladores, ilustradores etc.) |
| **(D) MÚSICA** |
| Músico<br>Efeitos sonoros e diálogos<br>Programador de áudio |
| **(E) CONTROLE DE QUALIDADE** |
| *Q. A. Lead* (Condutor de controle de qualidade)<br>*Q. A. Technicians* (Controladores de qualidade)<br>*Playtesters* (Jogadores avaliadores) |
| **(F) OUTROS** |
| Especialistas em outras áreas (educadores, consultores etc.)<br>Técnicos em áreas diretamente relacionadas (captura de movimentos, roteiristas etc.) |

Uma visão geral da tabela apresentada nos mostra inicialmente quantos profissionais seriam necessários para se fazer um jogo adequadamente, sem que um profissional ficasse transitando superficialmente em diversas áreas. Rollings e Morris (*ibid*, p. 247) reforçam ainda que problemas sérios podem ocorrer nesse trânsito desqualificado, tomando como exemplo que diversos profissionais envolvidos, em especial na função de gerenciamento, conside-ram-se game designers, por terem em algum momento da sua vida realiza-do uma atividade que eles mesmos julgam assemelhada, como empresariar uma banda de rock [sic!].

Ainda em uma visão geral, pode-se observar o quão interdisciplinar é a produção de um jogo digital. Porém, a maior parte das áreas envolvidas, como música ou artes visuais, embora tenham alguns de seus conhecimen-tos específicos, em especial os técnicos, redirecionados para a atuação em um jogo como esses, tais conhecimentos não são nativos dessa área. A ex-ceção é feita ao profissional de game design, que domina os conceitos es-pecíficos, embora atue também em outras áreas, diretamente relacionadas como outros tipos de jogos, ou indiretamente relacionadas, como o caso da psicologia ou da semiótica.

Mais de perto, observa-se que várias áreas apresentam times de produ-ção formados por dois ou mais profissionais, um que traduzi por *condutor* (*lead*), diferente das publicações que o fazem por *líder*, e outros, dos quais mantive o nome da área. Como um jogo normalmente necessita da produ-ção de diversas artes visuais, *samples* musicais, rotinas de programação, mui-tas vezes, é necessário que um profissional dimensione os conceitos para os outros se basearem. Isso evitaria que uma determinada personagem tivesse uma aparência diferente em diversas partes do jogo, pois cada profissional a desenharia ao seu feitio. A opção de evitar os termos líder e assistentes é fei-ta a partir do perfil que vem se notando na chamada Geração *Gamer*, como apontado por Beck e Wade (2004, p. 123), em que tal geração apresenta um problema com as questões de liderança, preferindo a estratégia de redes de relacionamento: "Eu prefiro ser responsável pela maioria das decisões para meu grupo de trabalho e eu".

Pode-se observar então que o game design não está tão relacionado às artes visuais ou à programação, como costuma-se pensar. O game designer tem a visão do jogo como um todo; embora toda a equipe deva tê-la, ele é o profissional responsável pelos conhecimentos específicos da área. Em outro trabalho, foi possível comprovar como é importante que toda a equipe envolvida na produção de um jogo tenha ciência de tudo que se desenrolará nesse processo, mas cabe ao game designer, acima de todos, balancear e dosar as mecânicas de sorte, habilidade, dificuldade das regras, fator de diversão e outros elementos que o trabalho de toda uma equipe está gerando.

## O jogo reduzido a uma aplicação

Gostaria de chamar a atenção inicialmente para dois problemas encontrados na tabela original, mesmo após a revisão que os autores fizeram na segunda edição do livro:

(a) desconsiderar o design de personagens e mapas, e

(b) desconsiderar jogos aplicados (*serious games*).

O primeiro problema não incide tão fortemente em nosso objetivo, mas deve-se esclarecer que o design dos níveis, mapas, prédios do jogo, que os autores deixaram a cargo de um arquiteto, são tratados de maneira diferente por um *level* designer, que procura apenas, por exemplo, trabalhar as questões de número de personagens por mapa ou a utilização de ambientes claustrofóbicos para aumentar o suspense e a emoção de certas partes da narratividade do game. Da mesma maneira, aparentemente, o mesmo profissional ficou a cargo de conceber as personagens, que muitas vezes são decisivamente importantes para o sucesso de um jogo digital.

O segundo problema merece um pouco de detalhamento, por incidir diretamente em nosso propósito.

Visivelmente, o livro supracitado trabalha basicamente com jogos digitais para entretenimento. Em suas quase mil páginas, não existe sequer a citação de um mercado muito forte, principalmente fora dos Estados Unidos, conhecido como *serious games*, que são jogos digitais com aplicações imediatas em treinamentos, corporações, e, no nosso caso, educação.

Neste momento, cabe um aparte quanto aos chamados jogos educativos. Embora seja bastante discutível a afirmação de alguns profissionais da área sobre esses jogos, sugerindo que a maioria deles tenha recebido tal rótulo para alavancar as suas vendas, vou me colocar junto à posição de Gilles Brougère (2005, p. 204), de que tal tipo de jogo se encontra inserido no contexto do lazer familiar, e não no da escola. Esse tipo de jogo, ainda segundo o autor, de cuja opinião compartilho, implica uma visão utilitarista que acaba com a dimensão lúdica. Tais jogos muitas vezes são destinados aos pais, que, em última instância, são os que compram o objeto, sem que, via de regra, reconheçam a importância de estarem ao lado da criança durante esse processo, pois, como lembra o autor (p. 208), tais jogos, "sob o disfarce da aprendizagem, são mais um pretexto oferecido aos pais para brincarem com os filhos". Uma vez que a relação familiar se dá por satisfeita, a criança se desloca para os jogos de que ela gosta, por achá-los mais divertidos ou, ainda mais, para jogar com seus amigos.

Ora, se bastasse ler o rótulo da embalagem, normalmente enganoso, para se escolher um bom jogo digital, este artigo não seria necessário. O desafio aqui é identificar um bom jogo, independentemente do que se lê na caixa, em jornais ou revistas, para que o público que irá usá-lo – no caso, estudantes – não fique desestimulado, influenciando negativamente a relação ensino-aprendizagem.

Assim, ao tratarmos de jogos digitais, estaremos lidando com todos os tipos, em especial aqueles que estão colocados no mercado e até mesmo aqueles que os adolescentes jogam nas lan houses. Sob esse ponto de vista, a abordagem *conteudista*, na qual o jogo deve possuir o conteúdo a ser ensinado, precisa ser abandonada, pois mostra-se nesse caso como uma transferência de responsabilidades, do educador ou da instituição, para a empresa que produziu o jogo. Depois de se reconhecer um bom jogo, a busca de conteúdos e competências que este pode desenvolver está destinada ao profissional do ensino e transcorre aproximadamente como uma aula na qual se buscam novos suportes, como, no caso, um jogo digital.

Um exemplo simples é um famoso *wargame*, Risk, conhecido no Brasil como War®, que, embora não tenha a pretensão de ensinar geografia mundial, pode ser usado com relativo sucesso, apontando-se inclusive os países que não se encontram no jogo devido a questões de *gamespace* e jogabilidade, que abordaremos *a posteriori*. Pode-se inclusive usá-lo para abordar questões outras que não as estritamente militares, como as relativas a culturas e religiões de cada país. A utilização desse conceito, utilizado na *gamearte* Dominação: Fase I, exibida na Mostra de Artes do Sesc 2005 e no FILE em 2007, mostrou que mesmo a utilização de uma *gamearte* baseada em princípios bélicos pode ser um grande facilitador no aprendizado de geografia, religião, sociologia, mesmo que o objetivo dela seja uma crítica à globalização feita através do consumo.

Tomando-se como regra geral a abordagem huizinguiana, de que a proposta primeira de todo jogo é desinteressada, como passar o tempo, divertir-se apenas, qualquer jogo que tivesse uma aplicação outra que não a diversão seria um jogo sério (*serious* game). Particularmente, não considero essa denominação apropriada, por ser quase paradoxal, preferindo defini-los de acordo com seu fim último, como jogos de treinamento, corporativos ou educacionais, por exemplo, mas vou utilizá-la por se tratar da denominação vigente.

Dessa maneira, chegamos ao ponto crucial que diferencia o jogo de um software qualquer: ele deve, antes de tudo, divertir. Com o passar do tempo, cada mídia tem se mostrado como mais apropriada para um certo fim. O livro tem se mantido por sua capacidade de armazenar e recuperar conteúdo; a televisão, por seu apelo popular; o rádio, por sua ubiqüidade, e outras. O jogo digital, como mídia nova que é, ainda não atingiu uma linguagem própria, aliás, pode até ter atingido, mas lembrando Manovitch (2001) ou McLuhan, ainda não temos a distância para poder discerni-la.

Assim, vamos para o nosso objetivo, considerando que, mesmo com um fim último de educar, o ponto de partida é divertir. Não fosse isso, bastaria transformar todos os livros em softwares e *e-books*, e teríamos então o ensino formal mais uma vez trazido para os meios digitais, como faz a maioria dos cursos a distância, hoje, que se utilizam das redes e dos computadores apenas como meios de distribuição e barateamento de seus custos diretos.

Para uma pessoa que joga videogames apenas para se divertir, é muito intuitivo saber se um jogo satisfaz seus anseios por diversão ou não. Mas mesmo essa pessoa muitas vezes tem dificuldades para avaliar um tipo de jogo com que não está acostumada, como, por exemplo, quando precisa fazer uma recomendação para um presente. Imagine então um profissional que precise escolher um game para ser usado em um ambiente com pessoas as mais diversas possíveis, e que, além de tudo, precisa buscar relações de aprendizagem, sem tornar o jogo chato nem transformar a aula em um grande parque de diversões.

É nesse momento que o conhecimento de algumas regras básicas de game design pode ajudar a escolher um jogo que agrade a todos ou à maioria, vencendo, assim, uma primeira barreira de empatia com o material da aula.

## Princípios básicos em game design

Uma das mais tradicionais revistas sobre o assunto, a *Next Generation*, em 1997 tentou responder à pergunta: "O que faz de um game um bom game?" e traçou seis elementos encontrados em todos os games de sucesso. Embora o game design seja muito mais que uma coleção de regras, partirei destas, acrescentando uma relativa a problemas de gênero, que não foi considerada na reportagem, mas pode ser encontrada em jogos campeões de vendas, além de ser importante, em se tratando de uma sala de aula.

É óbvio que existem diversas outras opiniões, ainda mais quase dez anos depois de sua publicação. Porém, creio que inicialmente os sete princípios básicos a seguir serão capazes de ajudar muitos leigos, e mesmo os especialistas, na hora de se ponderar sobre um título que possa agradar a todos. Procurarei ilustrar as regras não apenas com títulos de jogos, mas com exemplos que tenho testado em sala de aula ou em oficinas que tenho a oportunidade de desenvolver pelo Brasil, como o projeto Lan House para Pais e Educadores, que realizei em janeiro de 2004 no evento *Game_Cultura*, no Sesc Pompéia, em São Paulo.

Inicialmente, vou apresentá-las na forma de palavras-chave, para em seguida detalhá-las:

(a) Balanceamento

(b) Criatividade

(c) Foco

(d) Personagem

(e) Tensão

(f) Energia

(g) Livre de gênero

(a) Um bom game design deve ser balanceado, ou seja, não pode ser muito fácil, a ponto de o jogador perder o interesse nele, nem tão difícil que o faça desistir. Não ache o leitor que a possibilidade de ajustar a facilidade do jogo em fácil, médio ou difícil vai resolver esse problema, porque não vai. O balanceamento deve ser independente dos níveis de dificuldade. Da mesma maneira, não confunda o balanceamento com a linguagem inerente de cada jogo. Caso nunca tenha jogado um jogo de estratégia em tempo real (RTS), por exemplo, primeiro, habitue-se ao mecanismo comum a todos esses jogos (basta jogar um ou outro mais conhecido), para depois partir para a análise do balanceamento deles. O exemplo mais comum são alguns RPGs que apresentam mini-games dentro da história principal, e a resolução destes é necessária para se poder avançar. Embora a maioria das soluções seja encontrada na Internet em forma de dicas, muitas pessoas, além de desistirem, ficam tão desestimuladas que evitam jogos semelhantes. Outro exemplo menos comum pode ser encontrado em uma classe de adultos que não têm mais velocidade ou coordenação motora suficientes para jogar certos jogos que dependem de reflexos rápidos.

(b) Um bom game design deve ser criativo. Talvez, essa seja uma das grandes dificuldades em uma indústria milionária, na qual um bom videogame surge e imediatamente é copiado por dezenas de outras empresas, em busca do mesmo sucesso. Grandes games sempre adicionaram um algo mais a seus antecessores, e por algo mais não se deve entender meros detalhes técnicos, como maior resolução, mais canais de som, maior velocidade; mas, sim, novos desafios, novas regras, maior dramaticidade, mais abertura a decisões, maior suspense e emoção. Nesse tópico, despontam não apenas jogos revolucionários, de empresas poderosas com muitas pessoas envolvidas, mas também os conhecidos *mod-games*, que são modificações que os próprios usuários fazem de seus jogos e disponibilizam gratuitamente na rede. Muitos deles primam pelo bom humor; outros, por propostas arrojadas, como Warcraft 3 Mod para Counter Strike, que adiciona elementos de RPG ao famoso jogo de terroristas. Diferentemente das grandes empresas, que têm a necessidade de pagar seus custos de produção, os modificadores podem deixar a sua criatividade correr solta, pois esse tipo de atividade é feita normalmente nas horas vagas, sem a pretensão de vender seus resultados.

(c) Um bom game design deve ser focado, ou seja, deve manter o jogador entretido sem que ele se distraia com outras coisas. A maneira mais comum de os game designers fazerem isso é descobrir quais são os elementos mais atrativos em seu jogo e possibilitar que os jogadores tenham muito acesso a esses elementos. Um caso muito interessante é o do Rome Total War (The Creative Assembly Ltd., 2004), um jogo de estratégia que fornece as possibilidades de manipulação de recursos, recursos de batalhas cinematográficas e, até mesmo, a possibilidade de leitura de fichas sobre personalidades, política e tecnologia do auge do Império Romano, além de poder simular conhecidas batalhas épicas. Todas essas opções podem ser usadas sem atrapalhar as outras, e os jogadores que gostam de explorá-las se sentem como diretores de cinema dirigindo uma batalha com milhares de soldados, podendo refazê-las por diversas vezes em uma única partida, ao mesmo tempo em que se dá menos atenção ao resto. Isso possibilita que diversos tipos de jogadores se utilizem do mesmo jogo, explorando aspectos diversos deste.

(d) Um bom game design deve ter personagens que cativem ou aflijam o seu público. Deve-se acrescentar a este elemento que uma parte grande do público pode ser cativada por cenários, meios de transporte e edifícios, que, além de fornecerem o *gamespace* para que o jogo aconteça em toda sua jogabilidade (*gameplay*), podem oferecer um componente estético que muitas vezes agrada mais que as personagens do jogo. Um exemplo clássico é Lara Croft ou Mario Bros, nomes que, sozinhos, já garantem uma empatia com o jogo; ou, em outro caso, os jogos de corridas, como a série Gran Turismo (Polyphony Digital), que não apresentam personagem algum, mas que cativam pelo realismo de seus carros e pistas.

(e) Um bom game design deve ter tensão, que é um dos aspectos mais difíceis de explicar, mas um dos mais fáceis de sentir, em especial quando o jogador se recosta novamente na cadeira, ou volta a respirar aliviado. Um aparte deve ser feito aos jogos de terror, suspense, ou mesmo *de tiro*, que podem incomodar públicos mais sensíveis, mas mesmo jogos de corrida ou simulações de esportes, como basquete ou futebol, trabalham muito com esse elemento. Tornar os objetivos difíceis de serem alcançados, como desarmar uma bomba contra o pouco tempo restante, também aumentam a tensão, mas deve-se tomar cuidado com o balanceamento.

(f) Um bom game design deve ter energia, ou seja, deve levar o jogador a querer jogar mais e mais. Pequenos objetivos e desafios, misturados a pequenas pausas para descanso, embalados por uma trilha sonora adequada, sem que tudo isso atrapalhe o objetivo último do jogo, como descobrir um tesouro, salvar uma cidade ou mesmo possuir bens materiais. Pirates! (Sid Meyer) e The Sims (Maxis, 2000) são ótimos exemplos de como manter o jogador entretido a noite toda.

(g) Um bom game design deve ser livre de gênero, um aspecto que pode não estar presente em muitos jogos "campeões de bilheteria", que são feitos decididamente para homens ou para mulheres, mas que certamente aparecem na lista dos jogos mais vendidos até hoje, como Myst (Cyan Worlds, 1993) e The Sims (Maxis, 2000). Um jogo que seja livre de gênero pode ser jogado sem maiores problemas tanto por homens como por mulheres. Muitas vezes, não é problema um jogador se fazer representar por um personagem de outro sexo, mas alguns meninos não gostam de jogar com personagens femininas, da mesma maneira que nem sempre as meninas gostam de se sentir o objeto a ser salvo do dragão. Alguns jogos permitem escolher a sua personagem entre opções masculinas ou femininas e, às vezes, o sexo do jogador não tem a menor importância nesse processo, como nos casos de jogos em primeira pessoa, em que a personagem normalmente nada mais é do que uma casca vazia a ser ocupada pelo jogador.

Por fim, uma última técnica complementar para ajudar nesse processo de avaliação: nunca analise apenas um jogo dentro de um gênero. Explore sempre várias possibilidades. As demonstrações (demos) que os fabricantes disponibilizam na Internet ou em revistas que vêm com CD-ROMs de jogos são alternativas baratas e que agilizam muito o processo de pesquisa. Muitas vezes, a demo é apenas o que se necessita para se atingir o resultado necessário, economizando assim na compra do software, que, por mais barato que seja, gira em torno de 30 cópias.

## Trabalhos futuros

Um último adendo: é apenas para chamar a atenção que, neste texto, não me orientei ao processo de jogos em rede, que muitas vezes é necessário. Entretanto, essas regras básicas serão suficientes para iniciar um processo de avaliação, quer seja para jogos mono ou multi-usuários. Num artigo em desenvolvimento, irei abordar a questão da rede, a relação construtiva que pode haver entre lan house e sala de aula.

# Referências

BECK, J. C.; WADE, M. *Got game:* how the gamer generation is reshaping business forever. Massachusetts: Harward Business School Press, 2004.

BROUGÈRE, G. *Brinquedos e companhia.* São Paulo: Cortez, 2004.

HUIZINGA, J. *Homo Ludens:* o jogo como elemento da cultura. São Paulo: Perspectiva, 2001.

MANOVITCH, L. *The language of new media.* Cambridge: The MIT Press, 2001.

ROLLINGS, A.; MORRIS, D. *Game architecture and design.* Indianapolis: New Readers, 2004.

# Autores

**Adriana Kei Ohashi Sato** é mestre em Educação, Arte e História da Cultura pela Universidade Presbiteriana Mackenzie. Graduada em Desenho Industrial pela mesma universidade. Professora dos cursos de Design de Games e Design Gráfico da Universidade Anhembi Morumbi. Membro do Conselho do curso de Design de Games.

**Aleph Eichemberg** é *videomaker* e *webdesigner*. Já teve trabalhos exibidos em festivais e mostras internacionais de cinema e vídeo, como a Mostra Internacional de Curtas do Rio de Janeiro (2002) e o Fluxus – Festival Internacional de Cinema na Internet (2002). Estudou as possibilidades criativas do cinema no âmbito das novas mídias, em pesquisa de mestrado em Comunicação e Semiótica na PUC-SP. O tema desenvolvido em seu capítulo faz parte dessa pesquisa.

**Delmar Galisi** é mestre e graduado em Comunicação Social pela Escola de Comunicações e Artes da Universidade de São Paulo e doutorando em Design pela PUC-RJ. Desde 2003, coordena o curso de Design de Games da Universidade Anhembi Morumbi, onde atua também como professor e orientador dos trabalhos de conclusão de curso.

**Fabrizio Augusto Poltronieri** é designer gráfico com formação em design e matemática. Mestre no Programa em Educação, Arte e História da

Cultura da Universidade Presbiteriana Mackenzie, onde desenvolveu pesquisa sobre as relações entre arte e interatividade, é doutorando em Comunicação e Semiótica na PUC-SP.

**Jim Andrews** publica a http://vispo.com/ desde 1995. Esse é o centro de suas publicações como *net* artista, poeta, programador, áudio designer e pensador da linguagem, mídias e máquinas. Quase todos os seus trabalhos interativos estão disponíveis no site. Ele vive perto de Vancouver, na costa oeste do Canadá.

**João Ranhel** é engenheiro eletrônico, programador, roteirista, mestre em Comunicação e Semiótica na PUC-SP, trabalha com produção de multimídia e jogos desde 1993, em especial, com jogos empresariais que usam sistemas interativos sem fio. Sua pesquisa de mestrado analisou a criação dos jogos e narrativas interativas na TV Digital Interativa (TVi).

**Karen Keifer-Boyd** é professora associada de arte, educação e estudos sobre a mulher na Pennsylvania State University. Tem mais de 35 publicações nas áreas de pedagogia feminista, cultura visual, política da representação, museus virtuais, arte ecofeminista, comunidade com formação on-line, práticas de inclusão, ciberarte e crítica da arte multivocal. Foi editora de três periódicos, recebeu prêmios de ensino e apresentou trabalhos em mais de 50 eventos nacionais e internacionais.

**Lawrence Rocha Shum** é publicitário, locutor associado ao Clube da Voz (http://www.clubedavoz.com.br) e sócio do Núcleo de Criação Produções em Áudio (http://www.nucleodecriacao.com.br), empresa especializada em áudio para mídias digitais. É mestre e doutorando em Comunicação e Semiótica pela PUC-SP, membro do NuPH (Núcleo de Pesquisas em Hipermídia da PUC-SP) e docente no curso de graduação em Tecnologia e Mídias Digitais da PUC-SP.

**Lucia Leão** é professora doutora da Faculdade de Matemática, Física e Tecnologia da PUC-SP e professora titular do Centro Universitário Senac. É autora, entre outros, de *O labirinto da hipermídia*: arquitetura e navegação no ciberespaço, *Derivas*: cartografias do ciberespaço e *O chip e o caleidoscópio*: estudos em novas mídias.

**Lucia Santaella** é professora na pós-graduação em Comunicação e Semiótica e coordenadora da pós-graduação em Tecnologias de Inteligência e Design Digital, ambos os cursos na PUC-SP. É diretora do Cimid (Centro de Investigação em Mídias Digitais) e coordenadora geral do Centro de Estudos Peircianos, também na PUC-SP. Presidente honorária da Federação Latino-Americana de Semiótica e Membro Correspondente Brasileiro da Academia Argentina de Belas Artes, publicou vários livros, entre os quais, o mais recente: *Linguagens líquidas na era da mobilidade*.

**Marcus Bastos** é doutor em Comunicação e Semiótica e professor da PUC-SP. Desenvolve trabalhos críticos e experimentais nas áreas de cultura e linguagem digital. Seu projeto, o DVD Dez (ou mais?) minutos de liberdade recebeu menção honrosa no 6º Prêmio Cultural Sérgio Motta. É coordenador do grupo de pesquisa do CNPq "*Net Art*: Perspectivas Criativas e Críticas".

**Mirna Feitoza Pereira** é jornalista e doutora em Comunicação e Semiótica pela PUC-SP, desenvolve pesquisas sobre a semiose no espaço cultural e vive em Manaus, onde atua como professora do Curso de Comunicação do UniNorte e do Programa de Pós-Graduação em Ciências da Comunicação da Ufam.

**Renata Gomes** é mestre e doutoranda em Comunicação e Semiótica pela PUC-SP e desenvolve pesquisa sobre a narrativa nos games. Apresentou o artigo "O *design* da narrativa como simulação imersiva" na Segunda Conferência Internacional da Digital Games Research Association, em Vancouver, no Canadá.

**Roger Tavares** é doutor em cultura dos videogames, game designer e professor de mestrado em Design do Senac-SP. É consultor da International Game Development Assotiation, IGDA Chapter, em São Paulo; diretor do *track* de cultura do SBgames e membro fundador da Rede Brasileira de Jogos Eletrônicos e Educação. É pós-doutorando no programa de pós-graduação em Tecnologias da Inteligência e Design Digital, na PUC-SP, sob supervisão de Lucia Leão. Mantém e coordena a comunidade Gamecultura, a única comunidade *gamer* voltada a projetos, educação e cultura: www.gamecultura.com.br.

**Sérgio Nesteriuk** é mestre e doutor em Comunicação e Semiótica pela PUC-SP, onde também integra o NuPH (Núcleo de Pesquisa em Hipermídia) e o CS: Games (Grupo de Pesquisa Semiótica sobre a Linguagem dos Games). É professor do Curso de Design e Planejamento de Games da Universidade Anhembi Morumbi e do Curso de Tecnologia e Mídias Digitais da PUC-SP. Dedica-se à pesquisa das mais diversas questões relacionadas à hipermídia, ludologia, narratologia e videogames desde 1997.

**Théo Azevedo** é responsável pelo website UOL Jogos (www.uol.com. br/jogos) e, desde 2000, escreve sobre games para o jornal *Folha de S.Paulo*. Formou-se em Jornalismo porque queria escrever sobre games, o que começou a fazer bem antes, aos 14 anos e, desde então, passou por diferentes jornais e revistas.

**Tobey Crockett** é crítica, teórica e praticante de mundos virtuais. Candidata ao doutorado no programa de Estudos Visuais de UC Irvine, ela aplica ferramentas de teorias críticas aos problemas da interatividade, focalizando especificamente o divertimento e a estética do jogo e da empatia nos mundos dos avatares. Seu mundo virtual, Tobey Crockett's Wild Frontier (TCWF), está localizado em Eduverse, da ActiveWorlds, e recebeu generoso apoio financeiro da New York Foundation for the Arts.